JN428348

쇼펜하우어도 치킨을 좋아할까?

엄주희 · 전영천

쇼펜하우어와 바그너
"그리고" 트리스탄과 이졸데를 위하여

박영사

서문

"아르투어 쇼펜하우어, 그는 과연 치킨을 좋아했을까. 치킨은 한국인이라면 누구나 좋아할 소울푸드인데, 과연 쇼펜하우어한테 이런 질문을 하면 뭐라고 대답할까. 이 질문은 언뜻 엉뚱해 보이지만, 삶의 모든 것을 '맹목적인 삶의 의지'가 초래하는 고통으로 규정했던 음울한 철학자에게는 결코 가벼운 물음이 아니다. 쇼펜하우어에게 쾌락이란 그저 고통의 잠정적인 유예일 뿐이었고, 인간의 모든 욕망은 끊임없는 갈증과 실망만을 안겨 주는 무의미한 순환에 불과하기 때문이다. 그런 쇼펜하우어의 철학에서 자신의 예술을 위한 해답을 발견했다고 고백한 예술가가 있었으니, 바로 리하르트 바그너이다. 한때 지적 위기에 봉착했던 바그너는 쇼펜하우어의 역작『의지와 표상으로서의 세계』를 접한 뒤 깊은 감명을 받았고, 이들의 만남은 19세기 유럽 문화의 운명을 뒤바꿀 거대한 서사의 시작이 되었다. 이들의 관계가 낳은 가장 위대한 산물이면서 가장 치명적인 문제작이 바로 음악극 〈트리스탄과 이졸데〉이다. 오페라가 아니라 음악극이라고 한 이유는 바그너가 극시, 음악, 무용 등을 종합하여 통일한 총체적인 예술을 악극이라고 명명한 데서 음악극이라는 용어가 나왔기 때문이다. 오페라도 넓은 의미에서 음악극의 범주에 포함된다. 〈트리스탄과 이졸데〉는 중세의 전설을 바탕으로 이루어질 수 없는 비극적인 사랑과 죽음을 노래한다. 사랑의 묘약을 마시고 운명적인 사랑에 빠진 두 연인은 현실의 장애물에 부딪히고, 결국 죽음을 통해서만 진정한 사랑을 완성하는 '사랑의 죽음 Liebestod'을 맞이한다. 문제는 바로 여기에 있다. 쇼펜하우어는 삶의 의지로부터 벗어날 것을 역설했지만, 바그너는 그 의지의 가장 격렬한 표현인 사랑과 욕망을 음악으로 승화시켰기 때문이다. 이 작품의 숨 막히는 화성과 끝없이 이어지는 선율은, 고통을 부정하고 현실을 초월하려 했던 쇼펜하우어의 철학적 지침과 충돌한다. 과연 이 작품은 의지의 굴레를 초월한 구원의 서사일까, 아니면 그 의지의 맹목성을 찬란하게 긍정하는 예술적 선언일까. 이 책은 쇼펜하우어가 치킨을 좋아했을지 모른다는 엉뚱한 질문에서 출발해, 그와 바그너의 삶과 사유, 그리고 그들의 관계가 응축된 〈트리스탄과 이졸데〉의 역사적 배경을 망라한다. 이를 통해 우리는 쾌락과 고통, 예술과 철학, 삶과 죽음이라는 근본적인 모순을 이해하고, 우리가 마주하는 모든 일상적 욕망 속에서 어떠한 삶의 의미를 찾을 수 있는지 함께 고민해 보고자 한다. 쇼펜하우어의 냉철한 이성이 미처 담아내지 못했던, 그리고 바그너의 뜨거운 예술이 끝내 폭발시킨 인간의 맹목적인 욕망. 이 책은 그 욕망이 이끌어 낸 비극의 심연을 탐험하는 여정이 될 것이다."

여기까지 내용은 생성 AI Gemini에게 써 보라고 한 서문을 좀 가다듬었다. 책 본문에 삽인된 그림들도 AI를 활용해서 그려 보았다. 최근에는 쇼펜하우어에 대한 책을 통해 쇼펜하우어에 대해 학습한 AI 챗봇이 등장했다. 이 AI 챗봇은 쇼펜하우어와 직접 채팅으로 대화하는 것 같은 분위기를 연출한다. 그런데 이 책에서는 성악가와 법학자가 직접 쇼펜하우어를 찾아가서 대화를 하는 내용으로 담았다.

리하르트 바그너 작품에 크게 영향을 미쳤던 아르투어 쇼펜하우어 철학을 들여다보기 위해서, 독일의 성악가와 한국의 헌법학자는 시간을 거슬러 직접 쇼펜하우어를 만나러 간다. 19세기 당대뿐 아니라 현재까지도 살아 숨 쉬고 있는 쇼펜하우어의 철학과 바그너의 음악을 만나기 위해서, 시간 여행을 하듯이 현재와 19세기를 넘나들었다. 쇼펜하우어는 인간의 삶을 의지로 파악하며, 고통과 지루함 사이를 시계추처럼 오가는 인생으로 풀이해 주었다. 고통과 고독의 가치를 온전히 이해하도록 해 주면서, 자신 안의 주관적인 조건인 인간됨, 이를 위한 정신적 수양을 행복의 참된 조건으로 삼는 쇼펜하우어의 행복론의 지침은 고통의 바다를 헤엄치며 살아 내고 있는 우리 인생에 '자기 치유'의 가능성을 비춰 준다. (강용수, "쇼펜하우어의 행복론", 「철학탐구」 제40집, p175) 우리가 왔던 곳으로 다시 돌아간다는 사실, 우리가 다시 돌아갈 곳이 있다는 사실도, 역설적으로 삶이란 것이 살아 낼 가치와 의미가 있다는 희망을 보여 준다. 바그너와 쇼펜하우어는 18세기 말부터 19세기 유럽의 입헌 민주주의가 움트고 있던 시절을 살았다. 바그너는 루드비히 2세와 교류하면서 열렬한 후원을 받기도 했고, 왕정의 폐지와 공화국 수립을 지지하는 연설과 시위로 현실 정치에 참여하기도 하였다. 그러한 관심과 열정들이 그의 13편의 작품들 속에 녹아서 나타남으로써 바그너의 작품 속에서 우리는 현대 입헌 민주주의, 입헌 공화국의 탄생의 역사와 배경을 엿볼 수 있다.

고전 음악가들의 옆에는 법률가 친구들이 심심치 않게 등장한다. 필자는 올해 오스트리아 빈에서 슈베르트 생가에 들렀을 때 슈베르트의 친구이자 후원자로 법률가들이 존재했음을 발견하고 무척 반가웠다. 쇼펜하우어는 평생 플룻을 연주하는 취미를 가지고 있었고 음악을 사랑하였으며, 니체는 법학을 전공하기도 한 철학가이면서 몇 곡의 가곡, 피아노곡, 성가곡을 작곡한 바 있다. 음악하는 철학자, 음악하는 법률가, 철학하는 음악가는 그리 낯선 조합이 아니다. 쇼펜하우어의 얘기대로 하자면, 본래 예술이 유한하고 개별적인 사물 뒤의 영원하고 보편적인 것을 보여 줌으로써 인간의 삶의 고통을 줄여 준다. 의지라는 것이 인간에게 필히 고통을 수반하게 만드는데, 이 의지의 고통을 초월하게 하는 예술의 힘이 가장 두드러진 것이 음악이다. 음악은 다른 예술과 달리 이념의 모사가 아니라 의지 자체의 모사이다. 이념이라는 것도 의지의 객관성에 불과한데 다른 예술이 이념을 모사한 반면, 음악은 의지 그대로 모사한 것이기 때문에 음악이 주는 효과는 다른 예술이 주는 그것보다 훨씬 강렬하고 감동적이다. 이러한 음악에 법률가들이 매료되어 음악가들과 교류하는 것은 매우 자연스러운 일이다. 필자들은 인문학, 예술, 법학의 융합 연구의 일환으로 이 책을 내게 된 것이지만, 쇼펜하우어의 철학 관점에서 보자면, 성악가와 법률가가 만나 이러한 책이 나오게 된 것도 우연적 사건이 아니라 의지의 표상으로서 필연적 결과라 해야 할 것 같다.

바그너 음악에서 중요한 대사는 '동정심 내지 연민'으로 번역되는 Mitleid와 '그리고'의 의미를 가진 und이다. Mitleid는 mit와 leid가 합쳐진 것으로 직역하면 고통을 함께한다는 의미로서, 고전 문학의 중심 주제이면서 모티브가 되었는데 바그너의 음악극에서도 중요한 소재로 사용된다. 여기에서 동정심은 이 감정을 가진 사람이 그 대상에 대해서 우월한 입장에서 내려다보면서 측은하게 여기는 감정으로 오해하면 안 된다. 말 그대로 고통을 함께하는 입장이라는 것을 깨닫는 것, 그리고 그 근원에는 인간이 불완전한 존재이고 동일한 종적 특성을 가진 존재로서 동일한 바탕인 의지에 의해 움직이면서 살다가 결국 왔던 세계로 다시 돌아간다는 사실을 지적으로 이해하고 관조하는 데에 있다. 이러한 이해와 관조를 통하여 인간의 치유가 시작된다. 〈트리스탄과 이졸데〉 작품에서는 '그리고 und'라는 단어가 트리스탄과 이졸데를 사랑의 끈으로 이어 주는 것으로 의미하는 대사가 나온다. 상처 입은 트리스탄에게는 의사면허가 있는 의사선생님이 아니라 이졸데라는 사랑의 존재가 곧 의사이다. 고통을 함께하며 사랑의 끈으로 이어져 있는 사람들의 관계는 상처를 가진 불완전한 인간를 치유해 주는 하나의 방편이고, 고독한 인생에 위로와 재미를 주는 요소이다.

쇼펜하우어는 『의지와 표상으로서의 세계』 책에서 고독한 인간 존재의 본질과 인간과 세계와의 관계를 그리고 있는데, 이 책의 분량도 상당하지만 내용을 이해하기도 쉽지 않다. 그래서 전영천 선생님이 이 책 내용을 친절하게 유튜브를 통해서 설명해주고 있다. 게다가 베이스바리톤 성악가 전영천 선생님이 직접 피아노를 치며 부른 슈베르트의 가곡 〈마왕〉 연주는 독자를 위한 보너스이다. 책을 읽다가 듣고 싶으면 연결해 볼 수 있도록 QR코드를 삽입해 두었다. 〈트리스탄과 이졸데〉 작품이 쇼펜하우어의 철학을 바탕으로 작곡되었는데, 쇼펜하우어의 철학을 이해하고 감상해 보면 이 작품에 왜 우주 같은 분위기가 풍기는지, 어떤 캐릭터나 상황이 등장할 때 꼭 등장하는 테마곡, 이른바 라이트모티브가 어디에서 왔는지, 현대인들에게는 '스타워즈'와 같은 SF 영화 음악에서 외계 세계를 연상시키는 불협화음으로 익숙해진 음색이 어디에서 비롯되었는지 깊이 이해하게 된다. (스타워즈의 작곡가 존 윌리엄스는 바그너의 라이트모티브 기법과 음악적 영감을 받아 스타워즈의 주요 캐릭터나 사건들마다 독특한 음악적 테마를 작곡하는 데 영향을 받았다고 한다.)

이 책에 나오는 쇼펜하우어의 대사는 아르투어 쇼펜하우어의 『의지와 표상으로서의 세계』 Die Welt als Wille und Vorstellung (Anaconda Verlag, 2022)와 『삶의 지혜에 대한 잠언』 Aphorismen zur Lebensweisheit (Anaconda Verlag, 2022) 독일어 원전으로부터 나온 것이다. 쇼펜하우어와 바그너에 대한 작품을 독일어 원전에서 확인하고 싶은 이들을 위해서 원문의 독일어는 미주로 정리하였다. 본문에 독일어가 병기되어 있으면 한국인들의 독서를 방해할까 봐 미주로 따로 정리했으니, 독일어에 관심이 있으신 분은 미주만 집중적으로 보아도 좋겠다. 부록으로 〈트리스탄과 이졸데〉 작품 대본의 번역본은 독일어와 한국어를 병기하여 수록하였으니, 공연을 보기 전에 미리 읽어 보거나 공연의 감동을 다시 느끼고 싶을 때에도 유용하게 읽어 볼 수 있을 것이다.

한국 무대초연으로 올려지기까지 수년 동안의 준비와 인고의 시간이 필요했듯이 이 책도 기획한 지 수년 만에 드디어 빛을 보게 된다. 종합예술작품인 음악극 〈트리스탄과 이졸데〉 작품의 한 조각으로서, 오페라의 해설서로서, 그리고 예술, 철학, 법학의 융합 과목 교재로도 이 책이 활용되기를 바란다. 예술계와 철학계의 현존하는 리더 4분께서 영광스럽게도 추천의 글로 이 책과 세상에 다리를 놓아주셨다. 국립오페라단 최상호 단장님, 독일 바이마르와 코트부스, 스위스 베른에서 극장장을 역임하고 독일 콧부스 국립극장에서 연출가로 활동하면서 이번 2025년 12월 〈트리스탄과 이졸데〉 한국 공연의 연출을 맡으신 슈테판 메르키 선생님, 좋은 친구 철학자인 동국대 남성일 선생님과 심지원 교수님께 감사드린다. 이 책이 나오는 것에 누구보다도 기뻐하시며 기대와 격려로 힘을 주신 존경하는 합동신학대학원대학교 이승구 교수님, 디자인 전공자로 수업 조교에 연구 조교까지 해 주면서 너무 바쁜 와중에 이 책의 교정을 보느라 힘들었을 연세대학교 조예찬 석사생, 그리고 편집자로 수고해 주셔서 책을 훌륭하게 마무리해 주신 박영사 김용순 과장님께도 감사드린다. 첫 실험적인 대중서를 펼칠 수 있도록 기회를 주신 분, 우리의 처음이자 돌아갈 곳 되시는 하나님께 영광을!

저자를 대표하여 엄주희

차례

1막

쇼펜하우어

2막

바그너

추천의 글 1

음악과 철학의 교차점에서, 예술의 본질과 인간 존재의 깊이를 탐구하는 자리에서, 쇼펜하우어와 바그너라는 두 거인의 만남은 단순한 독서를 넘어선 지적이고 감성적인 여정을 우리에게 제공한다.

리하르트 바그너는 음악적 혁신과 극적인 통찰을 결합하여 독보적인 예술 세계를 창조한 작곡가이다.

그의 오페라는 단순한 공연 예술의 범위를 넘어 철학적이고 미학적인 탐구의 장이 된다. 특히 쇼펜하우어의 철학은 바그너의 예술적 비전에 깊은 영향을 미쳤으며, 이는 그의 후기 작품들에서 더욱 강렬히 드러난다.

이 책은 쇼펜하우어의 철학적 사유와 바그너의 음악적 세계가 유기적으로 어떻게 연결되고 서로를 보완하며 완성되어 가는지를 탐구하고, 궁극적으로 그것들이 우리의 삶에 어떤 의미를 갖는지를 보여 준다.

철학적 논제와 음악적 서사가 서로를 보완하고 심화시키는 과정은 현대 독자들에게도 강력한 메시지를 전달한다.

나는 이 책이 바그너의 작품을 사랑하거나 쇼펜하우어 철학에 관심이 있는 독자들뿐만 아니라, 삶의 의미와 예술의 가치를 고민하는 모든 이들에게 영감과 통찰을 제공할 것이라고 확신한다.

이 책을 완성하느라 수년간 심혈을 기울인 엄주희 교수, 전영천 선생에게 경의를 표하며 진심 어린 감사와 축하의 말씀을 전하고 싶다.

그리고 이 모든 노력이 2025년 12월 서울에서 그 화려한 결실로 다가올 생각을 하니 벌써부터 흥분되고 기대된다.

이처럼 음악과 철학의 교차점에서 펼쳐지는 매혹적인 여정을 독자 여러분께 진심으로 추천한다.

최상호

국립오페라단 단장

An der Schnittstelle von Musik und Philosophie, wo die Essenz der Kunst und die Tiefe der menschlichen Existenz erforscht werden, bietet uns das Treffen der beiden Giganten, Schopenhauer und Wagner, eine intellektuelle und emotionale Reise, die über eine bloße Lektüre hinausgeht.

Richard Wagner ist ein Komponist, der durch die Verbindung musikalischer Innovationen und dramatischer Einsichten eine unvergleichliche künstlerische Welt geschaffen hat. Seine Opern überschreiten den Rahmen einer bloßen Darstellenden Kunst und werden zu einem Ort philosophischer und ästhetischer Erkundungen. Insbesondere die Philosophie Schopenhauers hatte einen tiefgreifenden Einfluss auf Wagners künstlerische Vision, was sich intensiv in seinen späten Werken widerspiegelt.

Dieses Buch untersucht, wie Schopenhauers philosophisches Denken und Wagners musikalische Welt organisch miteinander verbunden sind, sich gegenseitig ergänzen und vollenden und letztlich aufzeigen, welche Bedeutung sie für unser Leben haben. Der Prozess, in dem philosophische Thesen und musikalische Erzählungen einander ergänzen und vertiefen, vermittelt auch modernen Leserinnen und Lesern eine kraftvolle Botschaft.

Ich bin überzeugt, dass dieses Buch nicht nur Leser begeistern wird, die Wagners Werke lieben oder an Schopenhauers Philosophie interessiert sind, sondern auch all jenen Inspiration und Einsichten gibt, die sich mit der Bedeutung des Lebens und dem Wert der Kunst auseinandersetzen.

Ich möchte Prof. Ju-Hee Eom und Herrn Young-Cheon Jeon, die viele Jahre ihrer Arbeit und Leidenschaft in die Fertigstellung dieses Buches investiert haben, meine aufrichtige Dankbarkeit und herzlichste Glückwünsche aussprechen. Der Gedanke, dass all diese Bemühungen diesen Dezember 2025 in Seoul ihre glanzvolle Erfüllung finden werden, erfüllt mich jetzt schon mit Vorfreude und großer Erwartung.

Ich empfehle diese faszinierende Reise an der Schnittstelle von Musik und Philosophie den Leserinnen und Lesern von Herzen.

Choi Sang-ho

Intendant der Nationaloper

추천의 글 2

쇼펜하우어는 특히 바그너가 〈트리스탄과 이졸데〉를 작곡할 당시에 리하르트 바그너에게 크나큰 영향을 미쳤습니다.

쇼펜하우어의 철학에서 인간은 의지와 표상의 불일치를 극복할 수 없고, 따라서 고통과 실패를 피할 수 없다는 생각은 바그너가 〈트리스탄과 이졸데〉에서 "죽음 속의 구원" 이라는 생각으로 표현했습니다.

쇼펜하우어와 바그너를 일찍부터 찬양하였지만 나중에는 멸시했던 프리드리히 니체는 바그너의 오페라에 대해서 다소 도발적으로 이렇게 표현했습니다: "누군가는 항상 구원받기를 원한다."

하지만 쇼펜하우어의 우주로부터의 구원이라는 철학은 바그너가 〈트리스탄과 이졸데〉를 창작하는 데에 있어 영향을 미쳤습니다.

엄주희 교수와 전영천 선생이 쓴 이 책은 쇼펜하우어가 바그너에게 미친 영향을 역사적, 음악학적 관점에서 살펴보고 있으며, 리하르트 바그너에 관심이 있는 누구에게나 유익할 것입니다.

이 책은 쇼펜하우어가 바그너에게 미친 영향을 다루고 있으며, 쇼펜하우어의 "의지와 표상"과 바그너의 "고통과 구원"의 연관성을 부각시키고 있습니다.

그래서 저는 〈트리스탄과 이졸데〉를 대한민국 서울에서 처음으로 공연하게 되어 매우 기쁘게 생각합니다.

슈테판 메르키

〈트리스탄과 이졸데〉 작품 연출가

Schopenhauer hatte großen Einfluss auf Richard Wagner besonders in der Zeit der Entstehung von Tristan und Isolde. Schopenhauers Idee, dass der Mensch die Diskrepanz zwischen Wille und Vorstellung nicht überwinden kann und deshalb dem Leid und dem Scheitern ausgeliefert ist, bringt Wagner im Gedanken der „Erlösung im Tod" in Tristan und Isolde zum Ausdruck. Friedrich Nietzsche, ein früher Verehrer und später Verächter Schopenhauers und Wagners bringt es mit Blick auf Wagners Opern etwas süffisant auf den Punkt: „Irgendwer will bei ihm immer erlöst sein." Doch dieser Erlösungsgedanke aus dem Schopenhauerschen Kosmos ist es, der für Wagners Niederschrift von Tristan und Isolde prägend war.

Das vorliegende Buch von Prof. Ju-Hee Eom und Herrn Young-Cheon Jeon setzt sich mit diesem Einfluss Schopenhauers auf Wagner historisch und musikwissenschaftlich auseinander und ist ein Gewinn für jeden, der sich mit Richard Wagner beschäftigt.

Es setzt sich mit den Einfluss Schopenhauers auf Wagner auseinander und bringt den Zusammenhang Schopenhauers von Wille und Vorstellung und Wagners Leid und Erlösung auf den Punkt.

Deshalb freue ich mich umso sehr darauf, Tristan und Isolde erstmals szenisch in Seoul, Südkorea zur Aufführung bringen zu können.

Stephan Märki

Regisseur

추천의 글 3

이 글은 쇼펜하우어가 사망 후 165년이 지난 지금 오늘날의 모습으로 재탄생하여 그의 사상과 철학, 예술에 대해 알려 주는 고마운 책이다.

이 책을 쓰신 엄주희 헌법학자와 전영천 성악가는 정신 건강에 대한 평소 소신을 철학과 예술뿐만 아니라 다방면에 조예가 깊은 철학자 쇼펜하우어와의 만남을 통해 위로 받는다. 인생이란 무엇인가, 나란 무엇인가, 행복이란 무엇인가 등 철학의 주제와 문제들에 대한 바람직한 접근 방법과 태도는 우리의 정신 건강의 필수적인 요소이다. 헌법학자 엄주희 교수와 전영천 성악가는 이러한 뇌신경과 정신작용의 물리적 메커니즘, 사회적 맥락, 법과 제도 절차, 기술적 지원 방안, 삶을 바라보는 자신의 태도 등 총체적이고 전체론적인 스마트 건강 접근법이 '의지'와 '표상'이라는 화두로 철학을 하는 쇼펜하우어에 전율적인 감동과 영감을 얻는 것이다.

이 책은 서양철학의 풍부한 지식을 쇼펜하우어와 전영천 성악가, 헌법학자 엄주희 교수의 친밀한 대화를 통해 재미있고 알기 쉽게 전달함으로써 철학과 역사, 예술 등 인문학적 상상력에 목마른 법학자, 기술공학자, 의료 분야 종사자, 자연과학자, 사회 및 정치 과학자에게 일상적인 소소한 삶에서 근본적이고 본질적인 삶의 통찰을 얻게 해 주는 지혜의 선물이 될 수 있다. 더불어 무언지 모르지만 살아가는 게 고단하고 내가 무엇을 좋아하는지 잘 모르겠고 삶의 의미가 어디에 있는지 모르는 현대사회를 살아가는 수많은 이들에게 작은 울림과 희망의 씨앗을 살포시 건네주는 보물 같은 책이다.

남성일
동국대 철학 박사

추천의 글 4

냉담의 쇼펜하우어와 격정의 바그너. 그토록 상반되는 기질을 지녔기에 각각 은둔의 철학자로서 또 음악의 황제로서 인류 정신의 역사에 영원히 기억되고 있는 두 사람. 그런데 바그너의 가장 심오한 작품들이 쇼펜하우어의 난해한 『의지와 표상으로서의 세계』의 영감으로 탄생했다면? 바그너의 악극 〈트리스탄과 이졸데〉의 욕망과 죽음, 〈파르지팔〉의 구원과 체념은 모두 "음악은 의지의 직접적인 표현"이라는 쇼펜하우어 철학의 음악적 구현이었다. 사상이 선율로 되살아났다.

헌법학자 엄주희, 성악가 전영천 두 저자와 쇼펜하우어, 바그너 간 가상 대화 형식을 취하고 있는 이 책의 미덕은 무엇보다 저자들의 해박한 지식과 위대한 두 천재를 향한 애정에 있다. 그 지식과 애정이 쇼펜하우어의 철학, 바그너의 음악 그리고 19세기 독일의 정신적 풍경의 정수를 담은 단단한 교양서로 태어났다. 잘 짜여진 가상 대화의 품격과 맛깔스러움은 독서의 재미를 한층 북돋는다.

심지원
동국대 철학과 교수

| 1 막 |

쇼펜하우어

1 막[1)]

쇼펜하우어[2)]

1장[3)] 쇼펜하우어와의 만남

▶ AI 생성 이미지

1860년 9월의 어느 날, 프랑크푸르트[4]에 있는 쇼펜하우어의 집. 문을 두드리자 안에서 빌헬름 그빈너[5] 씨가 문을 열었다.

"안녕하세요![6] 저는 성악가로 활동하는 전영천입니다. 이분은 헌법학자이신 엄주희 교수님입니다."

"네, 반갑습니다. 쇼펜하우어 선생님께서는 안에서 기다리고 계십니다. 두 분이 오셨으니 저는 이만 가 보겠습니다."

그빈너 씨는 코트를 챙겨 입고 집을 나섰고, 우리가 안으로 들어가니 72세의 쇼펜하우어 선생님께서 소파에 앉아 우리를 반갑게 맞았다.

"서신으로만 연락하다 이렇게 만남을 허락해 주셔서 너무나 감사드립니다. 저는 베를린에서 살고 있는 성악가 전영천입니다. 이쪽은 헌법학자 엄주희 교수님입니다."

"반갑네. 내 오래전에 베를린에 살 때 소프라노 성악가와 사귄 적이 있었지. 내가 죽으면 그녀에게 유산을 남기기 위해 방금 그빈너와 서류를 작성했어. 그런데 자네가 헌법학자인 줄 알았으면 그빈너도 우리 대화에 끼게 할 걸 그랬네. 그는 내 유언을 집행해 줄 의형제 같은 친구야. 서신을 통해서 알기로는 자네들이 나와 관련해서 책을 쓰고 싶다고 했지? 그러면 무슨 얘기부터 시작할까?"

카펫 위에는 쇼펜하우어가 아끼는 애완견, 푸들 아트만[7]이 나른한 모습으로 주인 옆에 함께하고 있었다. 소파 위의 벽에는 괴테[8]의 초상화가 걸려 있고 책상과 선반 위에는 칸트[9]의 흉상과 빌란트[10]의 흉상과 붓다[11]의 금동상이 눈에 들어왔다.

"예, 아무래도 선생님의 개인적인 성장기부터 듣고 싶고, 선생님을 유명하게 만들어 준 책의 내용인 실천 철학에 대하여 대화를 하고 싶습니다. 그리고 이론철학과 관련해서 선생님의 전 생애 동안 세 번의 개정을 거친 책, 그 유명하면서도 이해하기 너무나 어려운『의지와 표상으로서의 세계』[12]에 대해서 설명을 듣고 싶습니다."

"아, 그 책은 너무 방대한 내용이라 짧은 시간에 설명하기는 어렵네. 그 책은 자네가 일반적인 수준에서 잘 요약해 설명해 보는 것이 어떻겠나? 나의 철학적 스승이신 칸트 선생님과 관련해서 철학적 비판을 다루는 부분은 철학자들이 다루어야 하는 학문적 부분이니, 거기까지는 넘어가지 않는 게 좋겠네."

"그렇군요. 『의지와 표상으로서의 세계』 책에 대해서 너무 깊게 설명을 하면 많은 사람들이 너무 어려워하며 흥미를 잃을 수도 있을 것 같습니다. 선생님의 철학을 이해하고자 하는 이들과 선생님의 책을 독일어 원서로 읽으려는 사람들에게 입문서가 될 수 있도록 최대한 쉽고 유용하게 써 보겠습니다."

"그거 좋지! 나는 철학자의 책은 반드시 원어로 읽어야 한다고 늘 강조해 왔어. 그렇지 않으면 적지 않은 오류와 오해를 불러오거든."

2장[13] 쇼펜하우어의 성장기: 방랑, 방황, 그리고 철학으로의 첫걸음

"나는 1788년 2월 22일, 항구도시인 단치히에서 태어났어. 아버지 하인리히는 성공한 상인이셨고, 어머니 요한나는 독립심이 강한 꽤 잘 알려진 소설가셨지. 내가 5살때 단치히가 프로이센 왕국[14]에 합병되고 우리 가족은 함부르크로 이사를 했어. 그래서 단치히에 대한 기억은 거의 없고, 어린 시절은 함부르크에서부터 기억에 남아 있어. 내가 9살이던 1797년에 내 여동생이 태어났고, 아버지는 내가 자신의 사업을 이어받아 상인이 되기를 바라셔서 여러 언어를 익히길 원하셨어. 그래서 아버지는 나를 프랑스 르아브르에 있는 아버지의 친구 집에 2년간 보내셨어. 난 거기서 참 행복한 시간을 보냈었지. 다시 함부르크로 와서는 아버지의 뜻에 따라서 상인이 되는 데 도움이 되는 학교에 들어갔어. 그 사이에 유럽 여러 도시를 여행했고, 특히 영어를 배우기 위해서 영국 런던에서도 꽤 오래 머물렀지. 그리고 다시 함부르크로 와서 지내다가 내가 17살때인 1805년에 아버지가 자신의 창고에서 자살을 하셨어. 내 인생에서 정말 안 좋은 상처의 기억이야. 이 사건은 내게 너무 큰 충격이었고, 인생을 바꿔 놓은 계기였어. 아버지가 돌아가시고 어머니는 전 재산을 정리하고 괴테와 실러[15]가 살고 있는 바이마르 고전주의[16]의 본거지인 바이마르로 이사를 하셨어. 1807년에 내가 19살때 드디어 상인의 길을 벗어나 대학에 가기 위해서 고타에 있는 김나지움에 갔는데 내가 학교에서 선생님에게 엄청 덤벼들어서 결국 그 학교를 떠나야만 했어. 그때쯤에 나는 어머니와 함께 살고 싶어 했었는데 어머니는 나와 한 집에 사는 걸 완강히 거부하셨지."

"아, 정말 힘든 시기였을 거 같아요."

"그렇지. 아버지는 자살하셨고, 어머니는 나와 거리를 두길 원하셨지. 이 시기는 사춘기인 나에게는 정말 힘든 시기였어. 어쨌든 나는 1809년에 괴팅엔 대학 의학부에 입학했지만, 그 무렵 철학에 푹 빠져 있었지. 1811년 내가 23살 때, 어머니는 그 당시 78세이신 문학계의 거장, 빌란트 교수님께 내가 철학을 포기하도록 설득해 달라고 부탁하셨는데, 그 분은 오히려 내가 철학을 공부하는 것을 격려해 주셨어. 그래서 그해 가을에 베를린 대학교로 전학을 해서 드디어 철학도의 길로 들어선 거야. 그래서 빌란트 선생님의 흉상을 나는 저기에 세워 놓은 거야. 그분은 내 인생에서 아주 중요한 은인이셨어."

"그랬군요. 우리 개개인 모두의 삶에서도 인생에 크게 영향을 미치는 분들과 사건들이 있는 것 같습니다."

3장[17] 쇼펜하우어의 생애와 철학자의 시선에서 본 유럽의 역사

"맞아. 우리가 삶에서의 실천 철학[18]에 관해서 대화를 나누려면 우선 철학의 배경이 되는 역사의 흐름을 잘 알아야 하네. 더욱이 음악과 같은 예술의 세계를 깊이 있게 이해하기 위해서는 말이지."

"맞습니다. 쇼펜하우어 선생님! 저희도 그렇게 생각합니다. 그래서 역사의 큰 흐름을 짚어 보고 싶은데요. 유럽의 역사에서는 그리스에서 시작해 로마 즉, 로마 제국[19]을 모르면 안 된다고 생각합니다. 313년 로마 제국 콘스탄티누스[20] 황제가 밀라노칙령[21]을 통해서 기독교를 공인하였고, 476년 서로마 제국은 멸망하고 중세가 시작되었습니다. 그 후 481년에 프랑크 왕국[22]이 등장하지만 843년에 서프랑크, 중프랑크, 동프랑크로 분열되었습니다. 이후에 서프랑크는 프랑크 왕국이 되었고 동프랑크는 신성 로마 제국[23]이 되었습니다. 610년, 그 사이에 중동과 북아프리카 지역에서는 무함마드[24]가 40세 때 창시한 이슬람이 세력을 넓히고 있었습니다. 962년에 동프랑크의 오토 대제[25]는 961년에 있었던 이탈리아의 내전에서 교황의 요청에 따라서 파병하여 승리한 후 교황 요한 12세에 의해 신성 로마 제국의 황제 지위를 받게 되어 명예로운 이름뿐이지만 고대 로마 제국을 계승하는 명예를 받았습니다."

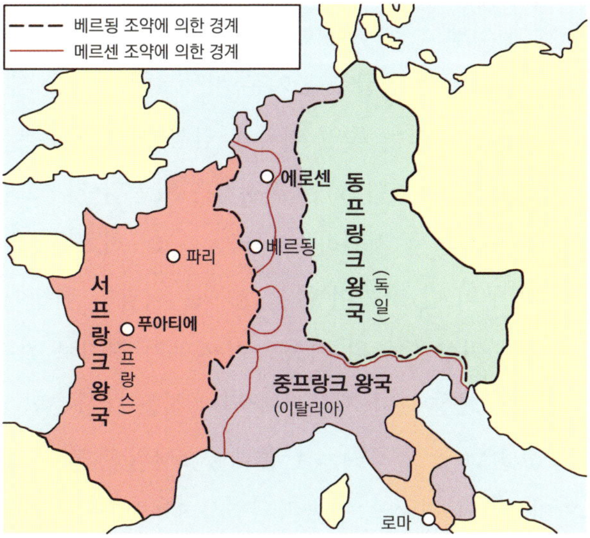

"그렇지! 유럽의 역사에서 로마가 중요하지. 모든 길은 로마로 통한다는 말을 잘 알고 있지? 많은 순례자들이 가는 길이고 군사들의 이동 경로이며 무역의 길, 그 길의 시작이자 끝이며 모든 길의 최종 목적지가 바로 로마였던 거지."

"쇼펜하우어 선생님, 저에게 흥미로운 사건이 두 가지 있는데요. 하나는 1077년에 교권과 왕권 간의 주도권 싸움이 벌어진 겁니다. 황제 하인리히 4세와 교황 그레고리우스 7세 사이에서 성직자 임명권 문제로 다투었으나 결국, 한 겨울인 1077년 1월에 황제 하인리히 4세가 북부 이탈리아의 카노사 성[26]에 가서 맨발로 무릎을 꿇고 교황에게 용서를 구한 사건이 있었지요. 물론 그는 1084년에 로마로 쳐들어가 교황 그레고리우스를 폐위시켜 복수를 하였지만, 권력의 싸움에서 왕권과 교권의 싸움이었습니다. 또 다른 큰 사건은 1095년부터 1272년 사이에 있었던 8차 십자군 전쟁[27]입니다. 기독교와 그간 무섭게 성장한 이슬람 간의 예루살렘을 두고 싸운 십자군 전쟁은, 같은 신을 믿으면서도 예수를 받아들이는 방식의 차이로 인해 벌어진 참혹한 전쟁이었습니다. 십자군 전쟁은 나중에 있을 신교 세력과 구교 세력 간의 싸움 이전에 이미 기독교 세력과 이슬람 세력 간의 전쟁으로서 이 모든 세력과 집단들이 같은 신의 이름하에서 자신들만이 옳다는 신념에 따라서 서로를 죽인 전쟁이었죠. 1453년 결국 동로마 제국이 이슬람 세력인 오스만 제국[28]에 의해서 멸망되었지요. 그리고 중세 시대가 끝나고 근대 시대가 시작되었습니다. 다시 독일 지역으로 눈을 돌려 보면 조금 전 언급했던 기존 기독교에 문제를 제기하여 1517년에 마틴 루터[29]가 일으킨 종교개혁은 독일 역사에 엄청난 피를 부른 전쟁의 시작이였죠. 1618년부터 1648년까지 있었던 30년 전쟁[30]은 기존의 기독교를 유지하려는 나라들과 그에 반대하는 개신교를 지원하는 나라들 간의 최초의 국제전이었고, 독일 땅에서 벌어져 독일 인구의 반 가까이 몰살 당하는 처참한 전쟁이었죠. 1648년 베스트팔렌 조약[31]으로 더 이상 종교의 이름으로 싸우지 않기로 하며 끝을 맺었습니다. 이로 인해서 더 이상 신성 로마 제국이니 뭐니 하는 이름뿐인 제국은 의미가 없어지고, 공식적으로는 1806년에 프랑스 나폴레옹 1세의 베를린 입성으로 해체되었지요. 1701년 프로이센[32]이 왕국으로 승격되면서 1709년에 수도를 철학자 칸트의 고향인 쾨니히스베르크[33]에서 베를린으로 옮겨 프로이센의 수도로 삼았습니다. 쇼펜하우어 선생님이 태어나신 다음 해인, 1789년에 프랑스 대혁명[34]이 일어났고 나폴레옹[35]이 베를린까지 진격하여 1806년, 즉 쇼펜하우어 선생님께서 18세이실 때 프랑스 군대가 베를린에 입성하였지요. 이때 공식적으로 신성 로마 제국이 해체되었고 1813년 선생님께서 25세 때 프로이센, 오스트리아, 러시아 3국이 힘을 합해서 연합국으로 프랑스와 싸운 끝에 3국 연합군이 승리를 거두었습니다."

▶ AI 생성 이미지. 베를린에 있는 브란덴부르크 문 앞에서 나폴레옹 군대와 프로이센, 오스트리아, 러시아 연합군 간의 전쟁 장면. 브란덴부르크 문은 1788년부터 1791년까지 프로이센의 프리드리히 빌헬름 2세 국왕의 명령으로 지어진 것으로 프로이센의 국력을 과시하고 평화를 상징하는 관문이자 지역의 랜드마크로 건설되었다. 문 위에는 평화를 상징하는 그리스 여신 에이레네와 네 마리의 말이 끄는 전차 조각상이 올려져 있다.

"오, 나의 생애와 관련해서 역사의 흐름을 잘 알고 있군. 1815년 내가 27세 때에 빈 회의[36]에서 총 39개의 주권국가인 독일 연방이 승인받게 되었지. 1830년 프랑스의 7월 혁명이 유럽 전역에 반향을 일으키면서, 1832년 내가 44세 때에 독일 지역에서는 전제 군주에 항거하는 시위들이 발생했어. 그때는 내가 혹시나 하는 마음에 권총을 머리맡에 두고 잘 수밖에 없었을 정도로 시대적으로 아주 혼란한 상황이었어. 이런 시대 상황을 모르고 그 일만 얘기하면 내가 얼마나 우스운 사람으로 보이겠나! 1848년 2월 혁명이 프랑스에서 또다시 일어났고 독일에도 혁명이 번졌는데, 그것을 내가 61세 때인 1849년에 프리드리히 빌헬름 4세가 진압했어. 1789년 프랑스 혁명으로 시작된 자유에 대한 갈망이 나폴레옹이라는 사람을 통해서 유럽 전역에 퍼지면서 혁명에 대한 선망이 베토벤[37]으로 하여금 혁명적인 구성과 거대한 규모의 3번 영웅 교향곡[38]을 만들게 했지. 원래는 교향곡 제목을 나폴레옹의 성인 보나파르트(Bonaparte)라고 칭했다가 그가 스스로 황제의 자리에 올랐다는 소식에 격분해서 제목을 바꿨다는 사실이 그의 제자를 통해서 알려지게 되었어. 베토벤은 나보다 18살 위로 동시대를 살았는데 아쉽게도 33년 전 1827년에 57세의 나이로 먼저 가셨지. 참고로 왕들은 성이 아닌 이름으로 불러. 참, 나폴레옹과 관련해서 자네가 조금 전에 언급했듯이 그가 1813년에 다시 쳐들어와서 프로이센 왕국, 오스트리아 제국, 러시아 제국의 연합군과 프랑스와의 전쟁이 벌어져서 베를린을 떠나야만 했어. 그때 나는 예나의 튀링겐 대학에서 「충족 근거율의 네 겹의 뿌리에 관하여」[39] 라는 논문으로 철학 박사학위를 받았지. 그리고 나서 괴테 선생님에게 나의 논문을 보내 드렸어. 나는 그때 25살 청년이었고 그분은 아마 64세쯤 되셨을 거야. 그 이후에 괴테 선생님과 많은 대화와 교제의 시간을 가질 수 있었어. 생각해 보면 괴테 선생님도 그렇고 빌란트 선생님도 그렇고 문학과 철학의 거장들과 교제하면서 내가 철학자로 성장하는 데 큰 도움을 받을 수 있었던 건, 어머니 덕분이라고 할 수 있어. 아버지의 죽음에 대해서 어머니를 많이 원망했고 미워했고 연락도 끊고 살았지만, 어머니가 이분들과 친하게 지내셨던 것이 결국에는 나의 젊은 시절에 큰 도움이 되었지. 이런 부분은 어머니께 감사해야겠지."

"아, 아버지의 자살, 어머니와의 단절, 이렇게 부모님으로부터 받은 트라우마는 쇼펜하우어 선생님의 인생사에서 참으로 안타까운 이야기입니다."

https://www.youtube.com/watch?v=gcqYlK0g0us

"그래서인지 내 성격이 좀 괴팍한 면이 있어. 그때 괴테 선생님 집에 가 보면 여기저기서 여러 분야의 많은 문학가들과 예술가들이 자신의 작업들을 봐달라고 보내와서 선생님께서는 다 훑어보실 수가 없었어. 나중에 보니 당시 내 여동생과 동갑인 1797년생의 상당히 젊은 작곡가 슈베르트[40]도 괴테 선생님의 시에 곡을 붙였더군. 바로 〈마왕〉(Erlkönig)인데, 그가 18세였던 1815년에 작곡해 1821년에 출판했어. 괴테 선생님께 보냈지만 답장은 받지 못했다고 알려져 있지. 음악가 얘기를 하다 보니 내게도 몇 년 전에 1813년생인 바그너[41] 라는 작곡가가 자신의 작품을 보내왔었어. 내가 말년에 유명해지면서, 괴테 선생님처럼 나한테 작품을 봐달라는 요청이 많아졌지만 일일이 다 살펴볼 여력은 없었지."

"네. 선생님께서 박사학위를 받으신 후에 어떻게 철학자로 활동을 전개하셨는지 궁금합니다."

"그래. 내가 26살이던 1814년 난 인도철학인 우파니샤드[42]를 접했어. 그리고 그때 난 젊음의 패기가 가득해서 괴테 선생님이나 이미 오래전에 돌아가신 1643년생 아이작 뉴턴[43] 같은 분들을 존경하면서도 동시에 많이 비판도 했었지. 괴테 선생님께서는 참 인품도 훌륭하셨어. 그런 나를 잘 받아 주셨고 말이야. 1818년 드디어 나의 역작 『의지와 표상으로서의 세계』를 30살이 되던 해에 처음 발표를 했었는데 일 년 동안 겨우 10권 정도밖에 팔리지 않은 거야. 난 엄청난 실망감을 느끼면서도 다른 한편으로는 나의 철학을 이해하지 못하는 교수들에게 분노심이 차오르기도 했었어. 내가 좀 괴팍하고 직선적인 성격이지. 그나마 괴테 선생님께서 내 논문을 만족스럽게 읽으셨다는 소식을 들은 후에는 좀 나아졌지. 1820년, 32살 때 내가 공부했던 베를린 대학에서 나는 헤겔과 같은 시간대에 강의를 하길 바랐고, 막상 그 소원이 이루어지고 나니 내 강의에는 고작 5명 정도의 학생들만이 수강을 했고 헤겔[44]의 수업에는 큰 강의실에 수백명의 학생들이 꽉꽉 차는 거야. 헤겔과는 철학적으로는 물론이고 본질적으로나 성격으로나 나와는 전혀 맞지가 않았어. 헤겔이나 피히테[45] 같은 자들은 철학의 본질보다는 국가 권력의 통치에 명분을 제공하는 작자들로밖에 보이질 않았어. 대학에 한 자리를 얻으려면 정권과 교권에 완전히 충성하는 모습을 보여 줘야 하는데, 이런 게 내 철학적 주관이나 성격과는 맞지 않기 때문이지. 그 당시 나는 그들을 매우 저급하게 여겼어. 사실 내 신념대로 살 수 있었던 것은 모두 아버지 덕분이야. 내게 평생 일을 안 해도 먹고 살 수 있는 돈을 남겨 주셨거든. 유산으로 남겨 주신 것만 잘 관리하면 평생 먹고 사는 데에는 문제가 없었기 때문에 당당히 자리를 박차고 나와서 내 신념대로 살아올 수가 있었던 거지. 그런 점에서 나는 아버지에게 참으로 감사해. 학교에서 강의하는 것을 그만두고 1822년경부터 몇 해를 스위스와 이탈리아의 여기저기와 뮌헨, 만하임, 드레스덴에서 체류를 하다가 1825년, 37세 때 다시 베를린으로 돌아와서 지냈는데 1831년에 베를린에서 콜레라가 퍼지기 시작한거야. 그런데 웬걸, 내 함부르크 시절의 어릴 적 친구가 9살경에 프랑스 르아브르에 살 때 죽었었거든. 그 친구가 꿈에 나타나서 같이 가자는 거야. 그리곤 잠에서 깨어나서 가능한대로 빨리 베를린 생활을 정리하고 이곳 프랑크푸르트로 이사를 오게 되었어. 참고로 헤겔은 콜레라에 걸려서 그때 죽었어. 프랑크푸르트에 와서 나의 하루 하루의 삶은 가능한대로 규칙적으로 살았어. 정해진 시간에 일어나 아침을 먹고 집필을 하고, 점심을 먹고 플루트를 매일 한 두 시간씩 연습하고, 규칙적으로 몇 시간씩 산책을 하며 많은 철학적 사색을 했지. 내 삶에서 플루트 얘기를 안 할 수 없는데, 어릴 때 아버지가 사 주신 플루트는 내 인생에 또 다른 큰 부분이었던 거지. 이것을 통해서 난 음악의 세계를 접한 거야. 내 철학적 사고를 형성하는 데 음악이 얼마나 중요한 역할을 하는지는 자네들이 나의 책 『의지와 표상으로서의 세계』를 읽었으니 잘 알 거야."

"물론입니다, 쇼펜하우어 선생님! 저는 쇼펜하우어 선생님의 음악에 대한 철학적 관점에 전적으로 동의하고, 음악인으로서 큰 자부심을 갖고 있습니다. 쇼펜하우어 선생님께서는 많은 음악가들뿐만 아니라 예술가들, 그 외에도 많은 분야의 사람들에게 크나큰 영향을 끼치셨습니다."

"그리 생각한다니 고맙네. 나는 계속 나의 철학과 관련된 집필과 연구를 계속해오다가 내가 51세 때인 1839년에는 노르웨이 왕립 학술원에서 주는 상을 받기도 했고, 그 다음 해인 1840년에는 덴마크 왕립 학술원에 지원했지만 내가 시대의 대 철학자들, 헤겔과 피히테를 비판했다는 이유로 상을 받지 못했지. 내가 56세 때인 1844년에 『의지와 표상으로서의 세계』를 개정해서 출판했고 그 이후에 『소품과 부록』[46]을 젊은 독자들을 염두해 두고 집필하기 시작해서 63세 때인 1851년에 출판을 했는데, 이 책이 대박을 터트린 거야. 자네들이 읽었다는 『삶의 지혜에 대한 잠언』[47], 이 책도 『소품과 부록』 안에 있는 책이야. 이때부터 내가 저명인사가 되면서 나의 대표작 『의지와 표상으로서의 세계』도 많이 읽히게 되었어. 그 이후에 많은 사람들이 나를 만나보기 원했고, 괴테 선생님이 여러 사람들로부터 본인 작품을 봐달라고 요청을 받으셨듯이, 사람들이 자신들의 작품들을 내게 보내 왔어. 그중 한 명이 아까 잠깐 얘기한 리하르트 바그너야. 이 친구가 자신이 나의 철학에 너무나 깊은 감명과 영향을 받았다면서 1848년부터 구상중인 그의 작품 〈니벨룽의 반지〉[48]를 네 편으로 만들고 있다고 하더군. 그중에서 〈라인의 황금〉(Das Rheingold)과 〈발퀴레〉(Die Walküre)의 일부분을 내게 보내 줬는데, 자네들 생각을 해 보게. 난 아마추어지만 어릴 적부터 플루트를 연주하는 사람이야. 플루트는 아름다운 선율을 연주하는 악기인데 플루트를 하는 내 입장에서 그의 음악을 보니 처음에는 내 취향과는 거리가 좀 있어 보였어. 이 친구는 참 넉살도 좋아. 물론 얼마 지나지 않아서는 그의 음악 세계에 찬사를 보내 주었지. 나의 책 『의지와 표상으로서의 세계』에 감명을 받아서 뭔가 작품을 쓰고 싶어하는 듯 보였어."

"맞습니다. 쇼펜하우어 선생님! 작년에, 그러니까 1859년에 이탈리아 베네치아에서 2막을 마쳤고, 그리고는 스위스 루체른으로 가서 〈트리스탄과 이졸데〉(Tristan und Isolde)라는 작품을 모두 완성했다고 하더라고요."

"뭐 아직 초연된 것은 아니니 무슨 작품을 썼는지 한번 보세. 그리고 내가 67세 때, 그러니까 대략 5년 전쯤부터인 1855년부터 여러 대학들에서 나의 철학에 대한 강의가 개설되기 시작했지. 2년 전인 1858년, 내 70회 생일 파티 소식이 신문 기사로 날 만큼 나는 유명인이 되었고 베를린 왕립학술원에서 나를 회원으로 추대하고 싶다고 연락이 왔었는데, 이제 다니기도 불편한 내가 뭘 더 바랄 것이 있다고 그걸 받겠나. 이젠 베를린까지 여행하는 건 너무 힘들어. 여행도 건강할 때나 할 수 있는 것이야. 자네들은 열심히들 하게나! 나는 젊었을 때 많이 해서 여한이 없네."

"쇼펜하우어 선생님! 여행 얘기가 나왔으니 철도 얘기를 안 할 수가 없는데요. 괴테 선생님과 쇼펜하우어 선생님께서는 프랑스 혁명[49]과 산업 혁명[50]을 몸소 경험하신 분으로서 감회가 남다르실 듯 한데요?"

"물론이지. 그 전에 이미 아이작 뉴턴은 1687년에 그의 논문 「자연철학의 수학적 원리」[51](줄여서 〈프린키피아〉(Principia))에서 만유 인력의 법칙[52]을 발표하여 후대에 엄청난 영향을 끼쳤지. 아까 얘기로 돌아와서 영국에서는 1825년에 최초로 철도가 개통되었는데, 우리가 조금 전에 역사를 살펴봐서 알겠지만, 1813년부터 1815년엔 프랑스 대 반 프랑스 연합군이 해방 전쟁[53]을 했고 1815년 빈 회의에서 승인한 39개 주권국가로 독일은 나뉘어져 있어서 영국처럼 산업 혁명을 할 겨를이 없었던 거야. 어쨌든 내가 47세 때, 영국보다 한 십 년 뒤인 1835년에 독일에서도 처음으로 철도가 개통되었고 10년 만에 2,000km를 연장하면서 나중에는 철도 강국이 되었지. 내가 61세 때인 1849년에 빌헬름 4세가 프랑스의 1848년 2월 혁명의 여파로 독일에서 일어난 혁명을 진압하면서 사회적으로는 영국보다 혼란이 훨씬 극심한 시기였지. 어쨌든지 우리 독일에도 독일인을 하나로 응집시켜서 나라를 발전시킬 수 있는 훌륭하고 지혜로운 지도자가 필요해!"

"쇼펜하우어 선생님. 저희는 머지않아 그런 사람이 나타날 것이라고 확신합니다.[54]"

"우리 얘기로 돌아와서 나는 작년인 1859년에 나의 책 『의지와 표상으로서의 세계』의 세 번째 개정판을 냈어. 나의 지난 삶에 대해서는 이 정도로 하고 자네들이 읽었다는 나의 책 『삶의 지혜에 대한 잠언』을 갖고 대화를 시작해 볼까?"

"네, 그런데 쇼펜하우어 선생님! 지금까지 선생님의 생애와 독일의 역사와 관련해서 대화를 나누었는데요. 본격적으로 선생님의 실천 철학과 관련된 대화를 이어 나가기 전에, 궁금한 게 있습니다. 아까 잠깐 언급하셨던 분인데, 여자 친구였던 성악가 카롤리네와의 연애 이야기와 이웃집 아주머니인 카롤리네와 실랑이를 벌이다 법정 분쟁을 하셨던 이야기를 얼핏 들은 적이 있습니다. 그 에피소드 좀 말씀해 주세요."

“이 친구들, 나에 대해 별 걸 다 아는 구만! 나보다 열 살쯤 많은 이웃집 아주머니[55]와 법정 분쟁이 6년이나 진행되었어. 뭐 내가 스위스와 이탈리아 등지에서 장기간 머물러서 베를린에 없었기 때문이긴 하지만. 베를린에 살 때, 내가 33살 때였지. 1821년 8월 12일에 사건이 터졌으니까. 그 일로 나는 엄청난 돈을 물어줘야 했어. 6년간의 소송 비용 300탈러(Taler)에다가, 그 아주머니가 죽기 전까지 20년 동안 매년 60탈러를 지불해야 했으니 그날을 잊을 수가 없지. 소송 기간에 내가 베를린에 없었거든. 여성 세 명이 집 앞에서 몹시 시끄럽게 떠들고 있었어. 그래서 그녀와 실랑이가 벌어졌는데 그녀가 바닥에 넘어져서 후유증으로 팔 한 쪽에 힘을 줄 수 없어서 일을 못하게 되었다고 나를 고소한 거야. 그녀와의 분쟁이 6년간이나 진행되었는데 결국에는 내가 졌어. 그 당시 일반 가정부들의 일 년 소득이 20탈러[56] 정도였으니 내가 얼마나 큰 부담을 졌는지 알겠지. 소송 비용으로 300탈러는 별도로 지불해야 했고, 그녀가 죽을 때까지 20년간이나 말이야! 그녀가 죽었다는 사망증명서에 나는 ‘그녀는 죽고, 짐은 사라진다’(Obit anus, abit onus!)라고 썼지. 내 자신의 혈기를 다스리지 못해서 발생된 사건에 대한 책임으로 오랜 시간 동안 대가를 치른거야. 성악가 카롤리네 메돈[57]과는 내가 32살쯤인 1820년에서 1821년경에 베를린에서 만난 후 10년 정도 띄엄띄엄 그녀와 연애를 했었는데, 1831년에 콜레라 때문에 프랑크푸르트로 갈 때 그곳에서 같이 살자고 한 적도 있지. 사실 조금 전에 자네들이 도착했을 때 나의 친구 빌헬름 그빈너에게 내가 죽으면 그녀에게 5000탈러[58]를 주라고 서류를 작성했어. 여기까지! 이런 얘기로 더 깊게 물어보면 내 화를 낼 걸세!”

“알겠습니다, 쇼펜하우어 선생님. 이제 정말로 진지하게 선생님의 행복론[59]으로 들어가 보도록 하겠습니다.”

4장[60] 쇼펜하우어의 삶의 지혜에 대한 잠언[61]

"아리스토텔레스[62]는 인간 삶의 소유물을 세 가지 등급으로 나누었는데, 그것은 외적인 것, 영적인 것, 육적인 것이라는 거야. 나는 이를 다음과 같이 세 가지로 정의했어. 첫 번째, 누군가로 존재하는 것 즉 인품, 인격이라고 할 수 있지. 이것은 개인성, 건강, 힘, 아름다움, 기질, 도덕적 성격, 지능, 교양의 개념을 말하는 거야. 우리의 타고난 인격은 누구도 바꾸거나 빼앗을 수 없어. 두 번째로, 누군가 갖고 있는 것 즉 재산을 말하는 것인데, 이것은 모든 의미의 재산과 소유물을 의미해. 세 번째로, 누군가를 나타내는 것 이것은 명예, 지위, 명성을 말하는 거야."[63]

"쇼펜하우어 선생님, 결국 건강, 재산, 명예가 삶에서 중요한 세 가지라는 말씀이시죠?"

"간단히 말하면 그렇지. 나는 위의 세 가지 개념을 바탕으로 해서 우리가 삶에서 적용할 수 있는 철학을 설명하는 거야. 그래서 실천 철학이라고 하지. 간단히 요약하자면 첫째, 우리 모두는 완전히 다르고, 같은 환경에서도 각각 완전히 다른 세계의 삶을 살아가지.[64] 둘째, 우리에게 주어진 현재는 주관과 객관으로 이루어져 있고, 객관화된 우리의 반은 같으나 주관화된 나머지 반은 각각에게 다른 것이야.[65] 셋째, 우리 인생에서 계급과 부의 차이는 각각의 역할을 부여하지만, 이런 차이가 행복과 편안함이라는 내적 차이를 가져오는 것은 아니고, 모두가 각자의 방식으로 비슷한 고통과 비참함을 겪는다는 거야.[66] 넷째, 인간이 가질 수 있는 행복의 정도는 우리의 개성에 따라 미리 결정되는 거야.[67] 다섯째, 가장 오래 지속되는 즐거움은 영적 즐거움이지.[68] 여섯째, 운명은 나아질 수 있다는 거야."[69]

"쇼펜하우어 선생님, 전적으로 공감합니다. 방금 설명해 주신 말씀의 핵심은, 우리가 어떤 상황에서든지 어떤 마음을 갖느냐에 따라서, 그다지 행복할 것이 없는 상황에서도 행복할 수 있고, 반대로 어떤 이들은 많은 것을 갖고 있으며 부러움의 대상인데도 불구하고 본인은 불행하게 느끼며 살 수 있다는 것이지요?"

"그렇지. 하나씩 덧붙이자면 건강은 모든 재화보다도 중요하지, 건강한 거지는 병든 왕보다 더 행복하다는 거야."[70)]

"맞습니다. 선생님. 저는 어릴 때부터 여러 번의 크고 작은 수술들을 받았고 병원에서 정기적으로 검사를 받아야 하기 때문에 건강의 중요성은 이미 오래전부터 느끼고 있습니다."

"그래. 본인들이 아파 봐야만 건강의 소중함을 알게 되는 것이 인간이야."

"그런 것 같습니다. 병이 심하면 심할수록 건강의 중요성을 잘 알고 건강을 지키려고 계속 노력하게 되는 거 같습니다. 병세가 가볍고 짧으면 금방 잊게 되고요."

"맞네. 영성이 풍성한 사람은 완전한 고독 속에서도 자신의 생각과 판타지 속에서 탁월한 즐거움을 갖게 되지."[71)]

"쇼펜하우어 선생님. 이 말씀은 예수 그리스도와 붓다와 같은 성인들이나 수도사, 철학자와 같이 사색을 하는 분들은 물론이고, 우리 주변에서도 정신 세계가 높거나 영성이 풍성한 분들로부터 볼 수 있는 것 같아요. "

"그렇지. 그리고 착하고, 온건하고, 온화한 성격의 사람은 궁핍한 상황 속에서도 만족할 수 있지."[72)]

"쇼펜하우어 선생님. 이런 사람들은 어떤 상황에서도 내면이 평안하기에 그렇게 할 수 있다고 생각합니다. 신약성경 빌립보서 4장 12절에서도 사도 바울은 '나는 비천에 처할 줄도 알고 풍부에 처할 줄도 알아 모든 일 곧 배부름과 배고픔과 풍부와 궁핍에도 처할 줄 아는 일체의 비결을 배웠노라'[73)]고 말씀하셨죠. 조금 전에 말씀하신대로 영성이 풍성한 사람[74)]들의 고백을 저희도 할 수 있다면 삶이 좀 더 평안할 텐데요."

"결국 예수 그리스도가 보여 주신 '자기를 부정'[75)]하는 길이 삶 속에서 행복에 이르는 길이지만 우리가 역사에서도 봤듯이 예수를 따른다는 성직자들조차도 자기를 부정하기는 커녕 자기 의지를 열심히 긍정하면서 살지. 본인의 권력 추구가 삶의 목적인 성직자들도 많다는 얘기야. 그러니 많은 성직자들이 말과 행동이 정반대인 위선자들이 되는 거야. 우리가 겪었고 지금도 많은 곳에서 겪고 있는 일들인 거지. 자기를 부정하는 길은 내가『의지와 표상의 세계』에서 '삶에의 의지의 부정'이라고 표현해 놨지."

"아, 슬픈 현실이에요. 교회가 예수 그리스도를 입으로는 전하지만, '너는 그의 말씀에 따라서 순종해라, 나는 너희의 순종으로 권력을 누리겠다'는게 속셈이었고, 우리 인류에서 이런 역사가 반복되어 왔다는 건 누구도 부정할 수 없으니 말이죠."

"그러게 말이야. 유감스럽게도 이것이 변할 수 없는 인간의 본성인 것이지."

"쇼펜하우어 선생님. 선생님께서 이런 삶의 문제들에 대해서 문제를 제기하시고 철학을 정립해 주셨기 때문에, 여러 철학자들이 선생님의 철학을 이어받아서 새로운 철학의 길이 이어질 것이라고 생각합니다."

"그러면 좋겠네. 삶의 행복을 위해서는 우리 자신, 자아가 가장 중요하고 가장 본질적인 것이지."[76)]

"쇼펜하우어 선생님. 이 말씀은 일반인들에게는 너무나도 당연한 말씀이라고 느껴져서 크게 다가오지 않을 거 같습니다. 본인의 존재가 타인을 위해서, 사회를 위해서 희생하겠다고 자처하는 분들에게 하시는 말씀이지 않나 생각이 되는데요. 방금 말씀하신 성직자들이나 정치가들을 두고 하시는 말씀인가요?"

"이 친구들 이리저리 둘러대지 않고 직설적으로 말하는 게 나랑 비슷하구만. 자네들이 알듯이 나는 뭐인 척하는 부류들을 아주 혐오하지. 하지만 아주 간혹 정말로 그런 사람들도 있어."

"아, 쇼펜하우어 선생님. 혐오란 단어를 들으니 철학자 헤겔이 떠오르는데요."

"이 친구들 참 짓궂구만. 건강을 유지하고 능력을 개발하는 것이 재물을 획득하는 것보다 더 현명한 거야. 그러나 이것이 삶을 영위하는 데 필요한 알맞은 소득을 버는 일에 소홀히 해야 한다는 의미로 잘못 해석되어서는 안 되네.[77] 그리고 사실 부, 즉 엄청난 재력은 우리의 행복에 거의 영향을 미치지 못해. 그렇기에 부자들이 불행과 공허함, 무기력함을 더 많이 느낄 수도 있어. 나는 매일 3시간씩 책을 쓰고 한 두 시간씩 플루트 연습을 하며 옷을 차려 입고 점심을 먹고 나의 사랑하는 푸들 아트만[78]과 규칙적인 산책과 사색을 하고 음악회에 가는 일상의 규칙성을 유지했고, 철학을 비롯해서 여러 분야에 대한 지적 활동을 끊임없이 해 왔지. 어느 정도 필요한 부가 채워지고 나면 더 이상 부는 우리의 실제 행복에 영향을 미치지 못해. 오히려 큰 재산을 유지하기 위해서 따라오는 피할 수 없는 수많은 걱정들이 늘어나기 때문이지. 그럼에도 불구하고 사람들이 지적 활동보다는 부를 얻는 데에 수천 배나 더 관심을 갖게 돼. 자신 안에 무엇을 가지고 있는가가 삶의 행복에 가장 본질적인 것이야. 고난과의 투쟁을 하는 삶 가운데서, 대개 내면의 정신적인 것이 빈약하기 때문에 대부분의 사람들이 기본적으로 불행을 느끼게 되는 거야.[79] 그들 내면의 공허감, 우둔함, 정신적 빈곤이 그들을 불행으로 몰아넣지. 거기로부터의 탈출을 위해서 그들은 여러 종류의 감각적 쾌락을 행하지만 결국에는 방탕과 허무함에서 헤어나오지 못해. 이와 같은 삶에 빠진 자들은 겉으로는 부유하지만 안으로는 가난하여 언젠가는 내부의 빈곤이 외부의 빈곤을 가져오게 되지."

"아! 너무나 맞는 말씀이시라서, 들으면서 마음 한 켠이 아픕니다."

5장[80] 인간 존재에 대한 격언: 고통과 지루함 사이[81]

"각자의 관점에서 그의 수용력의 특성과 수준에 따라서 모든 면이 달라질 수 있어. 즉 그 사람이 삶에서 누군가를 만나고 어떤 일을 겪는지보다 그것을 본인이 어떻게 인식하느냐 하는 태도가 중요한 거야.[82] 아리스토텔레스는 '자연은 영원하지만 부는 그렇지 않다'라고 말했어.[83] 그리고 우리는 우리 스스로 초래한 불행보다, 외부에서 오는 불행을 더 잘 받아들이고 견뎌야 해. 왜냐하면 운명은 바뀔 수 있으니까."[84]

"쇼펜하우어 선생님. 이 말씀은 선생님께서는 아리스토텔레스의 말씀을 인용하시면서 인간사에서 부는 있다가도 없어지고 없다가도 있어질 수 있고 외부로부터 오는 불행도 우리가 어떻게 대처하느냐에 따라서 우리의 운명은 얼마든지 변할 수 있다고 말씀하시는 것이지요?"

"그렇지! 우리는 세상살이 가운데 같은 일을 만나도, 우리가 그 사건을 어떤 자세로 대하느냐에 따라서, 충분히 상황이 변할 수 있다는 것을 누구나 알고 있어."

"맞아요. 그렇기에 '위기는 기회이다', '실패는 성공의 어머니이다'라는 격언처럼 어려운 상황을 긍정적으로 받아들여야 한다는 걸 알고 있지만, 정작 위기의 상황에 닥치면 내면의 나약하고 부정적인 마음의 지배를 받기도 해요. 스스로를 자책하며 절망에 빠져서 극단의 선택을 하는 사람들도 생겨나거든요. 제 생각에는 선생님의 철학에 절대적인 영향을 받은 철학자[85]가 조만간 나타날 것 같습니다."

"그래야지. 나는 내 사후에 내 책, 즉 나의 철학이 후대에 크게 영향을 미칠 거라고 추측했었는데, 어쩌다 보니 살아 생전에 이미 알려져서 유명해졌네. 인간사는 참 모를 일이야."

"그런 것 같습니다, 쇼펜하우어 선생님!"

"그러니까 모든 것 중에서 우리에게 가장 직접적으로 행복을 주는 것은 마음의 쾌활함이야. 왜냐하면 이 좋은 성품은 즉시 그 자체로 보상을 주기 때문이지."[86]

"맞아요! 이런 사람들은 본인뿐만 아니라 주변에도 좋은 에너지를 주거든요."

"선생님께서는 『삶의 지혜에 대한 잠언』[87]의 시작 부분에 설명하신 세 가지 가운데 두 번째와 세 번째인 부와 명예보다도 첫 번째인 인품, 인격을 더 중요시 여기셨고 특히 마음의 쾌활함이 중요하다고 보셨습니다. 이것은 즉각적으로 자신뿐만 아니라 주변에도 영향을 미치기 때문이라고 하셨죠."

"잘 알고 있군. 우리는 무엇보다도 높은 수준의 완전한 건강을 유지하기 위해서 노력해야 하고, 그 꽃은 명랑함이야.[88] 아리스토텔레스는 삶은 움직임에 존재하며 삶의 본질은 움직임에 있다고 말했어."[89]

"그러니까 선생님께서는 매일 2시간 정도의 적당한 야외 운동을 하되, 너무 과하지 않게 할 것을 권하시는 것이죠? 그리고 방탕과 폭력, 불쾌한 감정, 과도한 육체 내지 정신 활동을 피하라고 추천하시면서 선생님과 동일한 생각을 한 아리스토텔레스의 말씀을 인용하시는 것이군요."

"맞네. 우리의 행복의 9/10는 건강에 달려 있고 건강이 없으면 아무것도 즐길 수 없고 주관적 정신 세계 또한 저하되기 때문에, 인간의 행복을 위해서는 건강이 가장 중요하다고 강조하는 거야."

"쇼펜하우어 선생님! 잘 알겠습니다. 저희도 그렇게 하도록 노력하겠습니다."

"천재는 과도한 정신력과 감수성에 제약을 받기 때문에 아리스토텔레스는 탁월하고 생각이 깊은 사람들은 우울하다고 아주 정확하게 지적했지."[90]

"쇼펜하우어 선생님. 이 말씀이 본인의 경우를 얘기하시는 건 아닌지요. 혹시 그래서 선생님께서는 아리스토텔레스를 자주 언급하시는 건 아닌가요? 아니 그냥, 가볍게 드린 말씀이었습니다."

"글쎄. 상황에 따라서는 가장 건강하고 유쾌한 사람이라도 고통의 크기나 다가오는 불행이 죽음의 공포를 압도한다면 자살하기로 결정하는 일도 발생하지."[91]

"선생님께서는 그러니까 본질적으로 많은 사람들이 자신의 성질, 즉 자신의 의지를 꺾지 못해서 죽음을 선택한다고 보시지만, 또 다른 경우로 삶이 주는 고통의 크기가 죽음에 대한 두려움을 넘어설 때 자살을 선택한다는 말씀이시죠?"

"그렇지. 간혹 우리 주변에도 전혀 자살을 할 것 같지 않았던 사람이 갑자기 자살했다는 소식을 접해서 우리를 충격에 빠트리는 경우가 있는데 이런 경우를 말하는 거야. 자살은 내 가족사와 관련되어 있어 내게는 너무나 친숙한 것인데, 그 이야기는 이미 얘기했으니 자네들도 이해가 되지?"

"그럼요. 그런데 선생님께서는 원래 자살하는 사람들을 상당히 부정적인 시선으로 바라보고 있으시잖아요?"

"그렇지! 자살에 대해서는 나의 아버지와 관련되어 있고 내 삶에도 지대한 영향을 미쳤으니, 어느 정도는 이해하는 면이 있더라도 좋게 봐줄 수는 없어. 가장 일반적인 관점에서 고통과 지루함이 우리의 행복을 막는 두 가지 적이지.[92] 이 둘은 양쪽이 서로 대립해서 서 있고 하나는 외적, 객관적인 것이고, 다른 하나는 내적, 주관적인 것이야."[93]

"그러니까, 선생님께서는 고통과 지루함이 없을 때가 행복한 순간이라는 것이지요? 물론 그 순간은 영원할 수는 없고 반드시 고통이나 지루함의 순간을 우리는 다시 만나게 된다는 것이고요."

"그렇지! 내면의 부와 정신적 부보다 더 안전하게 이 비참함을 막아 주는 것은 없어. 내면의 부, 정신적 부가 탁월함에 가까워질수록 지루함을 느낄 여지가 줄어드는 거야."[94]

"쇼펜하우어 선생님. 그러니까 우리는 끊임없이 궁핍, 결핍, 고통과 맞서 투쟁하는 부류와 다른 한편으로는 부유함에서 오는 지루함을 느끼며 살아가는 부류가 있다는 것이고, 우리 모두는 고통과 지루함의 사이를 왔다 갔다 하며 필사적인 싸움을 하며 살아간다는 것이죠?"

"그렇지. 궁핍에서 오는 고통뿐만 아니라 지루함에서 오는 공허감을 잊기 위해서 외부 자극에 목말라 헤매는 사람들의 불행들을 우리는 목도하지."

"그러니까 쇼펜하우어 선생님께서는 내면의 부, 정신적 부만이 이 비참함을 막아 줄 수 있다고 우리에게 알려 주시고 싶으신 것이잖아요?"

"그렇지! 그런 사람들은 지루함이나 공허함을 느낄 틈이 없기 때문이야. 나는 즐거움의 유형을 세 가지로 나누어 설명하지. 첫째로는 생식력의 즐거움, 즉 먹고 마시고 소화하고 쉬고 자는 것이며, 둘째로는 자극성의 즐거움으로 걷기, 뛰기, 레

슬링, 춤, 펜싱, 승마를 비롯한 모든 종류의 운동을 하는 것이고, 셋째로는 감성의 즐거움으로 보고 생각하고 느끼고 시를 쓰고 그림을 그리고 음악을 연주하고 배우고 읽고 명상하고 발명하고 철학을 하는 사색의 즐거움이지. 첫 번째와 두 번째는 동물들도 하는 것이지만 세 번째는 인간만이 하는 것으로 우리의 삶을 더욱 풍요롭게 만드는 것이고 가장 큰 즐거움의 원천이라고 강조하였지."[95]

"쇼펜하우어 선생님. 그러니까 선생님께서는 철학과 예술 활동 같은 내면의 즐거움을 추구하는 활동을 통해서 삶의 지루함과 그로부터 오는 해로운 결과로부터 우리가 보호받을 수 있다고 말씀하시는데, 일반적인 사람들은 인생의 즐거움을 소유, 지위, 재산 같은 외부의 것들에 의존하는 삶, 즉 무게중심을 자신의 외부에 두기 때문에 사치나 공허감에 더 빠지게 된다는 말씀이신 것이지요?"

"그렇지! 다시 강조하지만 무게중심을 우리 내면에 둘 때 우리는 사물의 존재와 본질을 제대로 깨달을 수 있고 그것을 우리는 예술, 시, 철학 같은 수단으로 표현할 수 있지! 내적으로 부유한 사람은 부정적인 것을 주는 외부로부터의 어떤 것도 더 이상 필요하지 않다는 거야. 즉 영적 능력을 형성해 주고 발전시키며 그 내적인 풍요함을 즐길 수 있게 할 자유로운 여가 시간 외에는 아무것도 필요하지 않다는 것이지.[96] 아리스토텔레스는 철학적 삶을 가장 행복한 삶이라고 여겼어.[97] 세속적인 사람들의 큰 고통은 이상적인 것들이 그들에게 즐거움을 주지 못한다는 것이지. 그들은 지루함에서 벗어나기 위해 끊임없이 현실적인 자극을 찾지만, 현실적인 것은 곧 지겨워지고 피곤해지며 만족을 주지 못해. 현실적인 자극은 어떤 치유도 가져오지 못하는 반면에 이상적인 것들은 지겨워지는 것도 없고 잘못될 것도 없으며 무해하지."[98]

"쇼펜하우어 선생님, 그러니까 선생님께서는 우리의 행복에 있어서 개인적인 특성을 전체적으로 볼 때 육체적인 특성뿐만 아니라 지적인 특성을 중요하게 여기신다는 말씀이시지요?"

"그렇지. 조금 더 쉽게 말하면, 육체적 건강뿐 아니라 철학과 예술 같은 정신적 활동도 삶에서 매우 중요하다는 뜻이지."

6장[99] 소유에 대한 격언[100]

"행복에 대해서 가르친 위대한 스승, 에피쿠로스[101]는 인간의 욕구를 세 가지 등급으로 나누었어. 첫째, 자연적이고 필요한 것으로, 충족되지 않으면 고통을 초래해. 음식과 의복이 여기에 속하고, 비교적 쉽게 충족될 수 있지. 둘째, 이것은 자연스럽지만 반드시 필요한 것은 아닌 것으로 성적 욕구를 말한다는 거야. 이 욕구를 채우는 것은 조금 더 어렵다는 거지. 셋째, 자연스럽지도, 필요하지도 않은 사치와 호화로움인데, 이것들은 끝이 없고 결코 만족을 줄 수 없지."[102]

"쇼펜하우어 선생님. 저희도 에피쿠로스의 말대로 사람들의 만족에 대한 기준은 절대적인 것이 아니고 상대적인 것이기 때문에 욕구에 있어서 한계선을 정하는 것은 어려운 일이라고 생각합니다."

"그렇지! 내가 갖고 있는 것이 이미 충분함에도 불구하고 자신보다 더 많이 가진 사람을 보면 우리는 상대적 박탈감을 느끼고 스스로를 불행하다고 느낄 수 있는 인간이야. 재물은 바닷물과 같아서 마실수록 더 갈증이 나지. 명예도 마찬가지야."[103]

"쇼펜하우어 선생님! 이 말씀은 아주 적절한 표현이라고 생각해요."

"우리는 더 높은 곳으로 오르려 하지만, 종종 다른 요인들로 가로막히지. 그럼에도 불구하고 계속해서 시도하게 되며, 그 과정에서 불만이 생겨나는 거야."[104]

"쇼펜하우어 선생님. 이 말씀은 양면성이 있는 듯 보입니다. 젊은 시절에는 올라가려는 시도가 결국에는 자기를 발전시킬 수 있는 동기부여가 되기에 이런 노력이 필요하다고 생각됩니다. 하지만 나이가 들수록 선생님께서 방금 하신 말씀을 잘 새겨들을 필요가 있다고 생각합니다."

"그렇지. 그리고 돈은 절대적인 선이라고 할 수 있지. 왜냐하면 돈은 구체적인 필요뿐만 아니라 추상적인 필요도 충족시키기 때문이야. 갖고 있는 자산은 일어날 수 있는 많은 역겨운 일들과 사고들에서 우리를 보호해 주는 보호벽이 되지."[105)]

"쇼펜하우어 선생님. 선생님은 돈과 관련해서 우리가 돈을 중요시하는 것을 너무 속물이라든지 죄악시하지 말고, 냉철한 시각을 갖고 바라봐야 된다는 것이죠?"

"맞아! 돈이라는 것은 삶에 필요한 절대적인 수단이고 보호막이 되지. 돈은 의식주뿐 아니라 여행, 예술, 체육 같은 다양한 문화 활동을 가능하게 하는 기반이 돼. 건강상의 문제나 불의의 사고에 직면했을 때에 신의 영역이 아닌 범위 안에서는 우리를 보호해 주는 절대적인 선인 것이야."

"맞아요! 쇼펜하우어 선생님, 감사하게도 선생님께서는 다른 철학자들과는 다르게 우리의 삶과 관련해서 너무나 친절하고도 세밀하게 말씀해 주시네요."

"나는 자네들이 자신의 소득에 맞춰 지출을 잘 관리하길 권하고 싶네."[106)]

"네, 쇼펜하우어 선생님!"

7장[107)] 외부로 나타내는 것에 대한 격언[108)]: 존경, 명예, 명성

"나에 대한 다른 사람들의 평가는 우리의 행복에 필수적인 것은 아니야. 때에 따라서는 누군가 우리에게 거짓으로 칭찬을 해 주는 것인 줄 알면서도, 그런 말들에서 우리는 달콤한 기쁨을 느끼고, 반대의 경우 상대방이 나를 무시한다고 느끼면서 우리는 화도 내고 마음의 상처를 받기도 하지. 이처럼 존경이나 명성, 또는 그 반대의 평가들은 이러한 심리에서 비롯되는 거야. 그러나 이것들은 우리들의 행복에 있어서 본질적인 평안과 독립성에 좋은 영향을 미치기보다는 오히려 방해가 되는 단점이 더 많아.[109)] 다른 사람들의 눈에 보이는 나에 대한 가치 평가보다는, 나 자신 안에서 본인 자신에 대한 스스로의 올바른 가치 평가가 우리의 행복에 큰 영향을 미치는 거야."[110]

"쇼펜하우어 선생님. 방금 이 말씀은 너무나도 중요한 말씀이라고 생각해요. 많은 사람들이 살아가는 동안 다른 사람들이 나를 어떻게 보나, 내가 외부에 어떻게 보여지는가 하는 것에 너무나 많은 신경을 쓰면서 자신들을 옥죄며 살아가거든요."

"그렇지! 우리의 행복에 있어서 건강, 기질, 능력과 같이 본인 자신에 의해 결정되는 요소들이 다른 사람들에게 좋게 보이는 것보다도 백 배는 더 중요한 거야."[111]

"알겠습니다. 타인의 시선에 얽매이지 말고, 자신의 주관적인 판단과 기준에 따라 살아가라는 말씀이시죠?"

"그렇지! 우리가 일하는 궁극적 목적은, 물론 돈을 벌어야 하는 것을 전제하지만, 다른 사람들로부터의 인정 내지는 존경을 받고자 하는 것이 한편으로는 궁극적인 목표라고도 볼 수도 있어. 그래서 큰 범주에서 국가, 그리고 우리가 속한 크고 작은 사회에서는 이러한 명예심이나 존경심을 앞에 높고 우리를 서로 경쟁하게 하고 또한 희생하게 부추키기도 하지. 이러한 명예욕은 사람들을 통제하거나 조정하는 데 편리한 도구가 되기도 해. 그래서 인간 사회는 명예 의식에 큰 의미를 부여하는 것을 중요하게 여기는 거야. 그러니까 가능하면 그런 것에서 벗어날 수 있으면 좋겠지. 명예는 외적인 양심이고, 양심은 내적인 명예인 거야. 명예는 객관적으로 우리의 가치에 대한 다른 사람들의 의견이고, 주관적으로는 다른 사람들의 의견에 대한 두려움인 거야.[112] 명예와 수치심의 근원은 인간들이 혼자 있을 수 없는 존재라는 데에 있어. 인간은 사회 안에서만 존재할 수 있고 그 안에서 많은 일들을 하게 되지. 그러한 사회 안에서 사람들이 원하고 기대하는 일들을 하게 되는데, 그럴 때 자신의 의견이 아닌 다른 사람들의 의견에 따라서 행동을 하게 되고, 그들의 기대에 자신의 행동을 맞추고 열심히 해서 앞에 서게 될 때에, 명예심이라는 것이 나타나는 거야."

"그렇죠. 명예나 명성을 얻기 위해서 정말 많은 시간과 노력을 들여야 하잖아요. 그러고 보면 세상에 공짜는 없습니다. 하지만 핵심은 이렇든지 저렇든지 간에

남들의 시선이나 인정에 목매지 말고 자신의 삶을 살라는 말씀이시죠?“

“그렇지! 명성은 얻기는 어렵지만 유지하기는 비교적 쉬운 반면, 존경은 단 한 번의 실수로도 회복이 어렵지.”[113)]

“오, 쇼펜하우어 선생님! 명성을 얻은 사람들은 스캔들이 나도 크게 영향을 받지 않지만, 존경을 받는 사람들에게는 돌이킬 수 없는 치명적인 영향을 받는 것을 보면, 선생님의 말씀이 맞는 것 같습니다.”

“그렇지. 행복론적인 관점에서 보면 명성은 우리의 자존심과 허영심에 대한 가장 희귀하고 맛있는 음식에 지나지 않는 거야.”[114)]

“그러니까 쇼펜하우어 선생님께서는 이미 말씀하신 것처럼, ‘자신에 대한 다른 사람들의 평가는 완전히 불균형하고 불합리하다’라고 말씀하시는 것이죠? 그리고 명성을 얻기 위해서 우리가 치러야 할 노력과 그에 따른 희생을 설명하신 거고요?”

“그렇지! 그러니까 가장 행복한 사람은 진심으로 자기 자신을 존경하는 사람이지.”[115)]

“쇼펜하우어 선생님, 정말 공감되는 멋진 말씀이에요.”

8장[116)] 삶에 실제적으로 적용할 격언: 고통과 행복을 대하는 자세[117)]

일반론[118)]

“아리스토텔레스[119)]가 『니코마코스 윤리학』[120)]에서 ‘이성적인 사람은 즐거움이 아닌 고통 없음을 추구한다.’라고 말했는데, 이것의 진실은 모든 즐거움과 행복은 부정적인 성격을 띠는 반면에, 고통은 긍정적인 성격을 갖는다는 사실에 근거하는 거야.”[121)]

"와! 이미 오래 전에 아리스토텔레스가 고통에 대해서 잘 정의를 해 놨었군요."

"그렇지! 소크라테스가 B.C. 470년부터 B.C. 399년까지 살았고, 그 다음으로 플라톤이 B.C. 428년부터 B.C. 348년까지, 그리고 아리스토텔레스가 B.C. 384년부터 B.C. 322년까지 살았지. 이들은 순서대로 스승과 제자의 관계들로 가르치고 배우는 관계였지만, 다른 한편으로는 스승을 뛰어넘으려고 비판도 서슴지 않았던 관계였지. 유럽에서는 이런 전통이 계속 전해 내려왔다고 해도 큰 무리는 없어. 그래서 나도 칸트(Kant) 선생님을 내 철학의 기둥으로 여기고 존경했지만, 동시에 비판도 했던 거야. 아리스토텔레스는 '우리의 삶에서 즐거움과 안락함을 추구하는 것에 초점을 맞추지 말고, 수많은 역겨운 일들을 가능한 한 피하라'고 가르치고 있어. 그래서 나는 아리스토텔레스의 가르침을 인용하면서, 행복론이란 그 이름 자체는 미화적인 표현이고, 행복하게 산다는 것은 결국 덜 불행하게, 즉 견딜 만하게 산다는 뜻이라는 가르침에서 출발해야 한다는 것이지."[122]

"공감합니다, 쇼펜하우어 선생님! 고통이 없고 덜 불행한 순간이라면 감사한 때라는 것이죠?"

"그렇지. 인생은 실제로 즐기기 위해서 존재하는 것이 아니라, 극복하고 내려놓아야 하는 것이야. 따라서 가장 행복한 사람의 운명이란 정신적으로나 육체적으로나 과도한 고통 없이 자신의 삶을 살아가는 것이지."[123]

"맞습니다, 쇼펜하우어 선생님. 우리가 삶에서 할 수 있는 실제적인 일들을 선생님께서는 고통을 피하는 것, 즉 결핍과 질병을 제거하는 것과 극복하는 것이 중요하다고 가르치시는 것이죠? 그러니까 독일에서는 병을 잘 이겨 낸 사람들과 덕담을 주고받을 때 항상 쓰는 말이 "잘 이겨냈다"(gut überstanden)란 말을 쓰잖아요. 그러니까 행복과 즐거움이란 멀리서는 보이는 듯하지만 가까이 가면 사라지는 신기루와 같으니까 그것들을 쫓는 것을 멈추고, 선생님께서 방금 설명해 주신 것처럼 고통을 피하는 것에 집중해서 고통 없고, 차분하며, 견딜 만한 세상을 추구하는 것이 우리가 할 수 있는 불행을 최소화하는 길이다라는 것이죠?"

"잘 이해했구만. 행복의 측면에서 우리가 누군가의 상태를 올바르게 평가하려면, 그를 행복하게 해 주는 것이 무엇인가를 묻기보다는 그를 슬프게 하는 것이 무엇인가를 물어봐야 돼. 슬프게 하는 것이 무엇인지 알고 그것을 줄일 수 있다면 더 행복해지기 때문이야."[124]

"아, 생각해 보지 못한 말씀이십니다!"

"우리는 너무 많은 요구사항을 가지고 삶의 행복을 지나치게 넓은 토대 위에 세우지 않도록 주의해야 해. 토대가 넓을수록 뜻하지 않은 사고가 발생할 가능성도 더 커지기 때문이야. 우리 자신의 삶의 행복이라는 정의를, 너무 많은 요구사항을 가지고, 넓은 토대 위에 세우는 것을 조심해야 해."[125]

"선생님, 정말 지혜로우신 말씀입니다. 하지만 범위이든 관계이든 간에 사람들에겐 결국 삶에서 포기해야 하는 부분들이 있고, 그럴 때 고통이 줄어들어 더 행복할 수 있다는 말씀이신데, 본인들이 그것들로 인해서 고통을, 그것도 심하게 겪기 전까지는 삶의 공간 또는 관계들을 축소하거나 포기하기란 참 어려운 것 같습니다."

"그렇지! 지혜로운 사람은 겪어 보지 않고서도 따를 수 있지만, 어리석은 사람은 겪고 또 겪고도 죽을 때까지 모르는 법이야."

"우리 마음의 착시 현상 때문에 인생은 선로의 입구에서는 끝이 없어 보이지만 그 선로의 끝에서 되돌아보면 매우 짧게 보이지. 물론 좋은 면도 있어. 인생에 추구하는 게 없다면 위대한 일이 일어나기는 어려울 거야."[126]

"맞습니다, 쇼펜하우어 선생님! 아까도 잠깐 나눈 얘기이지만 짧은 인생에서 미래를 모르고 뭔가 이루기 위해서 열심히들 살다 보니 개개인의 삶에서도 성취가 있는 것이고요. 다만 어느 정도의 시점에 도달하면 더 나은 삶을 위해서는 삶에의 부정, 즉 자신을 버리는 지혜가 필요한 거 같아요."

"자네들 내 말 뜻을 잘 이해하는군."

9장[127] 쇼펜하우어의 행복론: 현재의 중요성과 고독의 가치[128]

"우리는 미래에 대한 걱정과 과거에 대한 후회, 그리고 그리움에 빠져 살지만, 오직 현재만이 실재하고 유일하게 확실하다는 사실을 잊어서는 안 돼. 미래도 언제나 우리가 생각한 대로 전개되지 않거든. 우리 눈에는 물체가 위치에 따라서 작아지고 우리의 생각에서는 물체가 커지게 되지. 오직 현재만이 참되고 실재적임을 우리는 잊어서는 안 되네. 무슨 말인지 알겠지?"

"그럼요, 쇼펜하우어 선생님!"

"지나간 일에 대한 불만이나 앞으로 다가올 일들에 대한 걱정으로 현재의 좋은 시간을 밀어내거나 함부로 망치는 것은 정말로 어리석은 일이야.[129] 인간 행복의 기본은 우리가 살고 있는 지금, 이 현재가 즐거워야 한다는 거야. 이 목적을 위해서 우리는 오늘은 단 한 번만 오는 것이고 다시는 오지 않는다는 것을 항상 기억해야 해. 우리는 내일이 다시 온다고 착각하지만, 내일 역시 단 한 번뿐인 또 다른 하루일 뿐이야."[130]

"오, 정말 멋진 말씀이십니다!"

"아까도 말했지만, 삶에 어떤 제약을 두는 것은 우리를 행복하게 만들지. 인간관계, 활동, 접촉 범위의 제한이 좁으면 좁을수록, 우리는 더 행복하게 되고, 그것들이 더 넓으면 넓을수록, 우리는 더 심한 고통과 근심을 받게 되어 있어.[131] 인생을 큰 그림으로 볼 때 어린 시절인 전반기보다 후반기가 더 슬픈 것도 부분적으로는 이러한 이유 때문인 거야. 어린 시절의 우리들은 좁은 환경과 상황에 국한되어 있었고, 그때에는 큰 근심도 없이 작은 일에도 나자빠지게 웃었지만, 청소년이 되고 성인이 되면서는 걱정과 근심이 비례하여 늘어나고, 노년기에는 본인의 문제들뿐만 아니라 후손들의 일들로 근심과 걱정은 더욱 늘어나지. 우리의 넓어진 삶에서는 위에 설명한 근심과 걱정뿐만 아니라 피할 수 없는 지루함도 따라오는데, 이러한 지루함을 없애기 위해서 오락, 교제, 사치, 게임, 술 같은 것들을 시도하게 되고 경우에 따라서는 물질적, 육체적인 피해와 그로 인한 파멸과 불행을 초래하게 돼. 반면에 우리가 우리의 환경과 생활을 최대한 단순화하고, 지루함이 생기지 않도록만 한다면, 행복한 삶을 살 수 있다는 거지."

"충분히 이해했습니다, 쇼펜하우어 선생님."

"모든 사람은 혼자 있는 동안에만 완전히 자기 자신이 될 수 있어. 외로움을 사랑하지 않는다면 자유도 사랑하지 않는 거야. 왜냐하면 혼자 있을 때에만 자유롭기 때문이지."[132)]

"아! 쇼펜하우어 선생님께서 말씀해 주시기 전에는 알지 못했던 심오한 말씀이네요. 사회에서는 우리의 개성이 드러나지 못하도록 더욱 많은 희생을 요구하는 것 같고요. 개성이 더 강한 사람일수록 그는 필연적으로 더 외로워지고요."

"그렇지! 그의 육체적인 외로움과 정신적인 외로움이 일치한다면 그나마 낫겠지만, 그렇지 않다면 오히려 혼란스러워져 결국 자아를 잃게 되지. 때에 따라서 이 사회에서는 자연의 순위와는 정반대가 되는 인위적인 지위와 차이를 주는 모순이 나타나거든. 사회는 우리 본성에 걸맞게 우리 자신이 되는 것을 허락하지 않아. 다른 사람들과의 조화를 위해서 우리 자신을 축소하거나 훼손시키도록 강요하지. 그렇지 않으면 우리는 다른 사람들로부터 미움을 받게 되기 때문에, 지나치게 개성이 드러나지 않도록 자신을 평범하게 해야만 해. 그 때문에 나는 우리가 혼자 있을 수 있는 외로움을 사랑해야 한다고 가르치는 거야! 젊은 시절에 외로움을 견디는 법을 배우는 것은 아주 중요해. 왜냐하면 그것은 행복과 평안의 원천이기 때문이지.[133)] 지적으로 우월한 사람에게 고독은 두 가지 장점을 보장하지. 첫째는 자기 자신과 함께 있다는 것이고, 둘째로는 다른 사람과 함께 있지 않다는 것이야."[134)]

"오, 참 역설적인 표현이네요!"

"우리는 여러 사람과의 사교에 있어서는 항상 위험에 노출될 가능성을 갖고 있어. 왜냐하면 여러 사람과 사교를 하다 보면 비도덕적이거나 지적 수준이 맞지 않거나 비열한 사람이거나 때에 따라서는 정말로 사악한 사람을 만날 수도 있기 때문이야. 많은 사람들과의 사교가 필요하지 않다는 것은 내 안에 많은 것을 가지고 있다는 것을 의미하는 거야. 혼자 있을 수 있는 사람은 정말로 큰 축복을 받은 것이지. 왜냐하면 우리가 겪는 거의 모든 고통은 사회에서 비롯되고, 건강 다음으로 우리 행복에 있어서 가장 필수적인 요소인 마음의 평안[135]이 이런 사교로부터 위협을 받기 때문이야. 외로움과 일찍 친구가 된 사람은 마치 금광을 얻은 것과 같지. 하지만 이건 누구나 할 수 있는 일이 아니야."[136]

"쇼펜하우어 선생님! 정말 공감이 가는 말씀이십니다. 사람은 사회적 동물이기에, 선생님께서도 방금 모든 사람이 이렇게 할 수 없다고 말씀하신 것으로 이해합니다. 우리가 어렸을 때는 잠시도 혼자 있을 수 없었고 젊었을 때에는 친구들을 쉽게 사귈 수 있었지만, 나이가 들면서 친구라기보다는 사회적 관계에서 아는 사람들을 많이 만들게 됩니다. 그런 관계들 가운데에서 기쁨보다는 관계의 얽힘 때문에 피곤함, 서운함, 실망감을 넘어서, 경우에 따라서는 배신감에 도달하고 나면 그 사람을 처음부터 개인적으로 알지 않았더라면 더 좋았을 것이란 후회를 하는 경우도 종종 있습니다."

"그렇지! 그것이 바로 내가 말하려는 바야. 이런 사회적 관계에서 우리는 필연적으로 고통을 겪기에 나는 일찍이 외로움과 친구가 된 자는 금광을 얻은 자라고 책에 서술했지. 그렇다고 내가 무조건 인생을 홀로 살라고 하는 것은 아니야. 나는 나의 책에서 진정한 친구란 무엇인가를 설명하면서 친구의 중요성도 강조했으니까 말이야. 내 책들을 읽었으니 잘 알겠지?"

"물론입니다, 쇼펜하우어 선생님."

"그래! 모든 사기꾼은 동정심을 갖게 할 만큼 사교적인 사람들이야. 고귀한 사람은 여러 사람 가운데에서 편안함을 갖기보다는 점점 더 고독을 선호하는 경향이 있거든."[137]

"쇼펜하우어 선생님. 그러니까 고귀한 사람들은 홀로 있기를 선호한다는 말씀이신데요. 역설적으로 말하자면, 나이가 들었어도 많은 사람을 필요로 하는 사람은 아직도 독립하지 못한 어린 아이나 사춘기 수준에 머물러 있다는 반증이라고 해석해도 될까요?"

"자네들은 어떻게 생각하나? 판단은 자네들에게 맡기겠네."

10장[138] 나이듦을 대하는 태도

"우리는 나이가 들어 가는 것을 두려워할 필요가 없어. 왜냐하면 우리는 나이가 들면서 안개 속에 가려져 있던 수천 가지 일들을 분명하게 보게 되거든. 그리고 오랜 경험을 통해서 사람들에게 많은 것을 기대하지 않게 되지. 나이가 들면서 우리는 육체의 굴레에서 서서히 벗어나게 돼. 올바른 것을 갖고 있는 사람은 다른 사람들과 함께 있는 것보다도 혼자 있는 것이 항상 더 쉽다는 것을 알게 되지."[139]

"오, 진리의 말씀인 것 같습니다, 쇼펜하우어 선생님! 그래서 위대한 성인들이 혼자만의 시간을 갖고, 자신과의 대화나 신과의 대화 속에서 진정한 올바름, 즉 진리가 무엇인지를 깨닫기 위해 노력했던 것 아닐까요?"

"그렇지."

"아, 그러니까 예수는 제자들마저도 자신을 배신할 것을 미리 아시고 기대를 버리신 것이군요! 저도 나이 들면서 삶에서 많은 것들이 선명하게 보이기 시작하는 것을 느낍니다. 그래서 사람을 믿기보다는 상황이 그 사람의 행동을 결정짓는 것을 알기에 사람에 대한 기대도 자연스럽게 사라지더라고요."

"잘 깨달았군. 나이가 들면서 우리는 사회에서도 어느 정도 혼자 있는 것과 자신의 생각을 다른 사람들에게 즉시 전달하지 않는 것, 다른 한편으로는 그들이 말하는 것을 너무 진지하게 받아들이지 않는 것과 그들에게 많은 것을 바라지 않는 것을 배우는 거야. 그리고 그들의 의견에 대해 무관심하게 받아들이는 것, 그것이야말로 칭찬받을 만한 관용을 연습하는 가장 확실한 방법이지."[140]

"쇼펜하우어 선생님. 방금 말씀해 주신 몇 가지들, 그러니까 혼자만의 시간을 갖고 자신의 생각을 너무 바로바로 밝히지 말고 상대방의 비판적인 얘기들을 너무 진지하게 받아들이지도 말고 큰 기대도 하지마라. 이 말씀은 사회생활을 해야하는 우리에게 정말 실제적인 도움을 주시는 말씀이라고 생각합니다. 그런데 이 말씀, 그러니까 상대방이 내게 하는 비난이든 칭찬이든 그냥 무관심하게, 별로 중요하지 않게, 쿨하게 받아들여라 라는 거잖아요. 이것이 관용을 배울 수 있는 방법이라는 말씀이신데, 이 말씀은 결국 나이가 들수록 관용을 가져야 한다는 말씀이시죠?"

"그렇지! 우리는 사회를 불에 비유할 수도 있어. 영리한 사람은 적당한 거리에서 몸을 따뜻하게 하고, 불 속으로 들어가지는 않지만, 어리석은 자는 그 속에 뛰어들어 자신을 불태우고, 결국 고독의 추위 속으로 도망쳐 후회하게 되지."[141]

"오, 쇼펜하우어 선생님, 명심하겠습니다."

"시기심은 인간에게 자연스러운 것이지만, 그것은 죄악인 동시에 불행이야. 그러니까 우리는 시기심을 행복의 적으로 간주해야 해. 그리고 시기심을 악한 악령으로 여겨서 질식시키려고 노력해야 해.[142] 그리고 우리는 우리보다 상황이 더 나은 사람들보다는 우리보다 상황이 더 안 좋은 사람들을 자주 봐야 해."[143]

"쇼펜하우어 선생님. 그러니까 우리가 행복해지려면 시기심을 버려야 하고 그렇게 하기 위해서는 나보다 상황이 좋은 사람보다는 그렇지 않은 사람들을 봐라. 왜냐하면 그들을 볼 때에는 시기심이 발동하지 않으니까. 이렇게까지 해야 할 정도로 시기심은 우리를 불행하게 만든다는 것이지요?"

"그렇지. 그게 지혜로운 방법이야. 그리고 아리스토텔레스도 삶은 움직임으로 구성된다고 명확히 서술했지. 그의 서술처럼 우리의 육체적 삶은 끊임없는 움직임을 통해서만 구성이 되는 거야. 그러니까 우리의 내적이고, 영적인 삶도 활동이나 사색을 통한 끊임없는 일에 몰두해야 하는데, 즉 무엇인가에 몰두할 수 있는 일을 필요로 하지."[144)]

"쇼펜하우어 선생님, 그러니까 행복해지려면 뭐든지 간에 활동을 하고 사색하고 몰두할 수 있는 일을 하라는 것이군요!"

"그렇지. 우리의 존재는 본질적으로 쉴 수 없는 존재야. 따라서 완전한 무(無)활동은 가장 끔찍한 지루함을 가져오기 때문에 우리는 무활동을 참을 수 없게 되지. 그래서 무엇이든 활동하거나, 가능하다면 최소한 무언가를 배우는 것만으로도 인간의 행복에는 반드시 필요한 요소가 되는 거야. 힘과 에너지는 사용되기를 원하고, 어떻게든 결과를 내고 싶어 하지. 이런 관점에서 보면 가장 큰 만족을 주는 것은 무엇인가를 만드는 거야. 그것이 바구니든지 책이든지 간에 무엇인가를 만드는 것에서 온다는 것이지. 작품이 매일 자신의 손에서 성장하여 마침내 완성되는 것을 보는 것은 즉각적인 행복이야."[145)]

"오, 쇼펜하우어 선생님! 선생님의 이 말씀은 제가 간혹 그림을 그려서 완성을 하거나 곡들을 외워서 피아노를 치며 노래 부르는 것들을 하나씩 하나씩 이룰 때마다 느끼고 있습니다."

"선생님, 저도 학술논문이나 이런저런 책과 작품을 만들어 세상에 내놓거나, 강의를 할 때마다 느끼고 있어요!"

"하하, 둘 다 열심히 재밌게들 잘 살고 있구만. 근육은 단련할수록 강하게 되지. 반면에 신경은 많이 사용하면 약해져. 그러니까 적절한 노력을 통해서 근육은 단련해야 하지만, 반면에 신경은 보호해야 해. 즉, 너무 밝은 빛이나 특히 반사광으로부터 보호해야 되고, 어둑어둑한 상태에서 하는 모든 활동은 우리 눈에 좋지 않아. 그리고 너무 작은 물체를 오랫동안 응시하는 것도 좋지 않으니 우리 눈을 보호해야 해. 마찬가지로 과도한 소음으로부터 귀를 보호해야 하고, 특히 우리 뇌를 위해서는 무리하지 말고 장기간 지속적으로 스트레스에 노출되지 않도록 해야 돼. 밤 늦게까지 깨어 있거나, 밤샘을 하는 것 같이 적절치 못한 시간에 활동하는 것도 피하는 게 좋아."[146)]

"아이고, 저는 많이 찔리는데요. 이제부터 책을 쓸 때에 쇼펜하우어 선생님의 말씀을 따르려고 노력해 볼게요!"

"나도 책을 많이 써서 잘 알지. 원기가 회복되도록 하기 위해서는 뇌가 성찰하는 데 필요한 정도로 충분한 수면을 취해 줘야 돼. 왜냐하면 잠은 사람에게 있어서 태엽으로 가는 시계에 태엽을 다시 감아 주는 것과 같기 때문이야."[147)]

"대화를 하다 보니 너무나 세심한 부분까지도 저희들에게 알려 주시는 것을 보면, 쇼펜하우어 선생님은 정말 친절하시다는 생각이 들어요."

"그런가? 그래도 내 괴팍한 성격이 어디 가겠나. 물론 세월에 의해서 많이 다듬어졌지만 말이야. 부모가 자식에게 훈계하듯이 '너 그딴 식으로 하려면 하지마!'라는 논조가 난 좀 있었어. 하지만 방점은 하지 말라는 것이 아니라 잘하라는 것이란 걸 자네들은 잘 알지? 그러니 내가 이렇게 말했다고 해서 액면 그대로 듣고 나를 곡해하는 사람들은 나를 잘 모르고 하는 소리인 거야."

"그럼요! 젊으셨을 때 좀 괴팍하셨잖아요, 지금은 모르겠지만, 하하."

11장[148)] 인간관계에 관한 삶의 지혜: 타인을 대하는 태도[149)]

"세상을 헤쳐 나가기 위해서는 주의와 관용을 가지고 가는 것이 좋아. 주의는 피해와 손실로부터 우리를 보호해 주고, 관용은 분쟁과 다툼으로부터 우리를 보호해 주지."[150)]

"쇼펜하우어 선생님. 이 말씀은 그렇지 않았던 선생님의 경험에서 깨달으신 반면교사적인 말씀이신가요?"

"이 친구들 정말 나 못지않은 직설적인 사람들이구만, 하하."

"우리가 사람들 사이에서 살아갈 수 있으려면, 그가 누구이든지 어떻든지 간에 그의 개성을 받아들이고 가치 있게 여겨야 해. 그리고 우리는 그의 본성과 특성이 허용하는 한도 내에서만 그들을 활용해야 하는 것을 유념해야 하고, 그의 변화를 바라지도 말고 비난하지도 말아야 해. 이것이 '살고 살게 하라'(Leben und leben lassen)는 격언의 진정한 의미인 거야. 그러나 이렇게 하기란 참 쉽지 않은 일이지. 자기와 맞지 않는 사람을 만났을 때, 그 사람을 피하는 게 가능하다면 행운이라고 여겨야 해."[151]

"쇼펜하우어 선생님. 이 말씀은 사회생활을 하는 데에 있어서 우리가 어떤 마음으로 상사와 부하 직원의 관계를 포함해서 직장 동료들과의 관계를 설정해야 하는지 잘 알려 주시는 말씀이라고 생각합니다. 각 개개인들이 처한 상황들이 간단하지 않기에 뭐라고 단정하기는 어렵지만 '살고 살게 하라'는 격언은 정말 우리의 사회생활에 필요한 기본 철학이라고 생각합니다. 인간관계의 갈등이 없이 사회생활을 하시는 분들이 계시다면 정말 복 받은 거지요. 그러나 그런 분들이 계실까요?"

"거의 없다고 봐야지. 그래서 내가 좀 도움이 되라고 이렇게 실생활에 적용할 수 있는 실천 철학을 알려 주는 거야. 독수리처럼 참으로 위대한 영혼은 홀로 높은 곳에 둥지를 틀고 살지.[152] 누구도 자기 수준을 넘어서 볼 수는 없어. 내가 여기서 말하려는 것은 누구나 다른 사람을 봄에 있어서 그 자신의 수준 만큼만 본다는 거야. 왜냐하면 오로지 자기 자신의 지능에 따라서만 그것을 파악하고 이해할 수 있기 때문이야.[153] 우리가 어리석은 사람들과 바보들을 상대할 때 우리의 이해를 보여줄 수 있는 유일한 방법은 그들과 말을 하지 않는 것이야."[154]

"오, 쇼펜하우어 선생님! 이렇게 명확하게 알려 주시고 답을 주시는 군요. 저는 어릴 때는 이걸 깨닫지 못하고 여러 사람들에게 최선을 다해 설명해 봤으나 선생님께서 말씀하신 대로 많은 사람들은 깨닫지 못하더라고요. 그중에 극히 몇 명만은 제외하고요. 그러고는 제 스스로도 어느 순간 이런 사람들과는 말을 섞지 않는 것이 최선이란 것을 깨달았는데, 쇼펜하우어 선생님께서 그렇게 서술하신 것을 보고는 제가 틀린 것이 아님을 알게 되어 다행이라고 생각했습니다."

"그것이 사람이야. 자기 수준 만큼에서만 세상을 보고 상황을 이해하지. 존경과 사랑에 대해서 프랑스의 귀족 출신 작가인 로슈푸코[155]는 누군가를 존경하는 동시에 깊이 사랑한다는 것은 정말 어렵다고 얘기했어. 따라서 우리는 사람들의 사랑을 구할 것인지 아니면 존경을 구할 것인지 선택을 해야 할 거야.[156] 왜냐하면 존경은 객관적으로 우러러 보는 감정이고 일정한 거리감과 경외심이 따르게 마련이지. 그런데 사랑은 더 주관적이고 감정적인 친밀감을 동반해. 때로는 상대방의 결점도 포용해야 하지. 존경은 객관적이고, 사랑은 주관적이라 할 수 있지. 대부분의 사람들은 너무나 주관적이어서 기본적으로 오로지 그들 자신이 아닌 어떤 것에도 관심이 없어.[157] 그런데 사람은 너무 쉽게 산만해지고, 쉽게 상처받고 모욕을 느끼거나 감정이 상해서, 어떤 경우든 객관적으로 대화를 하기가 쉽지 않지. 가치 있고 섬세한 자기 자신과 대화를 나누거나, 해로울 수도 있는 타인과의 관계에 대해 충분히 경계하기도 어렵지."[158]

"쇼펜하우어 선생님, 그러니까 사람들은 자기 눈앞에서 완전히 자기 일이라고 느끼기 전까지는 아무리 뭐라고 설명해도 자기 일인 줄 모르기 때문에, '왜 이런 말을 나에게 하지'라고 하면서 감정만 상하고 깨닫지 못한다는 말씀이시죠?"

"바로 그거야! 우리가 연락을 하고 지내거나 교제하는 누군가가 나를 불쾌하게 하거나 화나게 하는 일을 일으켰다면, 그 사람이 나에게 같은 일을 더 심하게, 더 자주 저지를 때도 참을 만큼 가치 있는 사람인지 자문해 봐야 해. 용서하고 잊어버리고 마는 것은 소중한 경험을 창밖으로 던져 버리는 것과 같아. 만약 그 대답이 '예'라면, 굳이 말로 할 필요조차 없지. 그러나 대답이 '아니다'라면, 그 친구와는 즉각적으로 친구 관계를 끊어야 해. 왜냐하면 비록 그가 지금은 우리에게 다시는 그런 일이 없을 거라고 강하게 맹세를 하더라도, 그는 똑같은 일을 또다시 반복하거나 완전히 유사한 일을 할 것이기 때문이야."[159]

"아! 인간관계에서 내게 큰 실례를 범한 사람의 잘못을 용서해 주고 잊어버리는 것은 그 경험을 창밖으로 내던져 버리는 것과 같다. 그러니까 결국에는 이런 어리석고 무례한 사람들은 용서해 주지 말라는 말씀이신 거죠? 비록 용서를 구해도 다시 같은 일들을 벌일 수밖에 없기 때문에 그런 것 같습니다. 경우에 따라서는 그 사람이 필요해서 끊을 수 없을 수도 있지만요. 특히 직장처럼 사회생활에서는 관계를 끊기 어려운 경우가 많지요. 하지만 가능한 관계라면 과감하게 그 사람과의 관계를 정리하라는 말씀이신 거 같습니다."

"그렇지! 그 근본에는 사람의 타고난 성격과 습성은 바뀌지 않는다는 전제가 있는 거야. 사회생활에서는 끊을 수 없다면 그런 사람들과는 가능한 대로 거리를 둬야겠지."

"참 슬픈 얘기네요, 쇼펜하우어 선생님. 그리고 주변을 보면 못된 사람들이 더 잘살고 마음이 착한 사람들은 못된 사람들로부터 계속 당하고 사는 것처럼 보여요."

"쇼펜하우어 선생님. 그러니까 못된 사람들을 상대할 때에는 냉정하게 대해 주고 착한 사람들을 상대할 때에는 같이 착한 마음으로 대해 줘야 할 것 같습니다. 착한 사람들은 그렇게 무례하게 못하거든요. 그런데 정말로 착한 사람과는 다르게, 어리석은 사람과 겁쟁이는 겉보기에는 착한 사람처럼 보이기도 해요."

"그렇지. 조금전에 설명한대로 어리석은 사람(der Dummkopf)과 바보(der Narr, der Tor)는 착한 사람과는 다른 거야. 누군가가 어떤 상황에서 어떻게 행동할지 우리가 알고 싶다면, 그 사람의 입장에서 생각해 보면, 우리는 그의 약속과 맹세를 신뢰해서는 안 된다는 것을 알게 되지. 그가 진심으로 말했다 해도, 결국 자신도 잘 모르는 것을 말하는 경우가 많지. 그러니까 우리는 그 사람이 처한 상황과 그 사람의 성격만을 고려해서 그의 행동을 예측해야 해.[160] 어느 누구도 자기를 함부로 하게 내버려두면서 자신을 완전히 버릴 수 있는 사람은 없어. 고로 모든 사람은 개념과 격언에 따라 인도를 받아야 하지."[161]

"쇼펜하우어 선생님! 방금 말씀해 주신 것들을 잊지 않도록 명심하겠습니다."

"세상살이에서 추상적인 규칙과 격언에 따라서 사람들의 행동을 바꾸는 것은 불가능해. 그냥 내버려 두는 것이 가장 좋아. 실생활에 대한 모든 이론적 규정과 지침이 작동하는 원리지. 규칙을 이해하는 것이 첫 번째이고, 이해한 것을 실행하는 것이 두 번째야. 규칙을 이해하는 것은 이성을 통해서 한 번에 얻어지고, 실행하는 것은 연습을 통해서 점차적으로 획득되지.[162] 우리는 연습을 통해서 실패하고 넘어지고 일어서는 것을 점차적으로 배우지. 어리석은 사람이 세련된 매너를 갖춘 사람으로 변하고, 쉽게 화를 내던 사람이 어떤 상황에서도 차분하게 대처하는 사람이 되며, 마음이 넓은 사람이 점차 과묵한 사람이 되는 것처럼 말이야. 기품 있는 사람이 점점 아이러니를 간직한 사람이 되는 것도 마찬가지고."[163]

"쇼펜하우어 선생님. 그러니까 남들은 아무리 좋은 말이나 격언을 들어도 바뀌지 않으니까 다른 사람들을 바꾸려고 하지 말고, 나 자신은 그것들을 한 번에 잘 이해하고 여러 번의 연습을 통해서 자신을 발전시키려고 노력하라는 말씀이시잖아요. 그런데 연습을 통해서 어리석은 사람이 세련된 사람이 되거나, 쉽게 흥분하는 사람이 차분히 잘 대처하는 사람이 되거나, 어린아이처럼 아무에게나 열린 마음인 사람이 과묵한 사람이 돼라는 것은 잘 이해가 되는데요. 기품 있는 사람이 되는 것도 엄청 멋진 일인데, 선생님께서 하신 아이러니한 사람이 되는 것이 더 좋다는 말씀은 어떤 경우에도 속마음을 잘 보이지 말라는 말씀으로 이해해도 될까요?"

"그건 자네들 판단에 맡기겠네. 무슨 의미인지 곰곰이 생각해 보게나. 처음부터 말했듯이 어느 누구도 반드시 자신을 풀어서 있는 그대로의 모습을 완전히 보여 줘서는 안 돼. 왜냐하면 우리의 타고난 본성의 많은 부분이 나쁘고 짐승 같은 모습이 있는데 이런 부정적인 모습은 숨겨야 하기 때문이야. 그러나 이것은 단지 부정적인 것을 숨기는 것을 의미하는 것이지 긍정적인 것을 숨겨야 한다는 것은 아니야. 누군가 실제로 가식을 떠는 것은 훨씬 빨리 분명하게 알려지게 된다는 것을 우리는 알아야 돼. 그리고 결국 그것은 오래 가지 못하고 가면은 벗겨지게 되어 있어."[164]

"쇼펜하우어 선생님, 방금 말씀해 주신 것은 사회생활에서 우리에게 정말 필요한 말씀이라고 생각되는데, 그러니까 선생님의 말씀은 사회적 관계에서 뿐만 아니라 아주 가깝게 지내는 사람들과의 관계에서도 우리의 짐승 같은 본성을 보이지 않도록 하라는 말씀으로 이해됩니다. 그런데 부정적인 것이야 그것이 무엇인지 모두가 다들 잘 알지만, 선생님께서 말씀하시는 긍정적인 것이란 선행을 하는 마음이나 남을 위한 크고 작은 사랑의 마음 같이 남들에게 좋은 에너지를 주는 것을 말씀하시는 것인가요?"

"그렇지! 사람은 자신의 실수와 악덕을 인식하지 못하고 다른 사람의 악덕만을 알아차리지. 그러나 누구나 다른 사람의 모습에서 자기 자신을 비추는 거울(Spiegel)을 갖고 있어. 그 거울을 통해 자신의 악덕이나 실수, 나쁜 습관, 역겨운 모습들을 명확히 볼 수 있지. 하지만 대부분은 그 거울 속 모습을 자신이 아닌 남으로 착각하고, 거울을 향해 짖는 개처럼 행동하지. 다른 사람을 비판하는 사람은 자기 자신의 개선을 위해서 노력하는 거야. 외적으로 예의 바른 처신이 무엇인지, 해야하는 행동과 하지 않을 행동들을 구분함에 있어서, 자기 스스로 세심하고 날카로운 비판에 조용히 따르는 경향과 습성을 가진 사람들은 그렇게 해서 자신의 개선과 완벽함을 위해서 노력하는 것이지. 왜냐하면 그들은 심한 비난을 스스로 피하기 위해 올바르게 행동함으로써 자부심과 자존감을 갖게 될 것이기 때문이야. 복음서는 다른 사람의 눈에 있는 가시와 자신의 눈에 있는 들보에 대해서 매우 아름답게 도덕적으로 설명하고 있어. 그러나 눈은 자신 스스로가 아닌 외부를 보는 것이 눈의 본질이야. 그러니까 '자기 자신의 실수를 깨닫기 위해서는' 다른 사람의 실수를 인식하고 비판하는 것이 자기 자신의 실수를 인식이고 비난하는 것과 같은 것이기에 매우 적절한 수단이야. 우리의 발전을 위해서 우리는 거울이 필요하다는 것이지."[165)]

"쇼펜하우어 선생님! 지금 해 주신 말씀은 상당히 당황스러운 말씀이십니다. 물론 우리는 우리 자신을 직접 볼 수 없기 때문에 다른 사람을 보면서 나의 모습을 보는 거울로 여기라는 말씀은 충분히 이해가 됩니다. '스스로를'(bei sich selbst)그러니까 자신을 겸허히 비판함으로써 우리를 개선시키라는 말씀도 잘 이해가 되는데, 다른 사람을 비판하는 것이 나를 발전시키는 노력이기에 적절하다는 말씀은 너무나도 당황스럽습니다. 왜냐하면 세상에는 남에게는 엄정한 잣대로 비난을 퍼붓지만 자기 자신에게는 너무나도 관대하게 뻔뻔함을 보이는 인간들이 많은데, 그런 비판이 적절하다는 말씀은 정말 이해가 되지 않습니다."

"이 친구들 내 말을 정확히 귀담아듣지 않았군! 내가 설명한 것 중에서 가장 중요한 말이 무엇이었나?"

"글쎄요, 제게는 다른 사람의 실수를 인식하고 비난하는 것이 적절한 수단이라고 하신 말씀만이 뇌리에 박혔습니다!"

"쇼펜하우어 선생님. 저는 거기에 덧붙이자면 복음서에 나온 '남의 눈의 가시와 내 눈의 들보'를 말씀하시면서 '눈은 원래 외부를 보는 것이 본질이다'라고 하신 선생님의 말씀이 인상적이었습니다."

"이런! 내가 앞서 '자기 자신의 실수를 깨닫기 위해서는'(zum Innewerden der eigenen Fehler)이라고 하지 않았나. '다른 사람의 실수를 인식하고 비판하는 것'이 '자기 자신의 실수를 인식하고 비판하는 것'과 같은 것이니까 적절한 수단이라는 거야. 즉, 다른 사람이 곧 나를 비추는 거울이라는 뜻이지. 나의 책『의지와 표상으로서의 세계』에서 얘기한 '괴롭히는 자'와 '괴롭힘을 받는 자'는 하나라는 나의 철학을 알지?"

"그럼요! '괴롭히는 자'나 '괴롭힘을 받는 자'나 둘 다 같은 의지(Wille)에서 나오는 고통을 겪으며 괴로워한다고 하셨습니다. 그리고 의지의 거울 즉, 우리 모두는 '의지'(Wille)로부터 나온 '표상'(Vorstellung)인데 그것들을 '거울'(Spiegel)을 통해서 본다고 하셨지요."

"그럼 이제 내 말 뜻을 알겠나? 그래도 뭔가 풀리지 않는 듯한 표정이니 덧붙이자면, 걱정하지들 말게나. 다른 사람들을 공격하기 위해서 비난하는 자들은 나의 책이나 자네들이 쓰는 책은 절대 열어 보지 않을테니 말이야!"

"네, 알겠습니다. 쇼펜하우어 선생님!"

"친구의 진정성을 테스트할 수 있는 가장 좋은 기회는 자네들에게 친구로부터의 진지한 도움과 상당한 희생이 필요한 경우야. 자네들에게 닥친 불행에 대해서 그에게 말하는 순간이 바로 그렇지. 진정한 친구의 얼굴에 나타나는 것은 진실된, 깊고 순수한 슬픔일 거야. 아니면 그들은 차분하고 또 차분한 태도로 로쉬푸코[166]의 유명한 말을 확인해 줄거야. '가장 친한 친구의 역경 속에서 우리는 무엇인가를 찾는다.' 그런 경우에 소위 평범한 친구라고 불리는 사람들이라면 조용한 미소, 기분 좋은 미소가 자연스럽게 나오게 되지. 최근에 닥친 중대한 불행에 대해서 이야기하거나 개인적인 약점을 숨김없이 드러내는 것만큼 다른 사람들을 기분 좋게 만드는 것은 없어. 이것이 인간의 특징이야!"[167]

"쇼펜하우어 선생님. 너무나도 맞는 말씀이십니다. 유감스럽게도 그런 일들을 살면서 몇 번 경험해 봤습니다. 그는 제게 닥친 일이 제게 불행인 줄 알고 기분 좋은 미소를 숨기지 못하더군요. 그는 저를 괴롭힌 자가 오히려 불행을 당한 것인 줄 모르고요. 참 세상 재밌다는 것을 그때 느꼈습니다. 또 다른 경우는 병으로 많이 아파하는 사람을 위로해 주기 위해 저도 질병으로 아팠던 경험을 얘기해 주면서 힘내시라고 했더니, 나중에 좀 살 만해져서는 '당신 같은 사람도 사는데요, 저야 뭘요!' 이러더라고요. 제 불행의 경험이 그를 기분 좋게 했던 모양입니다. 아참, 선생님의 말씀을 진작 알았더라면 쓸데없는 오지랖은 떨지 않고 살았을 텐데요!"

"자네, 참 재밌는 경험들을 했구만. 인생이란 아무 일도 일어나지 않는 지루함과 고통 사이를 왔다 갔다 하는 시계추 같은 것이야. 무료한 세월을 보내는 것보다는, 많은 일이 벌어지는 삶이 더 낫다고 생각하지 않는가?"

"맞습니다!"

"맞아요!"

"사디[168]는 『굴리스탄(Gulistan)』에서 말하고 있어.[169] '지적인 사람이 무지한 사람에 대해서 혐오감을 느끼는 것보다 무지한 사람이 지적인 사람에 대해서 백 배나 더 많은 혐오감을 가지고 있다는 것을 알아야 한다.'[170] 공손함은 영리함이고, 무례함은 어리석음이야. 쓸데없이 제멋대로 적을 만드는 것은 집에 불을 지르는 것과 같은 미친 짓이야."[171]

"쇼펜하우어 선생님! 정말 명언입니다. 앞으로는 무지한 사람과는 가능한 대로 혐오감을 느끼게 하지 못할 정도의 거리를 유지하며 살도록 노력해야겠네요."

"그리고 아무리 그게 옳고 정당하다고 하더라도 스스로를 칭찬하는 것에 빠져서는 안 되네. 허영심은 평범한 일이지만 업적은 드문 일이기 때문에, 간접적으로라도 자신을 칭찬하는 것처럼 보일 때마다 백 명 중 한 명은 '허풍이다', '저 사람은 스스로 우습게 보이는 걸 모르나?'라고 생각하게 되지."[172)]

"쇼펜하우어 선생님. 그래서 저는 가능하면 입을 다물고 살려고 노력하고 있습니다. 그런데 다른 한편으로 생각해 보면, 만약 그것이 허풍이 아니라면, 그걸 허풍으로 받아들이는 백 명 중 그 한 명은 선생님께서 말씀하시는 어리석은 사람, 바보가 아닐까요?"

"그렇지. 백 명 중에 바보가 한 명 이상일 수도 있지."

"쇼펜하우어 선생님, 세상에는 현명한 사람들보다는 그렇지 않은 사람들이 더 많으니까 아무리 그것이 사실이라도 자랑하고 싶을 때에는 가능하면 입을 다물고 사는 것이 좋다는 말씀이시잖아요."

"그렇지, 누군가가 거짓말을 하고 있다고 의심된다면 그를 믿는 것처럼 행동해야 해. 그러면 그들은 담대해지고 더 심하게 거짓말을 하고 결국 언젠가는 드러나게 되거든."[173)]

"명심하도록 하겠습니다, 쇼펜하우어 선생님!"

"우리는 우리의 모든 사생활을 비밀로 해야 하고, 가까운 지인들이 그들의 눈으로 직접 보는 것 이외에는 그들에게도 완전히 모르게 해야 해. 왜냐하면 내게 정말로 잘못이 없는 일인데도 시간과 상황에 따라서는 우리에게 해로울 수 있기 때문이야. 일반적으로 말로 표현하는 것보다는 침묵하는 것으로 자신의 생각을 표현하는 것이 더 현명해."[174)]

"오, 쇼펜하우어 선생님! 명심하겠습니다. 이 말씀은 지난 몇 년간의 일들에서 선생님의 가르침이 맞다는 것을 실제로 체험했습니다."

"반가운 얘기로구먼. 나는 특히 인상적이면서도 거의 알려지지 않은 몇 가지 아랍의 격언들을 언급하려고 하네. '적이 알면 안 되는 것은 친구에게도 말하지 마라. 내가 나의 비밀을 지키면 그것은 나의 포로가 되고, 내가 누설하면 나는 그의 포로가 된다. 침묵의 나무에는 평화의 열매가 맺어진다.'[175] 가능하다면 누구에게도 적대감을 가져서는 안 되네. 그리고 그 사람에 대해서 대처 방식을 정하기 위해서는 그의 습성을 잘 파악하고 기억해야 해. 사람의 특성은 변하지 않는다는 것을 항상 염두에 두어야 하고 사람의 나쁜 습성을 잊어버리는 것은 힘들게 번 돈을 던져버리는 것과 같은 것이야. 조금 전에 말한 대로만 한다면 어리석은 신뢰와 어리석은 우정으로부터 자신을 보호할 수 있어.[176] 말이나 표정으로 분노나 증오를 나타내는 것은 쓸모없고, 위험하고, 현명하지 못하고, 우스꽝스럽고, 비열한 것이야. 따라서 분노나 증오를 행동 이외의 다른 방법으로 나타내서는 안 돼. 분노와 증오를 행동으로 보이는 것이 사람을 더욱 완벽하게 만드는 것이니까 말과 표정으로 분노와 증오를 나타내는 것을 더 피해야 해. 냉혈 동물만이 독을 가지고 있어."[177]

"쇼펜하우어 선생님! 그러니까 상대방이 우리에게 비열한 자극을 통해서 위협을 가할 때, 우리가 분노와 증오가 아니라 정확한 의사 표현을 한다면 그 사람은 오히려 자신을 잃고 화를 내며 우리를 협박하려 들겠지요. 하지만 사회생활에서 피할 수 없는 이런 분쟁이 발생할 경우에 변호사를 통한 법적 대응이라는 방법이 있는 만큼 굳이 개인적으로 부딪히며 감정을 드러낼 필요는 없다는 말씀이시지요? 그 사람이 같은 조직에 있다면 결국에는 자신의 손해를 피하기 위해 어쩔 수 없이 사과를 하거나 조직을 떠나야 할 수도 있겠지요. 아니면 적어도 그 사람은 예전처럼 쉽게 위협하지는 못할 겁니다. 사회생활에서 이런 인간관계에서 벌어지는 일들은 피할 수 없는 문제이긴 하네요. 냉혈 동물만이 독을 가지고 있다는 말씀과, 분노와 증오를 행동으로만 보이라는 말씀은 잘 기억해 두어야겠어요!"

"삶을 살다 보면 크고 작은 이런 분쟁들이 없을 수가 없어. 자네들도 알듯이 나도 겪어 봤잖아. 그래서 내가 나이가 들어서 나의 이론철학을 기초로 한 실천 철학을 책에서 서술한 거야. 하지만 잊지 말게! 철학적으로는 '괴롭히는 자'와 '괴롭힘을 받는 자', 둘 다 인간의 깊은 곳에서 나오는 것은 같은 것이야. 그래서 나는 모든 사람들이 같은 고통을 겪는다고 서술하였지. 그러니까 그런 사람들을 대할 때에는 분노와 증오를 갖고 대하지 말고 냉혈 동물처럼 차갑게 행동으로 대응하라고 다시 한 번 권고하고 싶네!"

"명심하겠습니다, 쇼펜하우어 선생님!"

12장[178] 세상만사와 운명에 대한 우리의 태도[179]

"어떤 사건에 대해서도 크게 기뻐하거나, 크게 슬퍼해서는 안 돼. 부분적으로는 언제든지 어떤 사건이든 상황이 변화될 수 있다는 가변성 때문이고, 부분적으로는 무엇이 우리에게 좋고 나쁜지에 대한 판단의 오류 때문이야."[180]

"이 말씀은 잘 알겠어요, 쇼펜하우어 선생님. 언제든지 기쁜 일이 슬픈 일이 될 수 있고, 그 반대의 경우도 있지요. 기쁜 일 뒤에, 때로는 바로 내일 슬픈 일이 닥쳐올 수도 있고요. 처음에는 좋은 일처럼 보였지만 시간이 지나 나쁜 일로 드러나기도 하고, 반대로 나쁜 일이라 여겼던 일이 결과적으로는 좋은 일이 될 수도 있다는 말씀이신 거죠."

"그렇지. 격노한 사람이 아니라 현명하게 꿰뚫어 보는 사람이 무섭고 위험해 보이는 거야."[181]

지혜 다음으로 용기는 우리의 행복을 위해서 매우 중요한 특성이야.[182] 주사위가 던져지는 이 세상은 운명에 맞서 갑옷을 입고 사람들에 맞서 무장을 하는 강철의 정신을 필요로 해. 볼테르[183]는 인생 전체가 투쟁(der Kampf)이기 때문에 모든 걸음에 경쟁을 벌이고 있다는 의미를 다음과 같이 말하고 있어. '우리는 칼끝에서만 성공하고 손에 무기를 갖고 죽는다.' 그러니까 구름이 몰려와 지평선에 나타나자마자 움츠러들고 절망하고 한탄하는 것은 겁 많은 영혼인 거야. 오히려 우리의 모토는 '악에 굴복하지 말고 더욱 담대히 맞서라'가 되어야지. 위험 부담이 있는 일의 결과에 약간의 의심스러움이 있을 뿐이고, 그것이 행복한 일이 될 가능성이 있다면 주저할 필요 없이 오직 저항할 생각만 있어야 해. 아직 하늘에 파란 부분이 남아 있는 한, 날씨 때문에 절망해서는 안 돼. 삶 자체는, 재물은 말할 것도 없고, 그렇게 비겁하게 떨고 마음이 움츠러들만큼 가치 있는 것이 아니야. 그러니까 강하게 살고, 힘차게 맞서서 마음을 굳게 지켜야 해. 그러나 여기에서 강하게 살라는 것에는 과잉이 가능한데, 용기가 무모함으로 변질될 수도 있기 때문이야. 세상에서 우리가 존재하려면 어느 정도의 두려움도 필요한 거야. 나약함은 단지 두려움의 어느 정도를 초과한 것인 것일 뿐이야.[184)]

"그러니까, 쇼펜하우어 선생님! 겉으로 화를 잘 내는 사람보다는, 냉철히 상황을 꿰뚫어 보는 지혜로운 사람이 더 무서운 사람이라는 말씀이시죠. 거기에 우리의 행복한 삶을 위해서는 용기가 있어야 하고요. 우리의 삶은 투쟁이기 때문에 운명과 사람들과의 싸움에서 우리는 강철의 정신(ein eiserner Sinn)을 갖고 무장을 해야 한다는 거고요. 볼테르의 말을 인용하면 '우리는 죽을 때까지 싸우다 죽는다'는 것이고요. 그리고 겁쟁이가 되지 말고 담대히 맞서라! 가능성이 조금이라도 있다면 도전적으로 살아라! 삶을 대하는 자세에서 겁쟁이 처럼 소극적으로 살지 말고 강하게 살아라! 그러나 여기서 '강하게'라는 것이 너무 과도해서 '무모하게' 되지는 말라는 것이죠? 삶에서는 어느 정도의 두려움도 필요하지만 겁쟁이는 되지 말라는 말씀이시죠?"

"그렇지! 바로 그거야."

13장[185] 생애 연령별 차이에 대해서[186]

“무엇인가를 실현한다는 것은 욕구로 가득차 있다는 뜻인데, 욕구는 피할 수 없는 고통을 가져오지.”[187]

“쇼펜하우어 선생님. 이 말씀은 잘 이해가 됩니다. 우리가 삶에서 무엇인가 바라는 바를 이루지 못할 때가 이룰 때보다 훨씬 많은데, 그럴 때 우리는 좌절감 내지는 고통을 느끼고, 간혹 채워진 욕구 다음에는 지루함이나 공허함 또는 우울함 같은 부정적 감정이 엄습하고요. 그리고 사회 안에서 크고 작은 조직에 속해 무엇인가를 나의 뜻대로 하려고 할 때 부딪히는 저항과 갈등에서 고통을 느끼기도 합니다. 선생님의 말씀에 따르면 욕구와 의지가 있는 삶에는 고통과 지루함[188]이 필연적으로 따라오는 것 같습니다.”

“그렇지. 생애 전반기의 특징은 행복에 대한 충족되지 못한 갈망이고 생애 후반기의 특징은 불행에 대한 두려움이야. 이것들과 함께 모든 행복은 허상이지만 고통은 현실이라는 사실을 어느 정도 분명하게 깨달았기 때문이야. 그러니까 현명한 사람들은 즐거움보다는 단순히 고통이 없는 것과 공격받지 않은 상태를 더 추구하게 되지.”[189]

“아, 쇼펜하우어 선생님. 생애 전반기의 특징이라면 우리가 겪었기 때문에 너무나 잘 이해가 되고요. 생애 후반기의 불행에 대한 두려움이란 병들어 고생하다가 죽음을 맞이하는 우리의 생애에 대한 두려움이라고 생각합니다. 그러고 보면 지난 행복했던 순간들은 한여름 밤의 꿈을 꾼 것처럼 아득해져 가지만 지난 고통의 순간들은 아직까지도 아주 선명하게 기억에 남아 있습니다. 저는 심장이 안 좋아 수술을 해 봤기 때문에 잘 알죠. 수술 중에 끊어진 선을 혈관 사이로 끄집어 내기 위해 의사가 온 힘을 다해 당기는 순간, 온 몸에 퍼지는 고통, 그 고문의 시간이 기억나요. 얼마나 고통스럽던지요. 이쯤에서 선생님의 실천 철학을 정리해 보면, ‘나는 삶에서 큰 고통과 번민 없이 살고 싶다. 그러니 네가 나를 공격하지 않는 한, 나는 너를 공격하지 않을 테니 너도 나를 공격하지 마라! 살고 살게 하라!(Leben und leben lassen!)하지만 네가 나를 공격하면 나는 냉혈 동물처럼 독을 갖고 너를 물 것이다.' 이렇게 선생님의 실천 철학을 이해해도 되겠습니까?"

"아주 정확하게 이해했군! 나의 실천 철학의 기본 바탕에는 삶은 투쟁이라는 것이야. 그래서 내가 볼테르의 말을 인용한 거야.

나이가 들수록 인간사의 것들은 모조리 더 작아 보여. 젊었을 때 견고하고 안정적으로 우리 앞에 서 있던 생명은 이제 우리에게 일시적인 현상의 급속한 사라짐으로 느껴지지. 그러니까 모든 것은 무(無)라는 것이 나타나는 거야."[190]

"아! 쇼펜하우어 선생님. 그러니까 이 세계는 모든 것이 '의지'로부터 '의지의 객관화의 여러 단계'를 거쳐서 모든 물질과 생물체들이 '표상'이 되지만 우리 모두는 언젠가 다시 우리가 있었던 '무'(無, Nichtigkeit)의 세계로 되돌아간다는 것이죠?"

"아주 잘 알고 있군! 나이가 들수록 점점 더 젊어 보이는 사람들을 통해 자신이 늙어 가고 있다는 것을 알게 될 거야. 삶은 점점 더 무의식화 되고 완전한 무의식을 향해서 돌진할수록 시간의 흐름도 점점 더 빨라지지. 그 결과 하루하루의 날들은 점점 더 의미가 없게 되고 더 짧게 느껴지는 거야. 그러나 소년의 시간은 노인의 날보다 길어. 따라서 우리 삶의 시간은 공이 굴러 내려가는 것처럼 가속된 움직임을 보이게 돼."[191]

"쇼펜하우어 선생님. 이 말씀은 너무나도 잘 와닿는 말씀입니다. 어렸을 때에는 지금의 제 나이의 사람들을 보면서 정말 나이가 많구나 생각했었는데, 지금은 제 나이의 사람들을 보면 우습게도 아직은 젊다고 생각하기도 해요. 어린 시절에는 하루하루의 시간들이 왜 이리 천천히 가나 느껴졌을 때도 있었는데 이제는 하루 하루, 한 달 한 달, 한 해 한 해가 너무나도 빠르게 지나가는 것처럼 느껴집니다. 쇼펜하우어 선생님의 시간의 상대성[192]과 세계는 모든 것이 '의지'로부터 나온다는 것[193]과 그 의지가 '객관화의 여러 단계'를 거쳐서 '표상'이 된다[194]는 선생님의 이론철학은 후대의 철학[195]과 과학 분야뿐만 아니라 음악[196]과 문학계[197]까지 너무나 많은 사람에게 크나큰 영향을 끼칠 것이라고 확신합니다!"

"내가 죽고 나면 나의 철학이 빛을 발할 것이라고 확신했었는데 이미 살아 생전에 어느 정도는 벌써 그리 되었네. 후대 사람들에게 영향을 미친다면 나의 철학이 맞았다는 반증 아니겠는가! 기쁜 일이지.

사람들은 나이가 들수록 지루함이 점점 사라지게 되는데, 노인들에게는 시간이 항상 너무 짧고 하루가 화살처럼 빨리 지나가 버려. 이런 시간 흐름의 가속화로 인해서 말년의 지루함은 일반적으로 사라지면서 열정도 고통과 함께 조용해지지. 그러니까 건강만 잘 유지된다면 전체적으로 생활의 부담은 젊었을 때보다 적어져. 다시 말해서 노년의 허약함과 어려움이 시작되기 전의 기간을 우리는 '가장 좋은 시절'이라고 말할 수 있어. 우리의 행복에 관해서는 실제로 그럴 수도 있어. 반면에 모든 것이 인상을 남기고 모든 것이 생생하게 의식 속으로 들어오는 젊은 시절은 정신이 풍요로운 시기, 즉 꽃이 피기 시작하는 봄이라는 장점이 있는 거야."[198]

"쇼펜하우어 선생님! 선생님의 말씀을 들어 보니 제가 인생에서 가장 좋은 시절을 살고 있구나하고 확실히 느껴집니다. 아무리 어린 시절이 봄 같은 때라고 해도 저는 그 시절로 다시 돌아가고 싶지는 않습니다."

"젊어서는 직관이 우세하고, 나이가 들어서는 사고가 우세하기 때문에 이때는 시를 쓸 시간이고 더욱이 철학을 위한 시간인 거야. 젊을 때는 보는 것과 인상으로 판단하지만, 나이가 들어서는 생각으로 판단하게 되거든."[199]

"그렇군요. 나이 드는 것을 두려워하거나 슬퍼할 것이 아니라, 기꺼이 기쁘게 받아들이는 자세도 필요한 것 같습니다"

"젊은 시절에 우리의 지식은 항상 불완전하고 단편적이었어. 늙어 가는 사람들만이 삶의 전체와 자연스러운 과정을 경험하기에 인생에 대한 완전하고 적절한 표상을 얻을 수 있는 거야. 그런 사람들은 전체와 자연스러운 과정에서, 특히 시작 지점뿐만 아니라 끝 지점에서도 조망하기에 무(無)를 완전히 인식할 수가 있어. 나이가 들수록 판단력, 통찰력, 철저함이 더 좋아지지."[200]

"맞습니다, 선생님!"

"더 넓은 의미에서 이렇게 말할 수도 있어. 우리 인생의 첫 40년은 텍스트를 제공하는 것이고, 그다음 30년은 텍스트의 진정한 의미와 맥락을 교훈과 정교함으로 이해하도록 가르치는 해설을 제공하는 것이지."[201]

"쇼펜하우어 선생님, 방금 해 주신 말씀은 정말 인상 깊고, 적절한 표현이라고 생각됩니다."

"열정이 사람들을 행복하게 할 수 없다는 것과 어떤 즐거움이 거부된다고 해서 노년에 슬퍼할 필요가 없다는 것을 이해하기 위해서는, 모든 즐거움은 부정적인 성격이고 고통은 긍정적인 성격이라는 점만 이해하면 돼. 왜냐하면 모든 즐거움은 오직 하나의 욕구가 충족된 결과일 뿐이기 때문이지. 이것이 사라진다는 사실은 누군가가 저녁 식사 후에 당신은 더 이상 식사를 할 수 없고, 밤에 숙면을 취한 후에 당신은 깨어 있어야 한다는 것처럼 슬퍼할 가치가 없는 것이야. B.C. 427년경에 태어난 플라톤은『공화국』(Politeia) 서문에서, '이때까지 우리를 끊임없이 괴롭히던 성욕에서 마침내 벗어났다면 노년은 행복한 것이다'라고 더 정확하게 평가하고 있어. 성적 욕구가 만들어 내는 다양하고 끝없는 타오름과 그로부터 발생하는 욕정 때문에 이런 욕구나 악마의 영향을 받는 한, 사람들 안에는 지속적이고 미세한 광기가 유지된다고 주장할 수도 있어. 그래서 이것이 꺼진 후에야 비로소 완전히 이성적이 되는 것이지. 확실한 것은 일반적으로 개별적인 상황과 상태와는 별도로 젊음에는 우울함과 슬픔이 있고, 노년에는 즐거움이 있다는 거야."[202]

"쇼펜하우어 선생님. 이 말씀을 들으면 쇼펜하우어 선생님과 플라톤, 두 분은 완전히 노년 예찬론자 같습니다. 배불리 먹은 사람은 더 이상 먹을 수 없고, 푹 잘 잔 사람은 더 이상 잘 수 없다는 비유로 말씀하셨는데요. 더 이상 슬프거나 괴로운 의미가 없어지듯이, 성욕이 사라지는 것을 완전히 이성적이 되는 노년의 즐거움이라고 설명하신 것은 참으로 인상적입니다."

"다시 말하지만, 노년은 오랜 속박에서 벗어나 자유롭게 되는 즐거움을 갖는 거야. 다른 한편으로는 성욕이 사라진 후에는 삶의 고유한 핵심이 사라진다고도 할 수 있어. 다 소모되고 껍데기만 남게 되는 거지."[203)]

"맞는 말씀이십니다. 속박에서 벗어난 기쁨은 있지만 껍데기만 남는다는 말씀이 좀 씁쓸하기는 하네요. 역시 이 세상에서는 완전히 만족되는 기쁨과 즐거움이란 없는가 봅니다."

"그렇지. 젊음은 불안의 시간이고 노년은 평안의 시간이야. 이것으로 서로가 만족하는 결론을 내릴 수 있어. 아이는 다채롭고 흥미로와 보이는 물체들을 향해서 욕심스럽게 손을 멀리 뻗지. 왜냐하면 아이는 이것들에 의해서 자극을 받기 때문이야. 아이의 감각 중추는 아직 매우 새롭고 어리기 때문이지. 청소년에게도 같은 일이 좀 더 큰 에너지를 갖고 나타나는 거야. 다채로운 세계와 여러 형상들에 의해서 자극을 받아. 그의 판타지는 세상이 줄 수 있는 다른 어떤 것보다도 증폭되지. 그 때문에 청소년은 불확실한 것에 대한 욕망과 동경으로 가득차 있어. 이런 것들이 청소년으로 하여금 행복을 느끼지 못하게 하고, 평안을 앗아가는 거야. 그러나 나이가 들면서 이 모든 것이 반대로 되지. 부분적으로는 혈액이 차가워지고 중추 감각의 과민성이 줄어들고 경험을 통해서 사물의 가치와 즐거움의 내용이 부분적으로는 명확해졌기 때문이야. 나이가 들면서 사람들은, 사물에 대한 자유롭고 순수한 견해를 흐리게 했던 환상, 망상, 편견을 점차 제거해 왔어. 그래서 이제 우리는 모든 것을 더 정확하고 더 명확하게 인식하고, 그것을 있는 그대로 받아들이며 모든 현세에 있는 사물들이 무(無)로 간다는 통찰에 이르렀어. 이것이 바로 거의 모든 노인들에게, 심지어 아주 평범한 능력을 지닌 노인이라도, 젊은 사람들과 구별되는 지혜로운 모습을 주는 것이지. 주로 이것을 통해서 모든 영적 평안이 오게 되고, 영적 평안은 행복의 큰 구성 요소인거야."[204)]

"쇼펜하우어 선생님, 저희가 아직 노년의 나이는 아니지만 선생님의 말씀을 들으니 노년의 나이가 되는 것을 전혀 두려워할 필요가 없음을 느낍니다."

"그렇지. 하지만 이런 측면도 있음을 잘 알아야 되네. 노년기의 기본적인 성격은, 실망하게 되는 존재라는 점이야. 이제까지 삶에 매력과 활력을 주었고 박차를

가하게 했던 환상은 사라지고 세상의 모든 영광, 특히 화려함과 빛나는 것들, 위엄 있어 보이는 것들이 무익하고 공허하다는 사실을 인식하게 돼. 우리가 원하는 것과 갈망하는 즐거움 뒤에는 대부분 아무것도 없다는 것을 알게 되고, 우리 모두의 존재는 큰 궁핍과 공허함으로 흘러간다는 견해에 점차적으로 다다르는 거야. 70대가 되어서야 사람들은 비로소 구약성경의 하나인 전도서의 첫 구절을 이해하게 되지. 이것이 노인에게 씁쓸한 모습을 하게 만드는 거야."[205]

"선생님의 말씀을 들으니 노년에 우리가 느끼게 되는 것은 이 세상에서의 모든 것들이 공허하고 무익하다는 것에 도달해서 결국 우리 모두는 무(無, Nichtigkeit)의 세계로 간다는 말씀이시군요."

"그렇지. 자네들이 나의 결론에 잘 도달했군. 마지막으로 삶에서 실제적인 부분을 다시 한번 짚어 주고 내 얘기를 마치고 싶네. 노년기의 가난은 큰 불행이야. 그러나 이것만 피하고 건강만 유지된다면, 노년기는 삶에서 꽤 견딜 만한 시기가 될 수 있어. 노년기의 주요한 요구사항이 편안함과 안전함이라고 할 수 있지. 그러므로 사람들은 노년기에 전보다도 훨씬 더 돈을 사랑하게 돼. 그리고 노인이 여전히 연구나 음악이나 연기에 대한 사랑을 간직하고, 더 나아가 외모에 대한 어느 정도의 감수성까지 가지고 있다면 참 행복한 거야."[206]

"쇼펜하우어 선생님. 그러니까 노년의 편안함과 안전함을 위해서는 건강을 잘 관리하고 돈을 잘 준비하라! 그리고 뭔가를 연구하거나 공부, 또는 예술 활동 등을 하면서, 나이가 들었다고 외모에 손 놓지 말고, 적당히 자신을 잘 꾸미면서 살아가는 것이 행복한 노년의 삶을 사는 비결이라는 말씀이시죠?"

"그렇지! 나이가 들수록 모든 힘이 점점 쇠퇴하는 것은 참으로 슬픈 일이지. 그러나 그것은 필연적이고 유익한 거야. 그렇지 않으면 죽음을 준비하는 사람이 너무나도 힘들어질 거야. 그러므로 아주 고령에 이르러 자연스럽게 죽음을 맞이하는 것이야말로 가장 큰 행운이지. 따라서 안락사는 질병으로 인한 것도 아니고, 경련도 없고, 전혀 고통도 느껴지지 않는 죽음인 거야."[207] 청년과 노년의 기본적인 차이점은 청년은 앞날에 생명이 있고 노년에게는 죽음이 있으며, 청년은 짧은 과거와 긴 미래를 가지고 있으며, 노년은 그 반대라는 거야. 그러나 자네가 늙으면 자네는 오직 죽음만을 앞에 두고 있지만 젊을 때에는 더 긴 삶이 앞에 있어. 둘 중 어느 것을 더 생각해야 할지, 전체적으로 볼 때 앞의 것이 더 나은 것인지 아님 뒤의 것이 더 나은 것인지는 스스로에게 물어봐. 전도서에서는 이미 다음과 같이 말하고 있어. '죽는 날이 태어나는 날보다 낫다.(전 7:1)' 아주 오래 살고 싶다는 열망은 무모한 바람인 거야."[208]

"맞습니다. 저도 그렇게 생각합니다, 쇼펜하우어 선생님. 선생님께서는 『삶의 지혜에 대한 잠언』 책의 마지막 부분에서 인생살이를 행성에 비유하여 말씀하시기를, 10대는 수성(Merkur)에 비유하셔서 가장 좁은 원 안에서 가장 빠르게 움직이며, 많은 것을 배우는 시기라고 설명하셨고, 20대는 금성(Venus)처럼 사랑하는 사람을 얻는 시기이고, 30대는 화성(Mars)처럼 격렬하고, 강하고, 담대하며 호전적이고 도전적이라고 설명하셨으며, 40대는 네 개의 소행성[209]처럼 삶은 확장되고 검소해지고, 곡물의 여신 케레스처럼 필요한 것을 얻기 위해서 열심이고, 아궁이를 주관하는 베스타처럼 자신의 난로를 가지고, 아테네의 여신 팔라스 덕분에 필요한 것을 배웠으며, 주피터의 아내, 집의 여주인인 주노처럼 통치한다고 하셨습니다."

"그렇지. 그리고 50대에는 목성(Jupiter)[210]이 통치한다고 서술했지. 이 사람들은 대부분 이미 오래 살았고 현 세대보다 우월하다고 느끼지. 그리고 여전히 그들의 능력을 충분히 발휘하면서 경험과 지식이 풍부해. 그의 개성과 상황에 따라서 주변 사람들을 지배할 수 있는 권한을 가지고 있지. 그래서 더 이상 명령을 받기를 원하지 않고 오히려 스스로를 지배하고자 하지. 이제 자신의 영역에서 리더이자 통치자가 되기에 가장 적합한 사람이야. 50대의 목성은 최고 정점에 다다른 거야. 그리고 60대의 토성(Saturn)은 납의 무겁고 느리며 견고함으로 이어지는 노년으로 가는 거야.[211] 그러고는 마지막으로 천왕성, 즉 로마 신화의 죽음의 신(Orkus)이 온다고 썼지. 거기에서 사람들이 말하는 대로 우리는 천국에 가는 거야. 그러니까 받는 자뿐만 아니라 주는 자도 존재하며, 죽음마저도 생명의 큰 저수지라는 거야. 이 모든 것이 저 세상에서 오는 것이고 지금 생명을 갖고 있는 모든 것도 이미 거기에 있었다는 거지. 우리가 카드게임에서 속임수를 쓰는 전문가의 손놀림을 잡아낼 수만 있다면, 이러한 일이 일어나는 교묘한 손길을 이해할 수 있다면 모든 것은 명확해 질거야".[212)]

"쇼펜하우어 선생님. 우리 모두는 원래 있었던 곳에서 이 세상으로 왔다가 다시 우리가 있었던 곳으로 되돌아간다는 말씀이시죠?"

"그렇지! 우리 모두는 언젠가 우리가 있었던 곳으로 누구도 예외 없이, 그 곳으로 되돌아가게 되어 있어. 오늘 자네들을 만나서 대화를 하다 보니 함부르크에 살았을 때 어릴적 친구가 생각나는구만. 그 친구가 내가 9살쯤일 때 죽었다고 말했지? 내가 43살쯤 베를린에서 살 때 그 친구가 꿈에 나타나서 바로 콜레라를 피해서 프랑크푸르트로 이사를 했었다고 말이야. 내가 자네들을 만난 꿈에서 깨어난다면 어디로든지 가야겠구만. 그렇지 않으면 내가 있었던 그곳으로 먼저 가 있겠네. 자네들도 사는 날 동안 재미있게 잘 살다 오게나. 사는 동안에 나의 이론철학과 실천철학이 조금이나마 도움이 되기를 바라네!"

1860년 9월 21일 쇼펜하우어는 프랑크푸르트 암 마인에서 72세의 나이로 고요히 이 세계에서의 삶을 마감하고 그가 있었던 곳으로 되돌아갔다.

| 2 막 |

바그너

2막[1)]

바그너[2)]

1장[3)] 베네치아에서 바그너를 만나다

▶ 산마르코 광장, 바그너 선생님과 만나 대화를 나누는 장면. AI 생성 이미지

베네치아 산마르코 광장[4]에 있는 어느 카페.

야외 테이블엔 사람들이 삼삼오오 담소를 나누고 있었고, 나는 혼자 앉아 있는 청년 옆 빈자리에 자리를 잡았다.

"안녕하세요. 주문하시겠습니까?"

"카푸치노 한 잔 부탁합니다. 친구들을 기다리고 있습니다."

"알겠습니다."[5]

얼마 지나지 않아 엄주희 교수가 내가 앉아 있는 테이블로 다가왔다.

"오, 엄주희 교수님 반갑습니다. 이쪽으로 앉으시죠. 여기서 보는 산마르코 대성당[6]이 참 멋지죠? 동로마 제국의 콘스탄티노폴리스의 거룩한 사도 교회를 모방한 비잔틴 양식이에요.[7] 저곳에는 예수님의 제자 마가의 유골이 안치되어 있지요. 이집트의 알렉산드리아에서 이슬람 세력의 감시를 피하기 위해서 이슬람이 부정한 것으로 여기는 돼지고기 아래에 그 유골을 숨겨서 가져왔다고 해요. 그런 스토리로 유명한 대성당이에요. 이 카페 플로리안(Caffè Florian)도 1720년에 문을 열어서 지금까지 우리가 아는 유명인들, 철학자와 음악가들이 즐겨 찾던 곳으로 유명해요. 학회 마치고 바로 출발하셔서 어제 베네치아에 도착하셨다면서요. 학회는 어떠셨습니까?"

"네, 이번에 참석한 학회는 프라하에서 열린 국제 학회였어요. 법과 정신건강 학회[8]로 2년에 한 번씩 유럽 지역 국가들이 번갈아 가며 개최를 하는데, 올해에는 체코 프라하에 있는 카를 대학교에서 열렸어요. 1348년에 설립된 카를 대학교는 중앙 유럽 지역에서는 가장 오래된, 유서 깊은 전통을 자랑하는 대학으로 건물들이 고풍스러웠어요. 수백 년된 건물인 만큼 에어컨도 없어서 한여름에도 찜통 더위를 견뎌야 되긴 하지만, 전 세계에서 온 학자들의 열정에서 배울 점이 많았죠. 수 백명의 법률가, 정신건강의학자, 실무 전문가들이 모여서, 법과 정신건강을 주제로 본인들이 연구한 프로젝트를 발표하고 열띤 토의를 했지요. 특히 미국 예일대에서 오신 노교수님의 발표 강의가 인상적이었어요. 우리나라는 정년이 지나면 학계를 떠나시는 분들이 많고 지속해서 연구 업적을 이어가는 학자들을 보기가 쉽지 않은데, 외국 학자들 중에는 정년을 넘겨서도 평생 현역으로 학문의 열정을 이어 나가시는 분들을 심심치 않게 보게 되거든요. 그럴 때마다 감동이 있고, 영감과 도전을 받게 됩니다."

"그러네요, 엄 교수님 지난번 베를린에 오셔서 만나 뵈었던 훔볼트 대학의 헌법학자분도 연세가 많으셨던 걸로 기억나네요. 프라하의 카를 대학교는 종교 개혁자 얀 후스[9]가 공부했고 총장으로 계셨던 대학이지요. 정말 역사 깊은 대학입니다. 철학자 칸트가 말한 코페르니쿠스적 전환[10]이라는 것이 대상 자체가 아니라 그 대상을 우리가 어떻게 인지하느냐 하는 것인데요. 쇼펜하우어가 이러한 연구 자세를 계승해서 대상에 대한 인지 즉, 우리 인간의 정신과 삶에 대한 철학을 정립한 게 아닐까 생각해요. 엄 교수님이 참여하신 학회의 주제가 법과 정신건강이라고 말씀하니 쇼펜하우어가 생각납니다. 쇼펜하우어가 여러 학문 분야에 영향을 미쳤는데, 저희가 같이 가서 쇼펜하우어를 직접 뵈었잖아요."

"그렇죠. 이번 학회에서 얻은 성과는 뇌신경과학과 법의 융합 학문인 신경법학[11]이 새로운 학문의 영역으로 전 세계적으로 많은 연구가 이루어지고 있다는 사실을 알게 된 것인데요. 저도 헌법학자로서 이 분야의 연구를 한국에서 개척해 보려고 해요. 전영천 선생님은 베네치아에서 주무셨나요?"

"아니요, 저는 정말 오랜만에 만토바에서 숙소를 잡고 옛 시절을 추억하는 시간을 가졌습니다. 여기까지 차로 두 시간이 안 걸리거든요. 1997년, 만토바에서 Alda Borelli Morgan이라는 소프라노 선생님을 사사하며 꼬박 1년을 레슨실 근처에서 살면서 레슨 받고 만토바와 볼로냐 등 여기저기에서 선생님과 제자들과 함께 연주하며 보냈던 추억이 있는 곳입니다. 만토바는 베르디의 오페라 〈리골레토〉(Rigoletto)의 배경 도시로 유명한 곳입니다. 그 유명한 테너 아리아 '여자의 마음은 갈대와 같다'(La donna è mobile)가 바로 〈리골레토〉에 나오는 곡입니다. 이 작품이 바로 이곳 베네치아에 있는 라 페니체 극장(Teatro La Fenice)에서 1851년 3월에 초연[12]되었어요.

이때는 바그너가 취리히에서 망명 생활 중에 있었고, 그의 오페라 〈로엔그린〉(Lohengrin)은 1850년 8월, 바이마르에서 프란츠 리스트의 지휘로 초연되었죠."

"그랬군요. 그런데 전영천 선생님은 베를린에서 공부하지 않으셨나요?"

"네, 맞습니다. 한국에서 연세대학교 성악과를 졸업하고 유학을 와서 베를린 한스 아이슬러 국립음대(Hochschule für Musik Hanns Eisler Berlin)에서는 하인츠 레 교수님을(Prof. Heinz Reeh)사사했습니다. 레 선생님은 정말 멋진 베이스 음성을 갖고 계셨고 성악적 테크닉은 물론이고 피아노를 웬만한 반주자보다도 잘 치셔서 정말 따라 배우고 싶었던 선생님이셨죠."

대화를 하던 중에 옆 테이블의 젊은 청년이 일어나 우리에게로 왔다. 점점 다가올수록 우리에게 친숙한 리하르트 바그너(Richard Wagner)의 모습이 나타난다.

"오, 바그너 선생님 아니십니까? 먼저 알아보지 못해 죄송합니다."

"하, 내 살아생전 가장 멋있었던 모습으로 왔으니 몰라 보는게 당연하지. 자네들 대화에 참여하려면 아무래도 자네들에게 가장 친근하고 알려진 모습으로 나타나는 것이 더 좋을 것 같아서 이 모습으로 왔네."

"베네치아는 바그너 선생님에게도 의미가 있는 곳이죠?"

"전영천 선생은 내 음악을 좋아하는 성악가로서 내 음악에 대해 어느 정도는 알고 있고, 엄주희 교수도 2024년 한국의 국립 오페라단이 공연했던 〈탄호이저〉(Tannhäuser)를 본 것으로 알고 있네. 요즘은 〈트리스탄과 이졸데〉(Tristan und Isolde)를 공부하고 있다고 들었네. 차근차근 이야기를 하겠지만, 방금 물어본 질문에 답변을 먼저 하자면 내게 베네치아는 의미가 있는 곳이지. 자네들이 쇼펜하우어 선생님을 1860년 9월에 만났지? 그러니까 그로부터 일 년 반 정도 전인 1859년 3월에 이곳 베네치아에서 〈트리스탄과 이졸데〉의 2막 작곡을 마쳤어. 그 당시, 정확히는 1858년 8월에 나 홀로 베네치아에 와서, 반년 동안 오직 〈트리스탄과 이졸데〉의 2막 완성을 위해서 매진한 거야. 나홀로 저녁이면, 가끔씩 지나가는 곤돌라에서 들려오는 사공의 애절한 노랫소리를 들었는데, 이렇게 등 베네치아가 내게 준 영감과 당시의 감정이 혼합되면서, 나 스스로도 이 오페라가 그때까지 창작해 온 작품들과 뭔가 다르게 최고가 될 것이라고 느꼈었지. 그러니 당연히 이곳 베네치아는 내게 의미가 깊은 곳이야. 내가 생을 마감한 곳도 이곳, 베네치아인 것은 당연히 알고 있겠지. 여기서 2막을 3월에 마치고, 스위스의 루체른으로 가서 대략 5개월 뒤인 1859년 8월 초에 〈트리스탄과 이졸데〉 작품을 최종적으로 완성했지."

"바그너 선생님, 그러고 보니 〈트리스탄과 이졸데〉의 2막에서 트리스탄(Tristan)과 이졸데(Isolde)의 사랑의 이중창(사랑의 밤, Liebesnacht) 후반에 이졸데의 시녀인 브란게네(Brangäne)가 홀로 망을 보며 불안한 마음을 독백하는 부분과 방금 설명해 주신 곤돌라의 사공이 애절하게 부르는 노래가 겹쳐지는데요."

"역시 자네는 내 작품을 좀 알고 있군."

"바그너 선생님, 이제 본격적으로 선생님의 삶의 시작부터 찬찬히 이야기해 주시면 좋겠습니다."

2장[13] 바그너의 성장기, 예술적 뿌리

출생에서 20세까지. 라이프치히에서의 학창 시절.[14]

"나는 1813년 5월 22일 라이프치히에서 태어났어. 내가 태어난 해에 쇼펜하우어 선생님께서 25세로 박사학위를 받으신 거니까, 나는 쇼펜하우어 선생님보다도 25년이나 뒤에 태어난 거지. 아버지, 프리드리히 바그너는 경찰서 서기로 일했는데, 우리 친척 중 그 누구도 음악이나 극장과는 관련이 없는 지극히 평범한 집안이었어. 그런데 아버지는 내가 태어나고 몇 달이 지나지 않아서 돌아가신 거야. 불행 중 다행이라고 해야 하나. 아버지가 살아생전에 친하게 지내셨던 연극 배우이자 시인이며 화가이셨던 친구 루드비히 가이어(Ludwig Geyer)라는 분이 내가 한 살 때쯤 나의 어머니 요한나와 결혼을 하셔서 나의 양아버지가 되셨고, 그분은 나와 형들과 누나들을 자주 극장에 데리고 가셨어. 어머니가 내 위로 몇 명의 자녀들을 키우고 계셨는데 양아버지는 본인의 친자식들도 아닌 우리들을 다 키우신 거야."

"바그너 선생님, 선생님의 양아버지도 참 대단하시네요. 유럽에서도 그렇지만 우리나라에서 선생님의 양아버지처럼 친자식도 아닌 자식을 잘 키울 수 있는 남자들이 과연 몇 명이나 될까 생각이 되는데요."

"맞아, 남의 자식들을 키우기 위해서 돈을 벌고 같이 생활을 한다는 것은 쉬운 일이 아니지. 한 두 명도 아니고. 그래서 혹시 나도 그분이 나의 친아버지가 아닐까라고 한동안은 생각도 해 봤었는데, 그러기에는 내 외모에 바그너 집안의 특징이 너무나 확연히 드러났지. 어쨌든 양아버지는 방금 말한대로 우리의 어린 시절에 크게 영향을 미치셨었는데, 이 분도 내가 8살 때인 1821년 9월에 병으로 돌아가셨어. 돌아가시기 전에 양아버지의 친구이셨던 1786년생이신 베버[15] 어르신께서 자주 병문안을 오셨었는데, 그분은 당시 35세이셨어. 나는 그분의 오페라 〈마탄의 사수〉(Der Freischütz)를 보고는 정말로 감동을 받은 거야. 당시에 나는 8살이었거든. 나중에 설명하겠지만, 베버 선생님께서 작곡하신 〈마탄의 사수〉는 1821년 6월에 베를린에 있는 현재의 콘체르트 하우스[16], 당시에는 왕립 연극 하우스[17]라고 불렸던 곳에서 초연이 되었어. 이후에 베버 선생님께서는 오페라 〈오베론〉(Oberon)초연을 위해서 런던에 머무시다가 1826년도에 돌아가셨거든. 내가 31살 때인 1844년도에 드레스덴 극장의 상임 관현악 지휘자[18]로 있었을 때, 베버 어르신의 유해를 런던에서 드레스덴으로 옮겨 오는데 나도 일조를 했지."

"칼 마리아 폰 베버는 바그너 선생님을 키워 주신 양아버지의 친한 친구분이셨으니 바그너 선생님에게도 그 일은 정말로 의미 깊은 일이었겠네요."

"그렇지. 1822년 말 내가 9살 때, 드레스덴 십자가 학교[19]에 들어가서 5년간 학교를 다녔는데 나는 거기서 그리스, 로마 신화 등 고전을 접할 수 있었어. 이것이 내 음악극(Misikdrama)에 많은 영향을 주었지."

"바그너 선생님, 저도 독일에서 딸을 키우면서 알게 된 사실인데요. 제 딸도 김나지움에 다녔을 때 라틴어와 그리스어를 배우며 선생님께서 말씀하신 고전들을 학교에서 배우는 것을 보고는, 한국보다는 확실히 더 근본적인 교육이 이루어지고 있다는 것을 알게 되었습니다. 물론 모든 학교가 그런 것은 아니지만요."

"그런가? 내 얘기를 계속하자면, 1827년 14세 때, 라이프치히에 있는 니콜라이 학교[20]에 들어갔어. 여기서 삼촌 아돌프 바그너로부터 고전을 읽도록 교육을 받았어. 삼촌은 괴테[21] 교수님의 제자이셨거든. 그때 나는 셰익스피어[22]에 빠져서 시인이 되어야겠다고 생각한 적도 있어. 나는 어릴 때 작고 여윈 체구였고, 부지런하고 뭐든지 열심히 하는 아이였지. 이 시절에 나는 2년간의 작업으로 셰익스피어 스타일을 흉내 내서 5막극 『로이발트』(Leubald)라는 소설을 썼었는데, 그 책 내용은 살인, 유령, 광기로 가득차 있어서 삼촌이 엄청나게 놀라셨던 거야. 훗날 내가 종합예술작품(Gesamtkunstwerk)인 음악극을 창작하기 위한 훈련이 이때부터 시작되었다고 자평하네."

"바그너 선생님의 작품들이 음악과 극, 어느 하나의 형식이 아니라, 극과 음악이 동등한 비중으로 하나의 드라마를 구성하는 음악극이기 때문에 종합예술작품이라고 말씀하시는 거군요."

"그렇지. 엄 교수가 잘 알고 있군. 음악극이라 함은 어떠한 사회상에 대해 국민 전체가 공감할 수 있는 예술적 방식으로 표현한 것이지. 어느 특정한 시대만을 이야기하는 것이 아니라 모든 시대를 관통할 수 있는 신화적 소재에다가 음악, 시, 조형 예술 등의 예술이 각각 개별적인 것이 아닌 하나로 통합되어서 인류의 삶을 표현하고 있지. 하여간 내 삶은 아름답거나 교훈적인 것과는 상당히 거리가 멀고 비난받을 일들도 많았지. 나는 살아생전에 성직자도, 도덕성을 추구한 사람도, 전혀 아니었어. 변명을 좀 하자면, 당시 유럽 성직자들조차도 세속적인 건 나 같은 속물과 별반 다르지 않았잖아."

"네. 맞습니다. 바그너 선생님, 중세에 로마 카톨릭 교회 때문에 여덟 차례나 벌어진 십자군 전쟁과 그 이후의 역사의 흐름이 워낙 세속적으로 흘러갔고 성직자들도 상당히 타락했죠.[23] 십자군 전쟁의 명분은 이슬람 세력에게 빼앗긴 예루살렘과 성지를 되찾고자 한 것이었는데 실은 십자군 전쟁을 통해서 교회의 권위를 강화하고자 하는 목적이 있었고, 십자군 전쟁이 실패하고 교회가 부패하면서 교회의 권위도 약화되었죠. 결국에는 얀 후스(Jan Hus)로부터 시작되어서 1517년 마틴 루터까지 이어진 종교개혁 후에 1618년부터 1648년까지 신교와 구교 간의 30년 전쟁이 일어났죠. 기독교가 서구 사회의 이데올로기를 대략 1500년간 장악하면서 철학도 신학의 시녀 역할을 했었습니다. 그러다가 신학적 사고에서 벗어나 인간 이성의 해방을 주장한 계몽주의[24] 사상이 일어나면서 프랑스의 시민혁명에 엄청난 영향을 끼쳤다고 알고 있습니다."[25]

"바그너 선생님, 음악 공부를 본격적으로 하시게 된 것은 언제부터인가요?"

"1828년 15세 때부터 본격적으로 음악 공부에 전념하게 되었어. 한 해 전인 1827년 3월에 빈에서 나의 영웅, 베토벤[26] 선생님께서 돌아가셨는데, 선생님의 오페라 〈피델리오〉(Fidelio)나 〈9번 교향곡〉 등으로부터 많은 영향을 받았지. 1829년부터 1831년 사이, 그러니까 내가 16세에서 18세 사이에는 1732년생 하이든[27]과 1756년생 모차르트[28]를 많이 모방했었어. 배움의 시작은 모방에서부터인 거야. 알지?"

"맞습니다, 선생님의 작품 〈요정〉(Die Feen)도 그렇고, 특히 〈연애금지〉(Das Liebesverbot)를 들어 보면 완전히 이탈리아 오페라 같거든요."

"그렇지. 그래서 내가 내 작품 목록에서 그 작품들과 〈리엔치〉(Rienzi)는 뺀 거야. 1830년 6월에 라이프치히 토마스 학교[29]에 입학한 후에는 게반트하우스[30]의 오케스트라 단원이셨던 선생님으로부터 바이올린 레슨도 받았지. 그리고 1831년에 라이프치히 대학교에 입학했어. 거기서 1685년생 바흐[31] 선생님이 음악감독(Kantor)으로 활동하셨던 곳으로 유명한 토마스 교회[32]의 음악감독 바인리히[33] 선생님의 제자가 되어서 화성과 대위법을 배웠지. 참, 그리고 1830년 7월 프랑스 혁명의 여파로 라이프치히에서도 가을에 시위가 일어났는데 거기에 나도 참가했었어."

"바그너 선생님, 1789년에 있었던 프랑스 혁명 말고도 선생님의 생애에 있었던 역사적 사실들을 좀 짚고 넘어가고 싶네요. 그러니까 나폴레옹[34]이 몰락한 후에 오스트리아의 재상 메테르니히(Metternich)의 주도로 빈 회의[35]에서 각국의 영토와 지배권을 프랑스 혁명 이전으로 되돌리는 것에 합의하여, 각국의 군주의 지배권을 강하게 유지시키려고 했었지요. 그에 저항하는 세력으로 자유주의와 민족주의를 탄압하는 군주들에 대항해서 독일에서는 부르셴샤프트[36], 이탈리아에서는 카르보나리당[37]이 결성되었고 이 단체들 덕분으로 자유주의와 민족주의가 확산되었습니다. 그러는 사이에 프랑스에서는 부르봉 왕실이 다시 부활하여 루이 18세 다음으로 샤를 10세[38]가 즉위하여 성직자와 귀족의 권력을 강화하여 의회를 해산하고 언론을 통제하는 등의 전제정치를 시도하는 칙령이 1830년 7월에 있었습니다. 이에 대항해서 파리에서는 자유주의를 요구하는 혁명이 일어나 결국 샤를 10세를 몰아내고 루이 필리프를 왕으로 추대하여 공화주의를 수립한 1830년 7월 혁명이 있었습니다. 이 혁명을 그린 그림이 그 유명한 들라크루아[39]의 「민중을 이끄는 자유의 여신」이죠. 이 혁명이 주변 국가로 확산된 것이 바그너 선생님께서 직접 참여하셨다는 시위죠. 루이 필리프 왕정은 1848년 2월에 다시 일어난 혁명에서 쫓겨나고 프랑스에서는 제2 공화국이 수립됩니다. 1848년 2월 혁명의 여파로 오스트리아에서는 메테르니히[40]가 권력을 상실하고, 빈 체제는 붕괴되고 자유주의와 민족주의 운동이 확산됩니다. 2월 혁명 이후에 프랑스에서는 나폴레옹의 조카인 루이 나폴레옹이 대통령에 당선되어 나폴레옹(Napoléon) 3세로 명하고 황제의 자리에 올랐습니다. 그는 경제 발전과 대외 팽창을 추구하는 독재 정치를 펼치다가, 1870부터 1871년 사이에 있었던 비스마르크의 프로이센과의 전쟁에서 패하여 제2 공화국은 붕괴되었습니다. 그리고 프랑스에서는 제3 공화국이 수립되었죠."

▶ 프랑스의 1830년 7월 혁명을 그린 들라크루아의 「민중을 이끄는 자유의 여신」 그림 AI 재현 이미지.

"자네가 잘 설명했네. 1830년 7월, 바로 그 파리의 7월 혁명은 중산층과 노동자들이 힘을 합쳐서 샤를 10세[41]에 대항한 것이었지. 3일간의 폭동 이후에 결국 루이 필리프 1세가 왕좌에 올랐어. 이 영향으로 작센 왕국에서도 왕족들에 대항하는 폭동이 라이프치히에서 벌어진 거야. 17세 때인 나도 술을 마시고 친구들과 형무소로 행진하는 시위에 동참했어. 그 당시 유럽 사회는 정말 어수선했어. 쇼펜하우어 선생님이 한 살 때였고, 나는 태어나지도 않았던 1789년에 프랑스 대혁명이 시작되어서, 1830년 프랑스의 7월 혁명, 1848년 프랑스의 2월 혁명이 있었지. 그리고 그 영향으로 벌어진 독일에서의 봉기가 있었고 1849년에는 나도 추방되었던 사건이 있었어. 1870년에서 1871년 사이에 프랑스와의 전쟁에서 이긴 프로이센이 1871년 독일 제국[42]을 선포했지. 이런 당시의 역사와 배경을 이해해 두면 고전 음악가들의 작품을 이해하는 데 도움이 될 거야."

"바그너 선생님, 선생님의 작품들뿐만 아니라 베르디와 같은 저명한 음악가들의 작품이 이러한 시대적 배경과 상황 속에서 탄생했지요. 움베르토 조르다노라는 작곡가는 프랑스혁명을 시대적 배경으로 한 그의 오페라 〈안드레아 셰니에〉[43]를 작곡해서 1896년에 초연했습니다. 저는 이 작품이 이탈리아의 베리즈모 오페라[44]의 정수라고 생각합니다. 이 작품에서 바그너 선생님의 작품에 자주 등장하는 여인의 숭고한 사랑이 남자를 구원하는 듯한 장면이 연출됩니다. 단두대로 향하는 안드레아 셰니에를 따라 막달레네는 죄수 여인으로 가장해서 둘은 〈트리스탄과 이졸데〉의 사랑의 이중창과 사랑의 죽음을 연상시키는 오케스트레이션 속에 '함께하는 죽음이여 영원하라!'(Viva la morte insiem!)라고 외치며 함께 단두대로 향하며 막이 내리죠."

"오, 내 사후에 이리 직접적으로 프랑스 혁명을 배경으로 한 작품이 탄생했다니 대단하구만! 어쨌든 1832년 19살 때 나는 정규 교육을 다 마쳤고, 나의 유일한 교향곡인 〈C 장조 교향곡〉을 그때 작곡했어. 1832년 말에는 프라하에 있는 친구 집에 갔었어. 그 친구가 지금의 체코인 보헤미아에 있는 프라하에 살았거든. 1827년에도 잠깐 갔다 왔었는데, 그 친구의 여동생 제니가 나의 첫사랑이었거든. 그녀는 나를 거들떠보지도 않았지만 말이야. 거기서 처음으로 오페라 〈결혼〉(Die Hochzeit)을 작곡하기 시작했었는데, 조금 뒤에 다 찢어 버렸어."

3장[45] 바그너의 직업 음악가로서의 시작과 고난

1833 – 1839년 첫 극장 경험[46]

1834년 1월 – 〈요정〉 작곡

1836년 3월 – 〈연애금지〉 초연

"바그너 선생님, 그럼 이제 공부는 다 마치시고 직업 음악가의 삶이 시작되는 것인가요?"

"그렇지. 1833년 1월, 나는 아직 20살이 되지 않은 나이에 뷔르츠부르크에서 합창 지휘자 자리를 맡게 되었어. 이때부터 음악으로 생계를 꾸려 가는 삶이 시작된 거지. 거기서 나는 합창 지휘자뿐 아니라 반주자 역할도 했고, 가끔은 작은 배역의 연극배우로 무대에 오르기도 했어. 또한 극장 작곡가로서의 일도 병행했지. 아주 다양한 일들을 도맡았던 시기였어. 거기서 나의 최초의 오페라 〈요정〉의 대본을 쓰기 시작해서 2월에 대본을 다 쓰고, 일 년 뒤에 작곡을 완성했어. 1834년 1월에 완성했는데, 조금 전에도 말했지만 이 오페라는 베버, 베토벤 등 독일 오페라 스타일을 따라한 작품이라서, 나중에 바이로이트 캐논(Bayreuth Canon)[47]에 넣을 생각은 전혀 하지 않았어."

"바그너 선생님, 저도 들어 보니 〈요정〉은 베버나 베토벤 같은 느낌의 독일 낭만 오페라의 분위기가 나고, 〈연애금지〉는 도니제티, 벨리니 같은 이탈리아 낭만 오페라, 그리고 〈리엔치〉는 역시 마이어베어(Meyerbeer)의 영향이 들어간 프랑스의 그랑 오페라(Grand Opéra)분위기가 나더라구요. 〈연애금지〉는 확실히 가사만 독일어지 완전히 이탈리아 오페라 같던데요. 배경도 시칠리아의 팔레르모이고요."

"그래서 내가 이 작품들을 나의 목록에서 뺀 거야. 뭐 중요한 얘기는 아니지만 이 시기에 나의 첫 연애 상대가 있었는데 그녀의 이름은 테레제 링엘만[48]으로, 합창단원이자 소프라노 성악가였어. 1834년 1월 오페라 〈요정〉의 작곡을 완료하고 라이프치히로 되돌아가서 극장 매니저 프란츠 하우저에게 공연을 부탁했는데 거절당했어. 그와 친분이 있었던 나의 누이 로잘리가 부탁했는데도 말이야. 카를로 고찌[49]의 희곡 『뱀 여인』[50]을 각색한 것이거든."

"바그너 선생님, 〈요정〉은 선생님께서 돌아가시고 5년 후인 1888년에 뮌헨에서 초연되었습니다."

〈요정〉(Die Feen)의 내용

아린달(Arindal)왕자는 밤 사냥을 하다가 요정 아다(Ada)를 만나 둘은 사랑에 빠져 함께 살고자 한다. 그러기 위해서 아린달 왕자는 8년 동안 아다의 정체에 대해서 묻지 않아야 한다는 조건에 맹세를 한다. 어느 날 고향에서, 왕자는 왕이신 아버지의 죽음과 전쟁이 일어났다는 전갈을 받고, 8년 동안 아다의 정체를 묻지 말아야 한다는 맹세를 어기게 된다. 이에 아다는 100년 동안 돌에 갇힌다.
왕자는 전쟁에서는 이겼지만 아다를 잃은 슬픔에 빠지고, 왕위는 여동생 내외가 넘겨받게 된다. 왕자는 아다를 찾아 지하세계(Unterwelt)로 가서, 두 번의 시험을 통과하며 싸움에서 이긴다. 돌이 된 아다를 찾아 세레나데를 부름으로써 아다를 구해 낸다. 아다의 아버지, 요정의 나라 왕은 아린달 왕자의 용기와 영웅적 행동에 감동하여 아린달 왕자에게 영원한 생명을 주고 둘은 요정의 나라에서 영원한 삶을 산다.

"그랬군. 1834년에 당시의 빌헬미네 슈뢰더-데브린트[51]라는 소프라노가 부른 벨리니[52]의 오페라 〈로미오와 줄리엣〉(I Capuleti e i Montecchi)공연을 보고 감명을 받아서 신문에 기고를 했었지."

"맞습니다, 바그너 선생님! 도니체티[53], 벨리니와 같은 이탈리아 작곡가들의 그 아름다운 선율은 대체 어디서 나오는 건지 참 대단하다고 생각합니다."

"그러니까 나도 신문에 기고를 한 거야. 그리고 〈연애금지〉라는 오페라는 셰익스피어의 『자에는 자로』(Measure for Measure, Maß für Maß)라는 작품을 각색하여 작곡한 거야. 그즈음에 막데부르크에 본거지를 둔 하인리히 베트만[54]이 이끄는 순회연주극단[55]에 음악감독 자리로 갔어. 1834년 7월 내가 21살 때, 라이프치히 근처에 있는 바트 라우흐슈테트[56]에서 여름 시즌 동안 모차르트[57](Mozart)의 〈돈 조반니〉(Don Giovanni)를 공연했지. 1834년 이곳 바트 라우흐슈테트에서 여배우 민나 플라너[58]를 만나서 사랑에 빠졌는데, 그녀는 나보다 4살 연상이었어. 그녀가 15세 때, 육군 장교와의 사이에서 나탈리라는 딸을 낳아서 키우고 있었어."

"오, 바그너 선생님. 나중에 그 민나(Minna)와 결혼하셨잖아요."

"그렇지. 1834년도 후반에 민나는 나를 따라 막데부르크로 같이 왔어. 그리고 나는 〈연애금지〉의 작곡을 하면서 일도 열심히 했지. 1835년 4월에는 조금 전에 얘기한 소프라노 슈뢰더-데브린트를 초대해서 연주를 했었어. 1836년 3월에 내가 23살이 아직 안 되었을 때인데, 막데부르크에서 내가 작곡한 오페라 〈연애금지〉를 초연한 직후에 극단이 해산되었어. 몇 장의 표가 판매되었는지는 말하기도 정말 창피할 정도였고, 주연 소프라노의 남편과 주연 테너 사이에 주먹싸움까지 벌어진 완전 난장판이었어. 그러니까 극단이 해산된거야."

"바그너 선생님, 〈요정〉은 그렇다 쳐도, 조금 전에는 단순히 음악적인 부분에서 아직 선생님만의 특색이 나타나지 않아 레퍼토리에서 제외했다고 하셨는데, 혹시 〈연애금지〉와 〈리엔치〉는 혁명과 같은 정치색이 너무 직접적으로 드러나서 제외하신 것은 아닌가요?"

〈연애금지〉(Das Liebesverbot)의 내용

시칠리아(Sicilia) 팔레르모(Palermo)16세기 배경,
청교도인 프리드리히(Friedrich)라는 총독(Statthalter)은 카니발 기간 동안 연애를 금지하고 이를 어기면 사형에 처한다는 법령을 내렸다. 그 법령을 어긴 클라우디오(Claudio)를 감옥에 가뒀는데, 그의 여동생 이자벨라(Isabella)가 오빠의 사면을 위해서 프리드리히와의 하룻밤을 보내는 조건으로, 프리드리히는 그녀의 오빠 클라우디오를 풀어줄 것을 약속했지만, 프리드리히가 사면에 서명하지 않고 사형에 처하려는 것을 알게 된다. 이자벨라는 본인이 하룻밤 잠자리에 들어가는 척하면서, 대신 프리드리히의 옛 애인 마리아나(Mariana)가 들어가게 하는 계획을 통해 사람들에게 그의 위선을 드러나게 한다. 사람들은 카니발 기간의 금지령을 파기할 것을 요구한다. 클라우디오는 저항하는 시민들에 의해서 감옥에서 풀려나고, 청교도 프리드리히 총독은 방금 도착한 왕에 의해 총독 자리에서 쫓겨나게 된다. 왕은 프리드리히와 마리아나가 결혼을 하도록 명령하고 카니발 축제를 거창하게 거행하도록 한다. 혁명(die Revolution)과 위선(die Heuchelei)에 대한 풍자가 오페라의 주를 이루고 있다.

*** 바그너는 젊은 시절 이런 작품들을 작곡한 것에 대해서 1866년에 루드비히 2세 왕에게 이렇게 썼었다.
"한때 나는 착각했었고, 죗값을 받고 싶습니다. 어떻게 젊은 날의 죄에서 벗어날 수 있을까요?"[59]

"전 선생! 하하하. 뭐라고 대답할지 모르겠군. 내 얘기나 할게. 민나가 여배우[60]로서 출연 계약을 맺은 쾨니히스베르크[61]로 같이 가서 1836년 11월에 나는 민나와 결혼을 했어."

"바그너 선생님, 쾨니히스베르크라면 철학자 임마누엘 칸트[62]가 태어나서 쭉 살다가 돌아가신 도시잖아요."

"그렇지. 쾨니히스베르크는 원래 프로이센 공국[63]의 수도였는데, 1701년에 프로이센 왕국[64]이 되면서 1709년에 수도를 베를린으로 옮긴 거야. 나도 쾨니히스베르크에서 음악감독[65]이 되었는데, 얼마 지나지 않아서 극장이 파산했어. 그런데

1837년 5월 말, 민나는 디트리히라는 부유한 상인과 관계를 맺고 나를 떠났어. 결국 드레스덴으로 함께 도망친 거지."

"아, 바그너 선생님. 상심이 크셨겠습니다. 그때 막 24살이 되셨을 때인 것 같은데요. 거기까지 쫓아가서 다시 와 달라고 애원하셨지요? 그만큼 민나를 좋아하셔서 그런 건지 아니면 누군가가 꼭 옆에 있어야만 해서 그런 건지 조금 이해가 안 되긴 합니다."

"그렇겠지. 장교와의 사이에서 딸까지 있는 여자였는데도 결혼했는데, 디트리히라는 돈 많은 놈하고 바람이 나서 나를 버리고 도망까지 갔으니 자네들이 그렇게 생각할 만도 하지. 사실 내가 드레스덴까지 쫓아가서 돌아와 달라고 사정했어. 다행히 6월에 리가(Riga)에서 음악감독 자리[66]를 얻게 되었는데 그 당시에 리가는 러시아 영토였어. 리가는 라트비아의 발트해에 있는 항구도시로 독일인들이 많이 살았던 곳이었거든. 8월에 나는 리가로 이사를 갔는데, 민나는 내게 사과 편지를 보내왔고 1837년 10월에 나에게 다시 돌아왔어. 자네들 뭔가 할 말이 있는 얼굴들인데 할 말이 있나?"

"아니요, 바그너 선생님. 뭐라고 말을 못하겠습니다. 문화의 차이라고 해야 할지, 아니면 조금 전에도 말씀드렸듯이 그 당시 너무나 힘드셨었나 싶기도 하고 그러네요. 그 민나와 대략 23년을 함께 지내시다가 10년 정도 별거를 하시고 1866년 1월에 민나가 56세의 나이로 돌아가셨잖아요."

"그렇지. 나는 리가에서 새로운 음악회와 극장의 개혁으로 새로운 물결을 일으키려고 했었는데, 극장의 단장[67] 칼 폰 홀타이[68]와 결국에는 완전히 척을 지게 되었어. 자네들 이미 우리가 그 당시 시대 상황과 역사에 대한 얘기를 해서 잘 알겠지만 나는 젊은 시절에 뭔가 엎어야 한다는 혁명 정신이 내 바탕에 깊이 깔려 있었어. 1837년 여름이니까, 내가 24살 때였지. 에드워드 불워 리튼[69]의 소설 〈리엔치〉의 대본[70]과 악보를 쓰기 시작했고, 빌헬름 하우프[71]의 유령선[72]과 관련된 동화[73]를 접하고, 이 이야기를 다음 작품으로 삼아야겠다는 생각에 구상을 시작했지."

4장[74] 바그너의 파리 망명 생활과 예술적 고뇌

1839 – 1842 파리에서의 시간

1840년 – 〈리엔치〉 작곡[75]

"1839년 여름, 단장이 사생활 문제로 극장에서 쫓겨나게 되었는데 덩달아 나도 직업을 잃게 되었고, 빚쟁이들에게 쫓겨 몰래 러시아를 벗어나 파리로 도망갔어."

"바그너 선생님! 이해가 좀 안되는데요, 나중에야 오페라 공연을 계속 하려다 보니 투자를 했는데 결과가 안 좋아서 빚이 계속 늘어났을 거라고 추측해 볼 수 있겠지만, 26세 청년의 나이에 무슨 빚이 그리 많다고 야반도주를 해야만 했을까 생각이 드는데요. 선생님 내외의 생활 방식에도 문제가 있었던 것은 아닌가요?"

"참, 자네들 직선적이구만! 맞아. 민나와 나는 둘 다 폼생폼사 스타일이었어. 됐나? 계속 설명하자면, 이 당시에 그런 이유로 여권을 압수당해서 친구의 도움으로 불법으로 국경을 넘어 우리는 프로이센 왕국으로 들어갔어. 가는 도중에 현재 러시아 영토인 칼리닌그라드의 옛 지명인 쾨니히스베르크에서 40km 떨어진 필라우[76] 항구로 가는 마차[77]가 전복되면서 민나가 심하게 부상을 당해 결국 유산이 되었어. 그때 임신 중이었거든. 테티스[78](Thetis)라는 작은 범선을 타고 런던으로 향했는데, 카테가트 해협[79]을 지나 스카게라크 해협[80]에서 강한 폭풍에 떠밀려 노르웨이의 섬 보뢰야[81]에 정박해야만 했었어. 그 후에도 두 번이나 더 폭풍을 만나서, 한 번은 표르드 해안에서 폭풍을 피해야만 했고, 산드비크[82]라는 작은 어촌에 머물렀지. 거기서 선원들의 외침이 표르드 해안의 화강암 절벽[83]에 메아리치는 소리에 영감을 받고 〈방황하는 네덜란드인〉(Der fliegende Holländer)에 나오는 선원들의 노래를 작곡하게 되었지. 고생고생해서 8월에 영국에 도착했는데 친분이 있는 지휘자 조지 스마트 경도, 〈리엔치〉의 작가 불워 리튼도 런던에 없었어. 그래서 우리는 프랑스로 갔어. 불로뉴[84]에 도착했는데, 그 도시에서 1791년생이신 자코모 마이어베어[85]를 만났어. 그는 나보다 22세 위인 선생님뻘이셨는데, 그분은 베를린에서 태어나고 자란 같은 독일인 작곡가이셨어."

"바그너 선생님, 마이어베어는 돈 많은 유대인이셨던 외할아버지로부터 엄청난 유산을 받으셨잖아요. 그래서 외할아버지의 성인 마이어(Meyer)를 원래의 자신의 성 베어(Beer)앞에 붙여 Meyer-Beer로 바꾼 거였고, 이름은 원래 독일식인 야콥(Jacob)이었는데 이탈리아에 있을때 야콥의 이탈리아식 이름인 자코모(Giacomo)로 바꿨다고 들었어요."

"그렇지, 엄 교수도 잘 알고 있군. 마이어베어 선생님도 엄마를 통해서 외할아버지의 피를 이어받아서 유대인이었어. 유대인들은 모계를 따라서 유대인이 되는 것은 다들 알고 있지? 전 선생은 나와 관련되어 유대인에 대해서 하고 싶은 얘기가 있을거야. 그렇지?"

"맞습니다, 바그너 선생님. 천천히 하겠습니다."

"그래. 피하고 싶은 이야기일지도 모르겠지만 말이야. 이야기를 계속 이어가자면, 마이어베어 선생님은 1831년 초연된 〈악마 로베르〉[86]와 1836년 초연된 〈위그노 교도들〉[87]이라는 오페라로 대성공을 거두신 분이었어. 나는 그 당시에 독일 음악가들은 그의 드라마틱한 음악을 배워야 한다고 그분께 찬사를 보냈었지."

"바그너 선생님, 그분의 오페라 〈위그노 교도들〉에서 신교도들이 등장할 때마다 마틴 루터의 '내 주는 강한 성이요'(Ein feste Burg ist unser Gott) 선율을 사용한 것이, 바그너 선생님의 라이트모티브(das Leitmotiv)의 사용에 영향을 끼쳤잖아요."

"그렇게 볼 수도 있겠지. 마이어베어 선생님은 처음으로 나를 만난 자리에서 그때까지 내가 쓴 〈리엔치〉의 대본도 들어 봐 주셨고, 나중에는 오케스트라 악보도 검토해 주셨어. 그러고는 파리 오페라 단장이었던 샤를르 뒤퐁셀 앞으로 보내는 추천서도 써 주셨지. 그리고 나는 민나와 함께 불로뉴를 떠나 1839년 9월에 파리에 도착했어. 결과적으로 2년 반의 파리 생활은 처참한 실패였어. 마이어베어 선생님의 추천서도 소용이 없었어. 이때부터 그분에 대한 실망감이 싹텄다고 생각해. 파리에서는 사교계에 진입하지 못하면 아무것도 못한다는 현실을 그때 직면한 거야. 당시 프랑스는 유럽의 패권 국가 중 하나였고, 파리가 문화의 중심지였기에 나도 여기서 성공하고자 엄청 노력했었지. 나보다 2살 위인 프란츠 리스트는 당시 살롱과 사교계에서 명성을 떨치고 있었어. 그리고 라이프치히에서 사귀었던 신문사 친구 하인리히 라우베[88]와 그의 부인, 그리고 하인리히 하이네[89] 이렇게 만나서 리가에서 고생하며 탈출한 얘기를 해 줬더니 다들 엄청 재밌어 했었지."

"바그너 선생님, 고생할 당시에는 너무나 힘든 시간이라 왜 이런 일을 내가 당해야 하나라고 생각하지만, 시간이 지나면 지날수록, 고생을 많이 하면 할수록, 그 시간들이 나중에는 더 큰 개개인들의 서사가 되는 것 같습니다. 그런데 바그너 선생님에게 그렇게 많은 도움을 주신 마이어베어에게 선생님이 나중에 하신 비난과 배신은 좀 심한 것 같았습니다. 그래서 죄송하지만 그 부분에 대해서는 바그너 선생님을 좋게 봐줄 수 없을 것 같아요."

"그렇지. 그래서 처음부터 내 삶을 보면 교훈을 받거나 존경을 할 만한 부분은 별로 없다고 한거야. 하지만 자네들, 쇼펜하우어 선생님의 의지의 거울(Spiegel des Willens)을 알지? 상대방의 모습에서 나의 모습을 볼 수 있다면 반면교사가 될 수도 있겠지. 내가 마이어베어 선생님에게 했었던 모습이 과연 나만의 모습일까? 자네들이 나의 그런 모습을 봤다면 자네들도 그런 모습을 갖고 있는 거야. 사실 대부분의 사람들은 그런 식으로 살아가고 있어. 도움을 주면 준 만큼, 마음을 주면 준 만큼, 도움을 주고 마음을 준 사람들에게 배신 당할 가능성은 더 높아지는 거야."

"바그너 선생님, 참으로 슬픈 얘기입니다. 전 그런 경우를 정말 많이 경험했습니다."

"뭐, 자네만 그랬겠나? 하지만 잊지 말게. 자네도 그랬던 경우가 있었을 수도 있어. 모두들 불편한 진실은 회피하며 잊고 싶어해서 본인은 아닌 것 같이 생각할 뿐이고, 내가 배신당한 것만 기억할 뿐이야. 어쨌든 난 살아생전에 전투적으로 열심히 살기는 했어."

"바그너 선생님, 맞는 말씀이라고 생각합니다. 인간관계에서 배신을 당하는 사람의 입장에서는 정말로 엄청난 고통을 수반하는 것은 분명합니다. 예수 그리스도와 그의 제자들의 모습에서도 우리는 확실히 볼 수 있습니다. 예수님도 베드로에게 "닭이 울기 전에 네가 나를 세 번 부인하리라"고 하셨죠. 사람들은 자신에게 빛을 비춰 주는 발광체를 언젠가는 부정하며 깨부수고 싶어 하는 본능이 있는 것 같습니다. 하지만 내가 배신해서 발광체를 깨부수고 나면, 반사체인 나의 존재도 사라진다는 것을 모르고 스스로 발광체인 줄로 착각하다가, 결국에는 자신 스스로도 소멸하게 되는 것을 봅니다. 스스로 발광체가 되고픈 인간 내면에 있는 이기심의 말로이지 않을까요? 배신은 사랑과 우정과 관련해서 인간 세계에서 없어질 수 없는 인간 내면의 실존인가 봅니다. 물론 자신에게 도움을 준 사람들에게 감사하고 신의를 지키고 사는 것이 인간의 도리이고 칭찬받아 마땅하지만요."

"그렇지. 스스로 발광체인 자들은 이래도 저래도 빛나게 되어 있어. 발광체를 깨부신 후에 자신도 사라진다면 스스로가 반사체였다는 것이 드러나는 것이고, 여전히 빛을 내고 있다면 자신 스스로가 발광체 아니겠나. 스스로들 잘 판단해서 가려가며 살아가야지. 1840년 3월 르네상스 극장에서 마이어베어의 추천으로 〈연애금지〉를 공연하기로 결정했었는데 그 다음 달에 극장이 파산한 거야. 나는 마이어베어가 이 극장이 파산할 것을 미리 알고도 나를 속였다고 불신을 하게 된 거였어. 실망감이 연속으로 터지니까 이 돈 많은 유대인이 나를 속이는구나 하고 생각이 들어간 거지. 다행히 출판업자 모리스 슐레징어로부터 일을 얻어 편곡 등으로 생계를 유지하면서 1840년에 〈리엔치〉 작곡을 마쳤지만, 11월경 나의 재정 상태는 정말 최악이었어. 나는 〈리엔치〉를 성공시키기 위해서 마이어베어 선생님의 도움을 받아 당시에 프랑스에서 유행하는 스타일의 5막짜리 그랑 오페라를 만들기로 했거든. 그런데 이번에는 정말로 마이어베어 선생님의 도움으로 1841년 6월에 드레스덴에서 〈리엔치〉를 공연하기로 결정된 거야. 그분은 내가 드레스덴에 음악감독으로 갈 수 있도록 도와주셨어. 그래서 1842년 10월에 드레스덴에서 6시간짜리 공연으로 드디어 대성공을 거두게 되었지. 이렇게 큰 도움을 주셨는데 평생 감사해하며 신의를 지키는 것이 도리였지. 그런데 사실 나 자신은 이 작품이 전혀 내 마음에 들지가 않았어. 그도 그럴 것이 워낙 마이어베어 선생님과 스폰티니[90], 알레비[91] 등의 스타일을 짬뽕해서, 무조건 대중의 요구에 맞춰서 성공시키려는 목적으로 썼으니, 내 작품 같지가 않았던 거야. 그래서 나 스스로는 괴물같은 작품이라고 한거였지. 〈리엔치〉를 완성하는 동안에 〈방황하는 네덜란드인〉의 대본 구성도 시작했어."

"바그너 선생님! 〈리엔치〉의 후반부에 가서는 〈방황하는 네덜란드인〉에 나오는 젠타(Senta)와 홀랜더(Holländer)가 극적으로 외치는 듯한 오케스트레이션과 리듬이 나와서 〈리엔치〉의 후반부를 작곡하실 쯤부터 서서히 선생님의 음악적 특색이 나오기 시작하는구나 하고 생각했습니다."

"역시 전 선생은 내 음악을 좀 아는군. 〈방황하는 네덜란드인〉은 아까도 말했지만 테티스호의 항해 중에서 영감을 얻은 작품이야."

"바그너 선생님, 이 작품은 선생님의 작품들 중에서 가장 짧은 작품이고 음악도 그리 난해하지 않아서 사람들이 선생님의 작품에 입문하기에 좋은 작품이라고 생각합니다. 이 작품부터 선생님 스스로도 본인만의 음악적 특색이 나타나는 작품이라고 평가하시는 것이지요?"

"그렇지, 엄 교수도 잘 알고 있군. 그래서 바이로이트 캐논에 이 작품부터 나의 마지막 작품인 〈파르지팔〉(Parsifal)까지를 레퍼토리로 삼은 거야. 사실 파리에서도 〈방황하는 네덜란드인〉 작품을 초연하기 위해서 파리 오페라 신임 단장인 필레에게 대본을 전달해서 작곡을 의뢰받기를 기대했었는데, 그냥 1841년 7월에 대본만 팔게 되었어. 젠타의 발라드, 노르웨이 선원들의 노래, 유령선 선원들의 노래 등을 작곡했었는데도 대본만 사겠다더군. 파리 생활을 7년은 해야 작곡을 의뢰 받을 수 있다나. 참, 무슨 소리인지. 문턱이 너무 높았어. 돈은 없어 궁핍하지, 일은 안 풀리지, 내적 불만이 주변 사람들에게 부러움에서 질투와 분노로 번지는 때였지."

"바그너 선생님, 그래서 네덜란드인(Holländer)[92]이 7년에 한 번씩 육지에 다다를 수 있게 쓰신 건가요, 하하."

"하하, 자네 참 잘도 끼워 맞추는군. 그러니까 1840년 11월쯤일 거야. 당시 살롱과 사교계에서 명성을 떨치고 있었던 프란츠 리스트가 공연 중에 휴식 때인가 내게 왔었던 걸로 기억하는데, 리스트와 친분을 쌓기 시작했어. 그리고 내가 쓴 〈방황하는 네델란드인〉 대본에 피에르-루이 디치[93]가 작곡해서 1842년 11월에 파리에서 공연했어. 그리고 내가 작곡한 〈방황하는 네덜란드인〉의 리허설도 그때쯤에 드레스덴에서 시작했지. 내가 빚에 쫓겨 다니니까 한 친구가 나를 '방황하는 독일인'(Der fliegende Deutsche)이라고 놀렸었지, 하하. 1841년 여름 〈방황하는 네덜란드인〉의 작곡을 끝내고 악보를 빌헬름 폰 레데른 백작에게 보냈는데, 그의 수락으로 1843년 1월 드레스덴에서 초연하기로 한 거야. 테티스호의 경험과 하인리히 하이네의 『폰 슈나벨레봅스키의 회상』[94]을 기초로 해서 만든 작품이야. 2막 젠타의 발라드를 가장 먼저 작곡했고, 음악 주제의 씨앗을 여기저기에 뿌려 놓고 발전시키는 작업 방법으로 작곡을 하기 시작했어."

"오, 바그너 선생님. 그렇게 말씀하시니 왠지 베토벤의 교향곡이 떠올라요. 그러니까 선생님의 음악극은 베토벤의 한 교향곡을 쫙 펼쳐서 거기에 가사를 넣고, 뿌려 놓은 주제 음악들 사이를 연결해 주는 대사들, 다시 말하면 중간중간에 극을 풀어 가는 긴 대사에 음악을 연결하는 듯한 느낌인데요. 그래서 1시간짜리 교향곡을 3-4시간의 음악극으로 늘여 놓은 느낌이랄까요. 선생님의 작품들에 모든 가사를 없애고, 중간중간에 길게 이어지는 이야기의 음들을 제거하고 라이트모티브 중심으로 곡을 쓴다면 3-4시간짜리 음악극이 1-2시간 정도의 교향곡 한편이 될 수도 있을 것 같아요. 그러니까 베토벤의 교향곡과 바그너 선생님의 음악극이 비견되는데요. 반면, 다른 작곡가들의 오페라는 성악곡 중심으로 해서 오케스트라가 반주를 하는 것으로 구성되어 있잖아요. 그런 면에서 바그너 선생님 작품은 혁신적이라는 생각이 듭니다."

"그런가. 난 1841년에서 1842년 겨울즈음에 독일로 다시 돌아가기로 결심했어. 그쯤에 다음 작품으로 중세 독일의 전설인 탄호이저[95]와 베누스(Venus)의 이야기를 쓰기로 마음을 정했지. 1841년 6월에는 〈리엔치〉 공연이 1842년 10월에 드레스덴에서 초연하기로 결정되었고, 〈방황하는 네덜란드인〉도 작곡을 마치고 1843년 1월에 초연을 하기로 결정되었으니, 당연히 가벼운 발걸음으로 독일로 다시 돌아가기로 결정한 거야. 그간의 경험으로 봐서 파리에서 성공하기란 불가능하다고 느꼈었고, 나만의 스타일을 〈방황하는 네덜란드인〉에서 그 가능성을 본 거였어. 나는 라인강을 건너면서 그간의 고생한 시간들에 눈물을 흘렸었지. 난 비록 가난한 예술가이지만 내 모든 삶을 내 나라, 독일에 바치겠다고 그때 결심한 거야. 그래서 후에 나만의 음악극이 탄생하게 된 거지. 그리고 아이제나흐 외곽의 바르트부르크(Wartburg)를 지나면서는 햇살에 비춰진 성을 보면서 13세기 음유시인 미네젱거[96]들의 노래 시합 이야기인 〈탄호이저〉를 써야겠다고 다시 한번 다짐했어. 그래서 나중에 드레스덴에서 초연할 때 파리에서 온 무대 디자이너에게 바르트부르크성의 장면을 아주 세밀하게 알려 줬어."

"바그너 선생님, 바르트부르크성은 마틴 루터[97]가 당시 일반 사람들이 이해하지 못하는 라틴어 성경을 독일어로 번역한 곳으로 유명하잖아요."[98]

▶ 바르트부르크성에서 마틴 루터가 라틴어 성경을 독일어로 번역하는 장면. 픽사베이. AI 생성 이미지.

5장[99] 격동적인 초기 음악 활동과 사회 참여

1842 – 1849 드레스덴에서의 시간

1842년 10월 〈리엔치〉 드레스덴에서 초연

1843년 1월 〈방황하는 네덜란드인〉 드레스덴에서 초연

1845년 10월 〈탄호이저〉드레스덴에서 초연

1848년 4월 〈로엔그린〉 작곡[100]

“1842년 4월에 난 6년 만에 드레스덴으로 돌아왔는데, 어머니와 다른 가족들을 제외하고는 친구들이 다 사라진 거야. 그리고 극장 관리자들은 29세인 나를 흥분만 잘하고 참을성이 없는 사람으로 취급했어. 한번은 〈리엔치〉 초연을 위해서 리허설을 하고 있을 때였는데, 그 당시 나의 상태를 파리에 살고 있는 한 친구에게 보낸 편지에서 내가 이렇게 썼어. ‘아름다운 조국이지만 나를 못 견디게 한다. 작센인들은 저주받은 무리이고, 인색하고, 느리고, 거만하고, 게으르고, 소란스럽다. 내가 이들과 함께 뭘 해야 하나?’라고 말이야.”

“바그너 선생님, 당시에 선생님은 29세로 한참 젊고 굉장히 열정적이셨기 때문에 하고 싶은 일들이 정말 많으셨을 거 같습니다. 선생님의 이야기를 들어 보니 그 당시 선생님의 머릿속에는 한시도 쉬지 않고, 새로운 창작물을 위해 소재를 찾고 작곡을 하고 늘 작업을 끊임없이 하신 것 같고요. 그런데 그 의지가 실현되지 않거나, 뭔가로 인해 가로막히면 그것을 절대로 참지 못해서 고통(Leid)이 나타나는 거겠죠. 이건 쇼펜하우어 선생님이 얘기하신 건데 즉, 쇼펜하우어 선생님의 표현으로 말하자면, 이십대 후반의 청년으로서 의지의 부정(Verneinung des Willens)과는 상당히 거리가 먼, 자기 자신의 의지의 긍정의 삶을 한참 살았던 시기였던 거 같습니다. 그런 노력이 있었으니 현대까지도 선생님의 작품들이 전해지는 거라고 생각해요.”

“그렇게 생각하나. 어쨌든 난 드레스덴에 도착한 후 일주일 뒤에 〈방황하는 네덜

란드인〉 공연을 위해서 베를린 연극과 오페라의 총 극장장이신 레데른 백작[101]을 만나러 베를린에 갔었어. 그분의 친구이신 마이어베어 선생님의 추천으로 〈방황하는 네덜란드인〉의 공연을 허락해 주신 레데른 백작이 그쯤에 은퇴를 하려는 때였고, 후임자 퀴스트너[102]는 이미 뮌헨에서 내 작품을 거절했었던 사람이었어. 이 사람은 전임자의 결정을 번복할 수는 없으니까 내 작품을 이러저러한 이유로 미루다가 결국엔 1844년 1월에 베를린에서도 공연하게 되었지. 드레스덴 초연 후 1년 뒤에 공연하기로 한 거야. 당시 상황이 어땠냐면, 내가 프로이센 왕국의 국왕 프리드리히 빌헬름 4세[103]의 후원을 얻으려고 했었는데, 그분은 베를린을 독일 문화의 중심지로 만들려고 했어. 그래서 마이어베어와 멘델스존[104], 이 두 유대인을 베를린의 공식 직책에 앉혔어. 레데른 백작이 이분들과 친한 친구였거든. 그런데 멘델스존은 나의 도움 요청을 완전히 무시했었고 마이어베어에게도 실망하게 되었어. 이 사건이 내가 유대인 음악가들을 싫어하게 만든 큰 원인이 된 거야. 그때부터 나는 서서히 노골적으로 그들의 음악은 오락과 돈벌이 만을 위한 천박한 작품들이라고 악평을 하기 시작했어."

"바그너 선생님. 솔직히 선생님은 마이어베어와 멘델스존이 부유층이었으니, 부유하게 잘 사는 사람들에 대한 질투(die Eifersucht)와 피해의식(die Opfermentalität)이 너무 심했던 것이 아닌가요?"

"자네들은 어떤가?"

"바그너 선생님, 쇼펜하우어 선생님은 질투심이 악의 근원이라고 하시며 질투심을 경계해야 한다고 하셨죠. 그래서 위를 보지 말고 아래를 보라고 하셨어요. 성경 말씀에서 가인이 아벨을 죽인 것도 질투심이 원인이었고, 사람들 간에 크고 작은 분쟁들이 끊이지 않는 큰 이유도 바로 그것이고요. 함께 협력하지 못하는 이유이기도 하고요."

"맞습니다. 그래서 니체는 그런 우리의 나약하고 못난 내면의 모습을 극복하자고 말하며 위버멘쉬(Übermensch)가 되자고 한 것이라고 생각합니다."

"자네들, 잘 알고 있군. 프리드리히 니체[105], 이 친구는 나의 숭배자였다가 반대로 경멸자가 되었으니 언급을 피하겠네. 난 살아생전에 하루하루를 투쟁적으로 오로지 내 작업들의 성공을 위해서만 열심히 살아왔어. 자네들 그거 알지? 쇼펜하우어 선생님은 삶은 투쟁이라고 말씀하셨는데, 그분도 볼테르의 말을 인용하셨잖아. '우리는 칼 끝에서 성공하고, 무기를 갖고 죽는다.'[106] 이 말 뜻은 결국 우리의 삶은 죽을 때까지 투쟁이라는 거야. 나 역시도 그렇게 살았었어. 〈탄호이저〉 얘기를 좀 하자면, 〈리엔치〉의 연습이 본격적으로 시작되기 전에 어머니와 민나를 데리고 테플리체[107]라는 온천으로 유명한 도시에 가서 온천을 하며 시간을 보냈는데, 거기 보헤미아의 경치에 반해서 〈탄호이저〉 3막의 무대 스케치를 그 경치로 하기로 했어. 그리고 7월에 드레스덴으로 돌아와서 〈리엔치〉의 리허설을 직접 지휘했어. 내가 좋아한 소프라노 슈뢰더-데브린트와 테너 티샤첵[108]과 함께 했는데, 리엔치 역을 맡은 이 테너 친구가 연습 때 3막 끝의 B단조 중창에 아주 감동해서 연습 때마다 이 부분에서 내게 은전 한 닢씩을 주자고 모두에게 제안한 거야. 난 그걸로 먹을 것들을 살 수 있었지, 하하."

"바그너 선생님, 이 티샤첵이라는 테너 분 참 재밌고도 지혜로운 분이었던 것 같습니다, 하하."

"맞아. 1842년 10월 〈리엔치〉의 초연은 드레스덴 왕립 궁정극장[109]에서 했었는데 대성공이었어. 로마의 호민관 리엔치가 시민 편에서 부패한 귀족층의 지배를 끝내려 한다는 내용이었는데, 1815년 빈 협정[110] 이후로 점점 봉건주의로 돌아가는 듯한 독일의 현실에 대한 불만이 커져 갔던 상황과 그 당시 나의 역사관이 당연히 들어가 있었던 거였어. 그래서 많은 사람들이 공감할 수 있었던 거야."[111]

〈리엔치〉(Rienzi)의 내용

14세기 중반, 리엔치(Rienzi)는 공화주의자로 귀족들의 권력을 시민들에게 돌려주어야 한다고 주장하여 귀족들의 미움을 받고 있는 중에 반란을 일으켜 시민들로부터 호민관(der Tribun)으로 추대된다. 그는 귀족들의 암살에 대비하여 방탄복[112]을 입어 암살을 면한다. 이에 귀족들은 교황과 결탁하여 리엔치를 파문하고 추방 명령을 내린다. 교황의 영향하에 있는 시민들도 리엔치를 적대시하여 성난 군중들이 불지른 로마의 성(das Kapitol)이 무너지며 리엔치와 여동생 이레네(Irene)와 그녀의 애인 귀족 아드리아노(Adriano)도 죽는다.

"1843년 1월에 〈방황하는 네덜란드인〉도 드레스덴에서 초연이 되었어."

〈방황하는 네덜란드인〉(Der fliegende Holländer)의 내용

유령선의 선장, 네덜란드인(Holländer)은 7년에 한 번씩만 육지에 내릴 수 있으며 자신을 진심으로 사랑해 주는 여인을 만나야만 구원을 받을 수 있다는 저주를 받았다. 네델란드인 선장은 다른 배의 선장인 달란트(Daland)를 만나서 그에게 보물을 보여 주었고, 달란트는 자신의 딸, 젠타(Senta)를 그에게 소개시켜 준다. 젠타는 저주받은 선장에 대한 전설을 이미 알고 있었고, 그를 구원시켜 주고 싶어 한다.
젠타를 사랑하는 에릭(Erik)이 젠타에게 하는 구애를 몰래 듣던 네델란드인 선장은 젠타를 오해하고 비통해하며 출항한다. 출항한 배를 보고 젠타는 절벽에서 바다로 뛰어들어 자신을 희생한다. 젠타의 사랑으로 저주가 풀려난 네델란드인 선장은 젠타와 함께 구원을 받는다.

"이 작품은 음악적으로 〈리엔치〉보다 전체적으로 좀 더 무겁고 어두웠지만 그래도 초연은 성공적이었어. 〈리엔치〉가 조금 더 큰 성공이었다고 말할 수 있어. 〈리엔치〉는 원래 대중적인 흥행을 위해 만든 작품이라서, 사람들이 좋아할 만한 볼거리들을 많이 배치해 두었거든. 그래서 내가 괴물이라고 표현한 거야. 〈방황하는

네델란드인〉의 성공 이후에 드레스덴 궁정 극장 책임자로부터, 물론 이미 제안을 받았었던 자리였지만, 종신 자리로 제안을 받았는데 처음에는 거절했어. 그런데 민나도 있고 그래서 2월에 작센 왕의 드레스덴 궁정 오페라의 궁정 상임 지휘자[112]가 되었지. 궁정 상임 지휘자라는 건 말하자면 궁정의 하인인 거야. 유니폼도 입어야 했고, 나는 그것을 바보의 옷이라고 생각해서 싫어했지. 하지만 당시에 왕이었던 프리드리히 아우구스트 2세 왕[113]은 좋아했었어."

"와, 바그너 선생님. 이제 정말로 안정된 삶이 시작되는가 봐요?"

"하하, 그럴 리가 있겠나, 이제 슬슬 시작이야. 계속 들어 봐. 1843년 봄에는 〈탄호이저〉의 대본을 완성했어. 궁정 상임 지휘자가 되고 나서는 그랜드피아노[114]가 딸린 넓은 집으로 이사도 했고, 수입보다 지출이 더 많은 삶이 다시 시작된 거야. 일하는 동안에 단원들과 마찰이 시작되었는데 나는 모차르트의 돈 조반니를 기존과는 조금 다르게 새롭게 해석하고 싶어서 템포를 나의 해석대로 하려고 했었는데 오케스트라에 어떤 놈이 고귀한 모차르트의 고전 작품을 내가 훼손한다고 위에 고자질한 거야."

"바그너 선생님, 사람들이 모인 곳에서는 개혁을 하려고 하면 항상 저항이 따라오기 마련인가 봅니다."

"그렇지. 그러니 내가 친구에게 불평의 편지를 쓸 수밖에 없지 않았겠나! 1844년에는 '충실한 백성들이 사랑하는 프리드리히 아우구스트 2세 왕에게 드리는 인사'라는 남성 합창곡을 만들었는데 이것을 〈탄호이저〉의 대합창으로 사용했지. 그리고 그 당시에 이러저러한 일들을 해야 하는 자리였는데, 그중에 의미 있게 내가 한 일은 우리 대화 초반에 이미 설명했듯이 나의 양아버지의 친구였던 베버[115] 어르신의 유해를 런던에서 모셔 오는 일에 위원으로 선출되어 이 일을 성공적으로 잘 해결했지. 그리고 1845년 4월에 난 〈탄호이저〉의 작곡을 끝냈어. 일 년 반 정도 걸렸어. 내가 위장병과 피부병이 있었다는 건 이미 얘기했었나? 그래서 보헤미아의 마리엔바트[116]로 치료차 휴가를 갔는데, 숲속을 산책하며 1170년경의 중세 시대 작가인 볼프람 폰 에셴바흐[117]의 「파르지팔」(Parzival)과 서사시 「로엔그린」(Lohengrin)을 읽었어. 파리에 있었을 때 이미 읽었던 거였지만 말이야. 「로엔그린」과 성배의 기사들의 전설을 다시 읽으며 뭔가 이 이야기로 작품을 만들어야겠다는 생각만 하고 있다가, 실제 작업은 조금 가벼운 소재로 〈뉘른베르크의 명가수〉의 대본 초안을 완성했어. 그런데 〈로엔그린〉에 대한 충동이 밀려오는 거야. 그래서 바로 작업을 시작해서 8월 초에 대본을 거의 끝냈고, 드레스덴에 도착해서 4주 정도 더 작업을 해서 완전히 대본 작업을 마쳤어. 그리고 12월에 낭독회를 했었는데 그때 나보다 3살 위인 1810년 생이신 슈만[118] 형님도 왔었는데 그분은 나의 작품에 아리아(Aria)나 카바티나(Cavatina)가 없어서 좀 아쉬워했어."

"바그너 선생님, 역시 운명의 인도하심이 있나 봐요. 만약에 〈로엔그린〉이 아닌 〈뉘른베르크의 명가수〉를 먼저 작곡하셨다면 루드비히 2세 왕과의 만남은 없었을 수도 있었지 않았을까요?"

"그 얘기는 조금 뒤에 하고, 다시 탄호이저 얘기를 하면, 1845년 10월에 〈탄호이저〉의 드레스덴 초연은 성공적이었어."

〈탄호이저〉(Tannhäuser und der Sängerkrieg auf Wartburg)의 내용

미의 여신 베누스(Venus)와 함께 향락의 생활을 하던 탄호이저(Tannhäuser)가 고향을 그리워하여 바르트부르크에서 열리는 음유시인의 노래 경연에 참가한다. 대회에서 볼프람(Wolfram von Eschenbach)은 정숙한 사랑을 찬미하나, 탄호이저는 육감적 사랑을 찬미하며 베누스를 찬양한다. 격분한 기사들이 탄호이저를 죽이려고 하는데 엘리자벳(Elisabeth)은 탄호이저가 참회의 길을 떠날 수 있도록 영주에게 부탁한다. 영주는 탄호이저를 추방하면서 로마로의 순례의 길을 명령한다.

시간이 흘러 가을경, 순례자들의 찬송 소리에 엘리자벳은 탄호이저가 무리 가운데에 있나 찾아보았으나 그는 없다. 엘리자벳은 탄호이저의 죄사함을 위해서 자신의 목숨으로 그의 죄를 용서해 달라고 기도한다.

처참한 모습으로 돌아온 탄호이저는 교황으로부터 나무 지팡이에서 꽃이 피면 용서를 받을 수 있으나, 사실상 구원받기 힘들다는 말을 듣고 다시 베누스에게 가고자 한다. 바르트부르크성으로부터의 장례 행렬이 이어지고, 엘리자벳의 희생으로 탄호이저는 구원을 받게 되었고 베누스는 사라진다. 탄호이저도 죽고 순례자들은 꽃이 핀 교황의 지팡이를 가져온다.

"내가 32세 때였어. 비평가들보다는 일반 관객들의 반응이 아주 좋았어. 나는 이 작품을 무대에 올리면서 오페라에서 새로운 뭔가를 만들기 위해서는 한 사람이 대본과 작곡을 함께해야 한다고 확신을 갖게 되었어. 이 작품은 드라마와 음악의 테크닉적인 부분에서 크게 발전된 작품이라고 말할 수 있어. 이 오페라에서 유도동기, 라이트모티브[119] 사용이 본격적으로 나타나기 시작한거야. 물론 나의 여인에 대한 이상도 들어 있는 작품이지."

"바그너 선생님, 이 작품 〈탄호이저〉도 그렇고 〈방황하는 네덜란드인〉에서도 그렇고, 너무나도 말이 안 될 정도의 여성의 희생을 강조하는 바그너 선생님의 생각은 좀 거북한 면이 없지 않습니다."

"바그너 선생님, 혹시 현실에서 채워지지 않는 여성상을 작품들에서 구현하시고 싶으셨던 것은 아닌가요? 민나는 전혀 이런 캐릭터와는 거리가 먼 여인이었지 않습니까? 여성의 맹목적인 사랑으로 남자를 구원한다? 이것은 아내나 연인보다는 어머니의 사랑이 어울릴 듯한데요. 쇼펜하우어 선생님은 남녀 간의 에로스적 사랑은 나만 생각하는 이기심(die Selbstsucht)에서 나오는 것이고, 마리아가 죽은 예수를 품은 것 같이 함께 아파하는 연민(das Mitleid)은 아가페(die Agape)라는 사랑이라고 하셨습니다. 이탈리아에서는 진정한 사랑(reine Liebe)을 피에타(pieta)라고 얘기하죠. 바그너 선생님께서는 이기주의(der Egoismus)의 전형을 보여 주시는 것 같고, 상대방에게는 헌신적 사랑인 연민과 피에타를 원하시는 이중적인 모습을 보이셨다고 생각합니다. 쇼펜하우어 선생님의 철학으로 말하자면 선생님은 '이기주의를 유발하는 원리'라고 말할 수 있는 '개별화의 원리'(principium individuationis)를 아주 충실하게 따르셨던 것이고요."

"자네들 나를 그렇게 비난하고 싶겠지. 아까 잠깐 지난 역사를 봤지만, 자네들이 살고 있는 독일이나 한국의 상황들은 어떤가? 나와 비교해서 그들은 나보다 좀 나은가? 남을 잴 때에는 아주 엄격하게, 나를 잴 때에는 뭐가 문제가 되느냐 식으로 엿장수 마음대로 자를 재지 않나?"

"바그너 선생님, 그렇게 말씀하시니 할 말이 없습니다. 성직자들도 예수의 가르침을 대중들에게 가르치나, 정작 본인이 예수의 가르침대로 따르자니 그것이 자기 안위와는 배치된다고 하면, 결국 자기 안위를 위한 길을 선택하기도 하니까요. 쇼펜하우어 선생님이 얘기한 대로, 우리가 살아갈 때 '의지의 부정'(Verneinung des Willens)과 '의지의 긍정'(Bejahung des Willens) 사이에서 어떤 선택을 하며 살게 되는데, 대부분은 자신의 긍정, 즉 개별화의 원리에 따라서 본인의 본능에 충실한 삶을 살게 되는 경우가 많은 것 같아요. 자기만을 긍정하는 극도의 이기주의의 삶이 결코 자신에게 행복을 가져오지 않는다는 사실을 잘 모르는 것 같습니다. 시간이 걸려서 그렇지, 한걸음만 떨어져서 객관화된 시각으로 보면 밝게 보이죠. 그래서 제 개인적으로는 어느 한쪽으로만 치우치지 않는 균형 잡힌 삶을 추구하려고 노력합니다."

"좋은 생각이야. 사람들은 말이야, 본인을 재는 자와 남을 재는 자가 달라. 자네들 내 작품 〈연애금지〉 알지? 셰익스피어의 『자에는 자로』를 원작으로 해서, 이 희곡을 바탕으로 내가 직접 대본을 써서 오페라를 만들었지. 청교도인인 총독 프리드리히가 카니발 기간, 즉 예수가 40일간 금식한 것과 관련된 절기에, 남들에게는 절제할 것을 명하면서 남녀 간의 관계를 금지하게 하고, 이를 어기면 사형을 시키겠다고 해 놓고, 이를 어긴 클라우디오를 감옥에 가둔 후 사형을 집행하려고 했지만, 정작 본인은 그의 여동생 이자벨라와 하룻밤을 보내려는 이중성과 위선을 보였지. 즉, 같은 자(das Maß, measure)인데 남을 잴 때와 나를 잴 때는 전혀 다른 거야. 이 얘기는 몇 백 년 전의 사람들에게 정의(die Gerechtigkeit)개념이 없어서 그런 건 아니야. 그래서 내가 젊었을 때 이런 문제의식을 갖고 오페라의 소재로 사용한 거야. 젊었을 때는 정의가 없는 이런 국가와 사회를 엎어 버리고 새롭게 시작해야 한다고 생각했었지만, 현실은 그렇지가 않았어. 그래서 나중에 내가 루드비히 2세 왕에게 내가 젊었을 때 착각했었고, 죗값을 치르고 싶다고 사과 편지를 썼던 거야."

"그랬군요. 바그너 선생님, 저희가 사는 현대 사회의 세상도 별반 다르지 않아요. 힘이 있으면 모든 것이 괜찮고 힘이 없어 보이면 왕이라도 다들 잡아먹으려고 덤벼드는 것이 약육강식의 동물의 세계처럼 보이기도 해요. 참 불쌍한 루드비히 2세 왕이었죠."

"그래. 슈만도 〈탄호이저〉를 갖고 내게 상당히 긍정적인 비평을 해 주었어. 나는 이 작품에서 기존 오페라 형식의 모습을 가능하면 조금이라도 더 지우고 싶어서 계속 시도를 하여 몇 버전들이 있었는데, 1861년 파리 버전과 1875년 빈 버전 등이 있어. 1846년 4월에 베토벤의 〈합창 교향곡〉 공연을 마치고 드레스덴 근교의 피르나의 그라우파[120] 마을로 가서, 거기서 〈로엔그린〉의 작곡 초안을 쓰기 시작해서 2년 정도의 작업으로 1848년 4월에 〈로엔그린〉 작곡을 끝냈어. 그러니까 내가 35세 때야. 〈로엔그린〉의 초연은 내가 부탁해서 내 친구 프란츠 리스트가 바이마르에서 나 없이 공연을 해 줬어. 내가 독일로 들어가면 바로 체포가 되는 상황이었잖아. 이때쯤 나는 독일의 전설과 그리스 신화에 심취해 있었어. 정확히 말하면 아이스킬로스의 오레스테이아, 야콥 그림(Grimm)의 독일 신화(Deutsche Sagen),[121] 그리고 몇 가지 북유럽 전설 등 이런 것들에 관심이 많았어. 그중에 북유럽 전설이 결국은 〈니벨룽의 반지〉(Der Ring des Nibelungen)의 원천이 된 거야. 1846년에 나는 마이어베어 선생님에게 돈을 빌리려고 했었는데, 이 돈 많으신 분이 나의 부탁을 안 들어주신 거야. 그 이후에 난 완전히 안티가 된 거지. 그리고 1847년 11월에 베를린에서 〈리엔치〉가 공연되었는데, 비평가들의 혹평으로 프로이센 왕의 후원을 얻으려던 나의 계획은 수포로 돌아가게 되었어. 거기에다가 두 달 동안 공연을 위해서 일한 보수도 못 받았어. 이유는 정식 초대가 아니라 자유롭게 와서 무보수(ehrenamtlich)로 도와준다고 자기들은 알았다는 거야. 어이없게도 내 작품을 공연에 올려 주는 것만으로도 감사하라고 하더라고. 참 암담한 현실이었어. 이런 분위기에서 나의 작품이 제대로 평가를 받지 못하는 현실에 극심한 좌절감을 느꼈었지."

"바그너 선생님, 참 황당하셨겠네요!"

"게다가 1848년 1월에는 어머니가 돌아가셨어. 우리 형제들도 고생이었지만 어머니도 고생이 많으셨어. 두 명의 남편들을 먼저 일찍 보내셨고 우리를 혼자 키우셨으니 말이야. 난 어머니께 항상 감사한 마음과 존경심을 갖고 있었고, 물론 어머니를 사랑했었지."

"바그너 선생님, 어떻게 보면 선생님의 작품 〈방황하는 네덜란드인〉과 〈탄호이저〉에서 여인의 희생적 사랑이 남자를 구원한다는 메시지를 담게 된 데에는 선생님의 어머니에 대한 사랑이 근본적으로 있었던 것이 아닐까요? 지크프리트(Siegfried)가 나무 밑에서 어머니의 사랑을 그리워하는 것은 그것에 대한 좀 더 직접적인 표현이고요."

"그럴 수도 있지. 엄 교수도 어머니의 사랑에 대해 남다른 것을 나도 잘 알고 있어. 그런데 그런 존재였던 어머니가 내가 35살 때인 1848년에 돌아가셨지. 두 남편으로부터의 많은 자식들을 키우시느라 고생이 이만저만이 아니셨어. 1848년 1월 어머니는 임종하시고, 4월까지는 〈로엔그린〉 작곡에 열중했었고, 그 사이에 프랑스에서는 2월 혁명이 일어나서 나중에는 유럽 전역으로 퍼지면서 나도 연류가 되었어. 1789년 프랑스 혁명, 그리고 1830년 7월 프랑스 혁명의 여파로 여기저기서 이미 봉기가 있었기에, 난 이젠 독일이나 프랑스에서 대규모 혁명이 일어날 가능성은 적어졌다고 봤었는데, 1848년 2월에 또다시 터진 거야. 그 여파로 1848년 3월에 프리드리히 아우구스트 2세 왕이 작센에도 진보적인 정부를 세우겠다고 약속한 것을 환영했었는데, 그건 단지 거리를 점령한 시민들을 무마하기 위한 빈말이었던 거야. 그쯤에 나는 오케스트라 개선책의 보고서를 제출했는데 거절당했고, 5월에는 다시 「작센 왕국에서의 독일 국립극장 조직에 관하여」라는 극장 개혁을 제안했지만, 그것도 궁정 관료들에 의해서 거부되었어. 그때 기존 세력들의 정치적 변화 없이는 나의 음악적 목표도 이룰 수 없다는 것을 깨달았어. 그래서 사회개혁을 위해서는 정치에 적극적으로 가담해야만 한다고 느꼈던 거야. 그래서 나는 6월에 혁명적 공화주의자들의 모임에 가입해서 야외 집회에서 연설도 했어. '왕이 공화정부를 세우고 공화정부의 장이 되시라!' 이게 우리의 요지였던 거야. 입헌 군주제, 즉 '헌법이 정하는 한도 내에서 군주권을 행사하시라' 우리 주장의 핵심은 바로 이거였던 거지. 35살 때였는데 참 겁 없이 살았어. 이 해에 나는 〈니벨룽의 반지〉에 대한 구상도 구체적으로 시작했어. 자네들, 왜 내가 그 당시에 반지의 힘, 즉 권력에 대한 이야기로 작품을 써야겠다고 마음 먹었는지 알겠지?"

"그럼요, 바그너 선생님. 선생님께서 사셨던 시대와 주변 상황들이 정치를 외면하고 살 수 없었던 격변의 시기였는데, 어떻게 작품들에 그런 상황들이 반영이 되지 않을 수가 있었겠습니까! 그나마 바그너 선생님께서는 사회 정치 문제를 순화해서 표현하시려고 신화와 전설을 통해서 상징적으로 접근하신 것으로 보입니다."

"그렇지. 내 초기 작품 〈연애금지〉와 〈리엔치〉에서는 혁명을 직접적 배경으로 썼었지만, 내각으로부터 엄청난 위협을 받는 루드비히 2세 왕을 보고는 안쓰러워서 내가 이런 작품을 쓴 것에 대해서 사과 편지까지 썼잖아. 그랬는데 결과적으로 내각에 의해서 쫓겨나시고 죽임을 당했으니.... 참! 그건 그렇고 1848년 가을에 반지(Der Ring)의 초안을 작성했고 제목을 〈니벨룽의 전설 드라마 스케치〉라고 붙였어.

이것을 기초로 〈지크프리트 죽음〉(Siegfrieds Tod) 대본을 썼었는데 이것이 반지 시리즈 즉, 〈니벨룽의 반지〉 4작품의 마지막 〈신들의 황혼〉(Götterdämmerung)이 된 거야. 사실 1849년 1월쯤에도 12세기의 프리드리히 1세 황제의 이야기를 다룬 5막짜리 분량으로 만들 목표로, '나사렛 예수'를 소재로 그 당시 혁명 사상을 표현하는 작품을 만들려고 시도를 했었지만, 역시 역사와 사회적 문제의 직접적 접근은 여러 면에서 위험이 크다고 느꼈어. 그쯤부터 신화나 전설을 통한 간접적인 내용으로 작품을 만들어야겠다고 마음을 먹었는데, 잘 한 선택이었던 것 같아."

"바그너 선생님, 저도 그렇게 생각합니다. 조금 전에도 선생님의 작품 〈연애금지〉와 〈리엔치〉를 갖고 대화를 나눴지만, 선생님의 성향이 상당히 혁명적이고 개혁적이었는데 신화나 전설을 가지고 접근했길래 망정이지 안 그랬으면 독일로 다시는 못 돌아오셨을 것 같습니다, 하하."

"전 선생도 그렇게 생각하지? 하하. 가뜩이나 정치 성향이 확실했었고 사회에 문제의식이 많았던 나였는데, 내 음악 세계에서 그런 것을 계속 직접적으로 나타냈었다면, 아마도 자네 말처럼, 나는 독일 땅에 영영 못 들어왔을 수도 있어. 그 당시에 이미 내가 정치에 적극적으로 참여하면서 〈로엔그린〉 초연 공연도 취소가 되었거든. 그때 나는 드레스덴 극장과 관련된 모든 것에서 등을 돌리게 된거지. 이런 일들이 1848년에 있었던 거야."

6장[122] 스위스 망명, 예술적 전환, <트리스탄과 이졸데>의 탄생

1849 – 1858 취리히에서의 시간

1850년 8월 – 〈로엔그린〉 바이마르에서 초연

1854년 9월 – 〈라인의 황금〉 작곡

1856년 3월 – 〈발퀴레〉 작곡[123]

"1849년 3월에는 잊을 수 없는 역사적인 일이 벌어졌어. 프랑크푸르트 회의에서 통일 독일의 왕으로 프로이센의 왕을 추대하기로 결정한 거야. 그런데 이미 정치적으로 확고한 안정을 이룩한 프로이센의 프리드리히 빌헬름 4세[124]가 이 제안을 거절했어. 그러니까 작센도 다른 주와 마찬가지로 프랑크푸르트 회의가 정한 헌법을 무시하고 국회를 해산한 거야. 드레스덴 시민들은 분노했고, 시민들이 폭동을 일으킬 것을 걱정한 왕은 프로이센에 군대를 요청했지. 나는 프로이센 군인들에게 '당신들이 싸워야 하는 것은 우리가 아니라 외국 군대이다. 우리는 같은 편이다'라는 내용의 전단을 만들어서 뿌렸어. 5월 5일 드디어 전투가 시작됐어. 난 왕립학교의 탑 꼭대기에 올라가서 군대의 움직임을 관측했어. 급조된 민병대는 프로이센 군대와 상대가 안 되었고 5월 9일에 궤멸되었어. 주도자 뢰켈[125]과 바쿠닌[126]은 체포되어서 사형과 종신형을 받았어. 나는 혁명을 주도한 몇몇 사람들과 함께 캠니츠로 가다가 일행과 떨어져서 혼자 밤에 캠니츠에 도착해서, 여관에 묵었는데 나중에 보니까 다른 사람들은 다 잡혀갔었던 거야. 나도 그때 잡혀갔었으면 사형이나 종신형을 받았을지도 몰라. 나는 다음날 바이마르로 가서 파리에서 친구가 된 프란츠 리스트[127]의 도움으로 숨어서 지내다가 5월 16일에 나에 대한 체포 영장이 발부되어서 급하게 독일을 떠나야만 했어. 이때 민나는 남겨 두고 스위스로 떠나게 된 거야. 이때부터니까 11년간이나 망명 생활을 하게 된 거였지. 리스트도 그 당시에 형편이 좋지 않았는데도 내가 스위스로 갈 수 있도록 돈을 주었어. 고마운 친구야. 4일 뒤에 나는 1849년 5월 29일 취리히에 도착해서 거주 허가를 받아 거기서 살 수가 있었어. 23

년간이나 스위스에 살면서 거기서 〈니벨룽의 반지〉, 〈트리스탄과 이졸데〉, 〈뉘른베르크의 명가수〉를 작곡했지. 스위스 사람들은 나를 잘 알고 있었어. 스위스에서는 그때까지 나온 나의 오페라를 콘서트에 맞게 편곡하여 자주 공연이 되어서 그랬던 것 같아. 새로운 스위스 여권을 발급받아서 잠깐 파리에 갔다가 7월에 다시 취리히로 왔었는데, 파리는 여전히 내겐 별로였어. 그리고 다시 돌아와서는 『예술과 혁명』, 『미래의 예술 작품』 이라는 두 편의 에세이를 썼었는데 이것들이 1850년도에 나를 유명하게 만드는 데 일조를 한 거였지. 여기서 얘기한 것들이 새로운 예술 이상을 실현하기 위해서 먼저 오페라의 혁명에 대해서 주장했었고, 내가 이상적인 모델로 삼은 것은 고대 그리스 비극으로 시, 드라마, 음악, 춤 등의 모든 요소가 하나로 통합되는 것이었어. 19세기의 극장은 요란한 치장과 볼거리에만 급급해서 고대 그리스의 이상적인 극장에서 멀어졌으니, 이를 극복하는 종합예술작품을 만들어 인간의 자유의지를 표현해야 한다는 것이었어. 참고로 1851년에는 에세이 『오페라와 드라마』에서 앞으로의 음악 드라마를 만들기 위해서 라이트모티브의 구조적 중요성을 주장했었지. 나중에 〈니벨룽의 반지〉에서 나타날 작곡의 방법들이 이미 내 머릿속에 있었던 거였고, 반지 작품 이전에서도 시도하고 있었던 거야. 그리고 뒤에 설명하겠지만 바이로이트에 있는 축제극장(Festspielhaus)에는 칸막이가 되어 있는 특별 좌석인 로졔(die Loge)좌석 같은 것이 없는, 그리스의 원형 극장 같이 좌석들을 만들었던 거야. 중간에 통로도 없어. 1849년 9월에 민나가 취리히로 왔고, 그녀는 내가 빨리 파리에 가서 성공해야 한다고 귀가 아프도록 잔소리를 늘어놓았어. 좋은 소식은 제자라고 해야 하나. 칼 리터[128]의 어머니이며 나의 팬이었던 리터 부인이 1년에 800탈러씩 후원하겠다는 소식이었어. 거기에다가 리터 부인의 가까운 지인인 제시 롯소[129]가 보르도의 포도주 사업가 외진 롯소와 결혼해서 살고 있었는데 내게 매년 3,000탈러씩 보내 주겠다는 소식이었어. 1849년에는 마이어베어 선생님이 〈예언자〉로 대 성공을 거두었는데, 그가 돈이 많아서 편하게 작곡만 하며 사는 것에 대한 질투심이라고 해야 하나 적개심이라고 해야 하나, 그런 감정이 생기고, 게다가 그분은 내게 돈도 안 빌려 주었지 그러니 나는 그분에 대한 악평을 서서히 대놓고 하기 시작했지. 마이어베어가 돌아가시고는 더욱 노골적으로 그분을 비난했고 그분이 돌아가신 이후에 그분의 오페라들이 공연되지 못하게 하기 위해 내가 방해를 했지. 이거 때문에 자네들이 나를 좀 안 좋게 생각하는 걸 알고 있어"

"바그너 선생님, 아무리 그래도 이건 도리가 아니지요. 가능한 대로 열심히 도와준 사람 등에 칼을 꽂는 일은 정말 아니라고 생각합니다."

"글쎄. 그렇게 생각한다면 자네들은 그러지 말게. 그리고 또 자네들이 싫어할 만한 얘기인데, 당시에는 뭔가 생각이 있는 사람들이라면 즉, 지식층이라고 생각하는 사람들이라면 테이블에 둘러앉아 유대인에 대해서 비난 할 줄 알아야 개념있는 상류층 사람이라고 인정받는 시대 분위기가 있었어. 이런 심각한 이야기는 사실 별로 하고 싶지는 않지만 말이야."

"바그너 선생님, 쇼펜하우어 선생님의 가르침에 따라서는 이미 조금 전에 대화를 나눴지만, 역사적으로 이 문제를 짚어 보자면 유럽과 유대인의 역사와 예수 그리스도에 대한 이야기를 하지 않을 수 없는데요. 얼마 전에 제 친구와 골프를 치던 중에 유대인계 독일 사람과 리하르트 바그너에 대한 대화를 했었어요. 반유대주의(der Antisemitismus)의 시작부터 현재까지의 역사와 요즘 유럽에서 벌어지고 있는 시리아 난민들의 문제, 거기서 발생되는 사회 문제까지 심도 있는 대화가 이어지다 보니, 골프 라운드가 끝난 후까지 계속 얘기를 하게 되었습니다. 이 친구는 유대인의 고대 이집트와 바빌론에서의 탈출을 둘러싼 역사[130], 그리고 중세와 근·현대사를 꿰뚫고 있었고 나치 시대의 잔혹한 유대인 학살도 설명을 해 주었습니다. 그리고 1483년생이신 마틴 루터도 반유대주의자(der Antisemit)였다고 했고요. 1517년 종교개혁 시기쯤인 1516년 베네치아에서 새로운 주조 공장[131]으로 유대인들의 주거지를 제한했다고 해요. 합스부르크의 영향하에 1555년 교황 바오로 4세[132]는 유대인들을 게토[133]에서만 거주하게 했고요. 1618년부터 1648년까지 30년 전쟁이라는 종교 전쟁이 벌어졌으니, 유럽에서 종교에 의한 이데올로기가 얼마나 큰 영향을 끼쳤었는지 우리가 조금만 생각해 보면 충분히 이해할 수 있을거라고하더군요. 그랬기에 당시의 사회적 분위기상 의식이 있는 사람들이라면 테이블에 둘러앉아 유대인들에 대해서 비난할 줄 아는 것이 생각이 있는 사람으로 비춰졌었던 시대였다는 겁니다. 참, 그리고 수공업(das Handwerk)에 종사하지 못하도록 금지시켰었다네요."

"전 선생, 골치 아프게 이런 이야기를 꼭 해야겠나?"

"바그너 선생님, 사실 저도 이런 이야기들은 하고 싶지는 않지만 선생님과 나치 히틀러(Hitler)의 이야기를 안 하고 그냥 넘어갈 수는 없지 않겠습니까?"

"참나, 그놈은 내가 죽고도 6년이나 뒤에 태어난 놈이야. 그놈이 나의 작품들을 자신의 선전, 선동 도구로 이용했어. 물론 1930년에 코지마도 죽었고 내 아들 지크프리트도 조금 뒤에 죽고 나서 내 며느리가 히틀러와 친하게 지내며 그에 동조했었다고 비난할 수도 있겠지만, 사실 그녀는 유대인 예술가들이 처형되지 않도록 비밀리에 도와줬었거든. 사실 자네들 조금 이따가 바이로이트 축제극장(Festspielhaus)과 관련해서 내 설명을 들으면 알 거야. 생전에 나의 경우도 그랬지만, 내가 죽고 나서 남은 가족들이 페스티벌을 살려 내기 위해서 갖은 고생을 다한 거야. 힘 있는 놈들에게 사정할 수밖에 없는 시대였는데, 자네들이 그 상황에 처해 있었다면 어떻게 했었을까 생각해 봐. 그리고 잊지 말게! 그놈, 히틀러는 국민들이 그의 정당에 투표를 많이 했기에, 국민들로부터 정당하게 뽑혔던 놈이었어. 당시 제도를 통해 정당하게 선출된 권력이었다는 거지. 목숨을 내놓지 않는 한 일반 사람들이 어떻게 그에게 저항할 수 있었겠나? 그래서 다른 사람들이라도 내 후손들보다 더하면 더했지 덜하지는 않았을 거야. 나와 내 후손들을 비난하고 싶다면, 다수가 지지하는 것이 꼭 선을 의미하지 않는 다는 사실을 다시 한번 생각해 보길 바라네. 나와 관련해서는 다행히 손자들이 처절히 반성하고 나의 명예를 회복시키느라 많이 고생했지."

"바그너 선생님의 말씀에 부끄럽지만 공감합니다. 예전 역사의 부끄러움에 대해서 입으로는 비난할 수 있겠지만, 정작 현재의 불의에 맞서야 하는 상황에서 다들 힘에 굴복하고 아무 소리도 못하지요."

"그러게 말이야. 그럼 나의 투쟁적 삶의 이야기를 계속하자고. 1850년 1월 말 나는 세 번째로 파리로 떠났지만 파리는 내게 언제나 그랬듯이 공연을 거절했어. 드디어 1850년 8월 28일 바이마르(Weimar)에서 프란츠 리스트의 지휘로 〈로엔그린〉의 초연이 이루어졌어. 조금 전에 설명했듯이 나는 혁명에 가담한 전적 때문에, 내가 독일에 들어가면 바로 체포가 되는 상황이었기에 그 공연에 나는 참석할 수가 없었어. 내가 37살 때였지."

〈로엔그린〉(Lohengrin)의 내용

919년에 독일 왕이 된 하인리히 1세(Heinrich)는 동쪽에서 벌어진 헝가리 마자르족의 분란에 브라반트(Brabant)에게 참전해 줄 것을 요청한다. 브라반트의 영주는 아직 미성년자인 고트프리트(Gottfried)인데, 그는 실종된 상태이다. 텔라문트(Telramund)백작은 고트프리트의 누이인 엘자(Elsa)가 그를 죽였을 것이라고 엘자를 모함한다. 하인리히 왕은 신(Gott)만이 올바르게 판단할 수 있으며, 엘자를 대신해 텔라문트와 싸울 기사를 기다리는 중에, 쇠사슬로 목이 감긴 백조가 이끄는 배에 한 기사(der Ritter)가 나타난다. 그는 결투에서 이길 경우 엘자는 자신과 결혼을 해야 하며, 자신이 누구인지 묻지 말라는 조건을 내건다. 결투는 기사의 승리로 끝난다. 결투에서 진 텔라문트는 하인리히 왕으로부터 브라반트를 떠나라는 추방 명령을 받은 상태다. 그의 아내인 마녀 오르트루트(Ortrud)는 엘자를 꼬드겨 백조의 기사가 하지 말라던 금지된 질문을 엘자가 그에게 하도록 계략을 꾸민다.

다음날 결혼식이 끝나면 왕은 백조의 기사를 영주로 세우려 하지만, 그는 사양하며 자신은 브라반트의 수호자가 되겠다고 하고, 마자르족을 물리치는 데에는 함께하겠다고 약속한다. 안트베르펜(Antwerpen)의 성 안에서 결혼식이 시작되고 결혼식 후에 오르트루트의 꾐에 넘어간 엘자는 백조의 기사에게 금기의 질문을 하고 만다. 그때 기사는 공격해 오는 텔라문트를 죽이고, 하인리히 왕 앞에 가서 자신은 성배(der Gral)를 지키는 몬살바트의 왕 파르지팔(Parsifal)의 아들 로엔그린(Lohengrin)이라고 밝힌다. 지켜야 하는 비밀이 깨져서 자신은 힘을 잃어 본인은 몬살바트(Monsalvat) 성(die Burg)으로 되돌아가야 한다고 말한다.

로엔그린의 기도로 목에 쇠사슬이 감겨 있던 백조가 풀려나며 엘자의 동생 고트프리트가 되돌아오고 마녀 오르트루트는 자살하고 엘자도 쓰러지고, 비둘기가 이끄는 로엔그린이 탄 배는 강을 따라 사라진다.

“이 작품은 오페라라고 말할 수 있지만 음악극으로 더욱 발전이 된 거야. 그래서 서곡(die Ouvertüre)이라기보다는 전주곡(das Vorspiel)이라고 이름을 붙였지. 서곡처럼 곡이 끝나지 않고 바로 극으로 이어지기 때문이야. 그리고 말하는 선율을 사용하면서 극적인 연기력의 중요성이 더욱더 중요하게 된 거야. 나의 음악극에서는 성악가들의 표정 연기를 포함한 연기력이 매우 중요해. 노래와 연기의 중요성이 반반이라고 말할 수 있어. 오케스트라도 더 이상 반주의 역할이 아닌 독자적인 연주를 하며 성악과 어울려진다고 보면 돼. 그리고 나의 맨 마지막 작품인 〈파르지팔〉이 스토리상으로는 〈로엔그린〉 앞의 이야기로 연결되어 있어. 그리고 자네들이 〈방황하는 네덜란드인〉과 〈탄호이저〉에서 내게 불편해 하던 숭고한 여인의 사랑이 남자를 구원한다는 메시지도 사라졌지.”

“오, 바그너 선생님, 하지만 이 작품에서 엘자는 마녀 오르트루트에게 너무나 쉽게 속아 넘어가서 로엔그린에게 하지 말아야 하는 질문을 하고, 결국에는 로엔그린을 떠나보내고 자신도 죽었어요. 그러면서 엘자를 너무나 어리석은 사람(der Dummkopf), 돌대가리, 바보(der Tor)로 묘사하고 있는데, 이렇게 작품의 인물을 만든 이유가 전작들의 비난에 대한 반대로서 다른 여성상을 표현한 것처럼 보이는데요.”

“참나, 이러면 이래서 비난하고 저러면 저래서 비난하고! 극의 진행상으로 적당히 이해해 주면 안 되겠나? 꼭 그런 식으로 의도를 갖고 만들었다고 비난하면 어떤 창조물도 가능하지 않아! 굳이 그런 식으로 해석을 하고 싶다면, 여자가 아닌 그저 어리석은, 바보 같은 사람으로 생각해서 해석해 보면 안 되겠나?”

“선생님 말씀도 옳지만요, 어느 분야에서나 비난이나 비평이 없는 세상은 없는 것 같습니다. 쇼펜하우어 선생님도 존경하는 칸트를 비평하며 발전하셨고, 바그너 선생님이야말로 선생님을 정말로 많이 도와주신 마이어베어 선생님을 끈질기게 비난하셨잖아요. 우리가 선생님의 음악을 좋아하는 만큼 또한 비판하는 가운데 선생님의 음악 세계와 음악극을 더 깊이 있게 알아 가며 감상할 수 있지 않을까 생각합니다.”

"그것도 맞는 말이긴 하지. 그렇다면 내가 던진 어리석은, 바보 같은 사람이라는 화두는 어떻게들 생각하는가?"

"바그너 선생님, 사실 쇼펜하우어 선생님 책들에서도 그렇고, 바그너 선생님의 악보들에서도 der Dummkopf, der reine Tor, Tölpel이라는 단어들을 너무나 직접적으로 자주 쓰셔서 좀 당황하긴 했습니다. 쇼펜하우어 선생님의 책에 나오는 Euthanasie 라는 단어도 원래 독일어로 안락사(die Sterbehilfe)를 의미하는 단어인데, 나치 놈들이 유대인이 아님에도 불구하고, 사람들을 심신 이상자로 분류해서 학살하는 데 사용했던 단어라서 현재에는 사용하기를 꺼리는 단어거든요. 이런 류의 단어들을 직접적으로 사용하셔서 조금 당황했다는 말씀을 드리고요. 오르트루트가 마치 뱀이 하와를 유혹했듯이, 대부분의 사람들은 엘자처럼 쉽게 속아 넘어가고 그로 인한 피할 수 없는 결과를 언젠가는 맞이하게 된다는 것을 우리 모두는 경험을 통해서 알지요. 이것이 바로 세상이 돌아가는 법칙이고요. 우리가 엘자를 보고 어찌 그리 어리석게도 쉽게 넘어가서 불행을 맞이하는가 하고 말할 수 있겠지만, 사실 현실에서는 우리도 엘자와 별반 다르지 않다는 겁니다. 어느 정도의 시간이 지나면 과거를 잊는다는 것을 헤겔[134]은 '역사는 반복된다'고 말을 했는데, 거기에 카를 마르크스[135]는 나폴레옹 1세와 그의 조카인 나폴레옹 3세와 관련해서 '한 번은 비극으로, 그리고 또 한 번은 희극으로'라고 적었죠."[136]

"맞는 말이야. 아주 잘 알고 있군. 지난 역사든 각각의 개인사든지 간에 우리가 잊지 않고, 반복하지 않게 할 수 있다면 좋겠지만, 그렇게 안 된다는 것을 헤겔이 한탄한 표현이지 않겠나. 그건 그렇고 〈로엔그린〉에서 나오는 〈결혼 행진곡〉을 모르는 사람은 없을 거야. 결혼식에서 신부 입장 때마다 많이들 연주하니까 말이야."

"바그너 선생님, 이 곡은 1858년에 영국의 공주 로열 빅토리아[137]가 프로이센의 프리드리히 3세 왕세자[138]와 결혼했을 때 본인이 직접 이 곡을 결혼식에 사용하게 해서 그 이후부터 결혼식에 연주되기 시작한 것이지요?"

"그렇지, 엄 교수도 잘 알고 있군. 1850년에 난 망명 생활을 하고 있었고 독일에 들어가면 바로 체포되는 상황이어서 독일에 들어갈 수가 없었기 때문에, 바이마르에서의 초연 공연에 함께할 수가 없었어. 내가 직접 공연을 본 건 1862년에 빈 극장에서 처음 봤으니까 12년이나 기다렸어야만 했어. 그리고 이때부터 나의 작품들이 독일 전역에서 공연되기 시작한 거야. 그때는 불만을 좀 늘어놨지만 내 친구 리스트에게 참 고마워. 이쯤부터 난 언젠가 내가 직접 설계한 전용 극장에서 최고 수준의 공연을 열어야겠다는 마음을 먹었지. 한편으로 보면 〈로엔그린〉은 내가 창작한 마지막 낭만주의 오페라였지. 형식을 포함해서 여러모로 기존 오페라를 따랐지만 음악적 부분에서 〈탄호이저〉보다 더욱 발전되었다고 말할 수 있어. 발전된 오케스트레이션, 섬세한 하모닉적 테크닉, 음악과 대본에 따른 극이 서로 어우러져서 조화를 이루는 부분은 상당히 발전이 되었다고 볼 수 있어. 그리고 이 작품이 내 살아생전뿐만 아니라 지금 현재까지도 나의 작품들이 공연되고 사랑받게 되는 데에 견인차 역할을 했지. 자네들은 이것이 무슨 말인지 알지?"

"그럼요, 바그너 선생님. 이 작품을 어릴 때 본, 1845년생인 장래에 바이에른 국왕이 될 루드비히 2세[139]가 이 오페라를 보고 완전히 바그너 선생님에게 빠져들어서 결국에는 선생님의 빚도 갚아 주었고 〈로엔그린〉 작품 이후부터는 선생님의 작품들이 세상에 나올 수 있도록 엄청나게 도와주셨다지요. 결국에는 바이로이트 극장을 짓는 데에도 결정적인 도움을 주셨잖아요. 안타깝게도 루드비히 2세 왕은 내각에 의해서 쫓겨나 3일 뒤에 실종되었고, 폐위 5일 뒤인 1886년 6월 13일, 수영을 그리도 잘하는 루드비히 2세 왕이 얕은 호수에서 익사체로 발견되었는데, 함께 실종되었던 의사의 죽음은 질식사로 판명되었기 때문에, 사인을 살해로 보는 의심의 정황이 많았죠. 왜냐하면 내각이 그를 폐위시켰을 때 이 보고를 받은 비스마르크마저도, 루드비히 2세 왕의 죽음에 대한 소식이 전해지기도 전에, 내각이 왕을 희생시키려고 한다는 예상을 했을 정도였으니까요. 정말로 안타까운 죽음이었어요."

"엄 교수도 당시 상황을 잘 아는군. 정말 슬픈 죽음이었어. 루드비히 2세 왕은 나를 후원한 것뿐만 아니라 성 건설이 취미라고 말할 수 있을 정도로 성 건축을 좋아해서, 그 유명한 노이슈반슈타인성[140]을 비롯해 린더호프성과 노이에스 헤렌킴제

성을 짓기 시작했어.[141] 자금은 비스마르크가 독일을 통일하면서 프로이센-오스트리아 전쟁에서 오스트리아 편을 들었던 하노버 왕국을 멸망시키고 얻은 하노버 왕국의 금고 대부분을 바이에른 왕실에 회유금으로 주었기 때문에 가능했지."

"바그너 선생님, 노이슈반슈타인성을 모델로 디즈니랜드 성을 만든 것으로도 유명하잖아요. 내각은 루드비히 2세 왕이 바그너를 후원하는 것과 성 건축에 열을 올려서 재정을 파탄나게 한다며 왕을 못마땅하게 여겼고, 결국에는 그를 정신병자로 몰아 쫓아냈죠. 많은 시간이 흐른 현재, 루드비히 2세 왕 덕분에 독일이 벌어들이는 유무형의 이득은 실로 엄청난데요. 그런 걸 보면 참 씁쓸한 생각이 듭니다. 루드비히 2세 왕의 최고 업적은 음악 예술에서 바그너 선생님을 후원했던 것과 건축 예술에 크게 이바지했던 것이라고 생각합니다."

▶ 루드비히 2세가 지은 노이슈반슈타인성. 픽사베이.

"그렇게 생각한다니 고맙네. 그는 내게 정말로 고마운 친구이자 왕이었어. 그는 나와 관련된 얘기를 할 때 나와는 떼려야 뗄 수 없는 존재이지. 그가 없었으면 지금의 나, 바그너는 없었을지도 몰라. 그 덕분에 여러 작품이 세상에 나올 수 있었고, 그의 결정적인 도움으로 바이로이트 전용 축제극장(das Bayreuther Festspielhaus)을 건설할 수가 있었는데, 만약에 이 극장이 없었다면 어땠을까?"

"저도 동의해요, 바그너 선생님. 마이어베어도 당대에는 엄청난 사랑을 받았던 작곡가이셨는데 사후에는 그의 작품들이 거의 사장되었잖아요. 조금 과장하자면 아마 멘델스존이 없었다면 지금의 바흐도 없었을 수도 있었겠죠. 멘델스존은 부유한 유대인이었는데 그분이 바흐의 여러 작품을 많이 발굴해서 연주하게 했었잖아요. 바그너 선생님은 부유하고 유복한 유대인인 그 멘델스존과 마이어베어 선생님을 돈도 안 빌려준다고 상당히 미워하셨지요?"

"엄 교수, 나에 대한 비난을 좀 그만하면 안 되겠나? 전 선생도 그렇고! 루드비히 2세 왕과 관련된 이야기를 계속하자면 말이야. 나보고 친구하자며 말을 놓자고, 서로 너, 너 라고 부르는 duzen을 하자고 그래서 우린 편하게 말하는 사이가 되었어. 참고로 그는 나보다 32살이나 어렸어. 계속 음악극을 설명하면 말이야. 1851년 〈지크프리트의 죽음〉의 대략적인 스케치를 시작했는데, 당연한 얘기지만 음악과 극이 서로 상호 관계로 잘 연결이 되어야 하잖아. 그래서 전체적으로 처음에 생각한 것보다 필요한 것들이 점점 더 많아져서 전체 작품의 길이가 상당히 길어지게 되었어. 내용상으로도 앞부분을 더 설명해야겠다고 느꼈어. 결과적으로는 4일째 작품인 〈지크프리트의 죽음〉 앞에 뭔가 있어야 한다고 생각하게 되었지. 그래서 5, 6월에 '젊은 지크프리트'(Der junge Siegfried)의 대본 초안을 썼는데, 이것이 나중에 3일째 작품인 〈지크프리트〉(Siegfried)가 되는 거야. 작업을 하다 보니까 처음에 2부작을 하려던 것을 4부작으로 가야겠다고 생각했지. 그리고 8월에 나는 낭만주의를 버리고, 신화와 전설을 소재로 하는 드라마라는 새로운 개념의 음악극에 대한 나의 의견을 밝혔어. 9월에는 온천에 치료를 하러 갔었고, 나는 알레르기성 피부병이 있어서 실크로 된 옷만 입었어야 됐는데, 나를 비난하는 사람들은 내가 비단옷만 입는 퇴폐주의자, 데카당스[142](Décadence)라고 공격을 해댔지. 나는 온천에 가서 지크프리트 대본에 따른 음악을 구상하고, 작품 전체의 프롤로그인 첫째 날, 그러니까 중요한 작품의 전야제(der Vorabend) 성격의 작품인 〈라인의 황금〉(Das Rheingold)과 세 개의 드라마 〈발퀴레〉(Die Walküre), 〈지크프리트〉(Siegfried), 〈신들의 황혼〉(Die Götterdämmerung)으로 만들기로 확정했어. 이렇게 해서 〈니벨룽의 반지〉가 4개의 작품으로 구성되었지. 4번째 마지막 날 작품은 처음에는 〈지크프리트의 죽음〉이었는데 〈신들의 황혼〉으로 바꿨어. 11월에는 취리히로 돌아와서 〈라인의 황금〉과 〈발퀴레〉의 대본 스케치를 썼어. 그리고 나보다 2살 많은 친구인 프란츠 리스트에게 4부작이 될 것 같다고 알려 줬는데 리스트가 내게 용기를 북돋아 주었지. 리스트가 누군지는 알지?"

"당연하지요, 바그너 선생님, 하하."

"아까 얘기한 리터 부인이 후원금을 800탈러로 확정해서 보내 주기 시작했고, 그 부인으로부터 1859년까지 후원금을 받았어. 시대적으로는 프랑스 파리에서 나폴레옹 3세가 권력을 강화하려 한다는 소식들이 계속 있었어. 나의 작품을 위해서도 독일에서 사회 혁명이 먼저 일어나야 한다고 난 믿었어. 혁명에 의해서 구시대가 철저하게 파괴된 뒤에야, 제대로 된 예술가와 관객들이 나올 것이라고 생각을 했던 거지. 1852년 5월에서 11월 사이에 〈라인의 황금〉과 〈발퀴레〉 대본을 완성했어. 그리고 '젊은 지크프리트'와 '지크프리트의 죽음'을 수정했는데, 조금 전에 얘기한대로 1863년에 이 제목들을 〈지크프리트〉와 〈신들의 황혼〉으로 바꿨어. 그리고 마침내 1852년 12월에 〈니벨룽의 반지〉의 대본 작업을 끝냈어. 1853년 2월에 취리히에서 4일간 낭독회를 열어서 〈니벨룽의 반지〉 전체의 대본 낭독회를 했어. 이제부터 전 선생뿐만 아니라 〈트리스탄과 이졸데〉를 사랑하는 음악가들과 애호가들이라면 눈이 번쩍거리며 흥미 있어 할 얘기가 시작되지."

"바그너 선생님, 뜸들이지 마시고요, 부탁합니다!"

"취리히에서 여러 부자들과 영향력 있는 사람들을 만났고 그들로부터 재정 문제 등 여러 도움을 받을 수 있었는데, 특히 실크 사업으로 성공한 오토 베젠동크[143]를 처음 만났어. 그는 나보다 2살 아래인데 오토가 여러 번이나 나의 빚을 갚아 주었어. 그리고 언제부터인가 나는 그의 아내 마틸데 베젠동크[144)]에게 좋은 감정을 갖게 되었어. 마틸데는 시인이었고 나와 대화가 아주 잘 통하는 사람이었는데 그 당시 나의 작품에 커다란 영향을 미쳤어. 그녀의 시에 내가 5곡의 가곡을 작곡했었는데, 그중에서 두 곡은 〈트리스탄과 이졸데〉에 사용했어. '꿈'(Träüme)이라는 가곡은 2막 사랑의 이중창에 썼고, '온실에서'(Im Treibhaus)라는 곡은 3막에서 썼지. 마틸데 베젠동크와의 플라톤적 사랑의 시작과 쇼펜하우어의 철학이 〈트리스탄과 이졸데〉라는 작품이 세상에 나오는 데 절대적인 영향을 미친 거야. 오토 베젠동크의 후원으로 〈리엔치〉, 〈방황하는 네덜란드인〉, 〈탄호이저〉, 〈로엔그린〉 이렇게 네 작품에서 발췌한 프로그램으로 3회에 걸쳐서 콘서트를 열었고 마지막 공연은 1853년 5월 22일, 내 생일에 맞춰 40세 기념으로 연주를 했었는데 어찌 보면 이것이 최초의 바그너 페스티벌이라고도 말할 수 있어. 공연은 대성공이었지. 나의 취리히 생활은 지휘자로서 더 유명해졌는데 그럴수록 후원금이 줄어들어서 나의 빚은 점점 더 늘어나게 되었어. 빚이 늘어날수록 민나와의 다툼은 당연히 더 늘어났지. 〈니벨룽의 반지〉의 작곡을 위해서 8월에는 이탈리아로 갔었는데, 토리노와 제노바를 지나서 라 스페치아로 갔거든. 친퀘테레(Cinque Terre)근처의 항구도시 라 스페치아(La Spezia). 자네들 알지?"

"그럼요. 친퀘테레는 가파른 경사 해안가를 따라 있는 다섯 개의 마을로, 다섯이라는 뜻의 cinque와 땅이라는 뜻의 Terra의 복수형인 Terre가 합쳐진 이름으로 친퀘테레(Cinque Terre)가 되었잖아요."

▶ 이탈리아 친퀘테레의 풍경 이미지. 픽사베이.

"역시 잘 아는군. 나는 숙소에서 살짝 잠이 든 상태에서 9월 초 어느 날 저녁에 〈라인의 황금〉에 대한 영감을 얻었어. 내가 마치 물속 아래에 있는 듯이, 내 머리 위 높은 곳에서 파도가 출렁거리는 것을 느꼈어. 그래서 11월에 취리히로 돌아와서 서곡을 쓰기 시작했고, 일 년 뒤인 1854년 9월에 〈라인의 황금〉의 작곡을 끝냈어. 이제 드디어 자네들이 좋아할 만한 얘기인데, 1854년 가을에 혁명을 함께했었던 시인 친구[145]의 소개로 쇼펜하우어의 저서 『의지와 표상으로서의 세계』를 읽고 너무나 감명을 받은 거야. 다음 해에 무려 4번이나 더 읽었어."

"바그너 선생님, 저희들도 잘 알고 있습니다. 쇼펜하우어 선생님께서도 책 서문에서 자신의 책은 기본으로 두 번은 읽어야 한다고 쓰셨습니다."

"사전 지식이 없다면 두 번에 이해할 수 있는 책이 아니지. 플라톤과 칸트의 철학도 알아야 하고 이 책을 읽기 전에 알아야 할 것들이 너무나 많아. 난 그때 이후로 쇼펜하우어 선생님의 열렬한 팬이 되었어. 내가 얼마나 이 책에 빠졌었는지 취리히 대학교에서 쇼펜하우어 철학 과목의 강의까지 맡으려고 했었다니까. 내가 쇼펜하우어 철학을 만나기 전에 작곡을 끝낸 〈라인의 황금〉과 전체 대본만 완성한 〈니벨룽의 반지〉에서도 쇼펜하우어 철학과 관련해서 생각해 볼 부분들이 많다고 느꼈어. 난 쇼펜하우어 선생님의 철학에 깊이 빠져서 이후의 작품들과 축제극장을 짓는 데에도 영향을 받았지. 인과관계로 다시 설명하면 『의지와 표상으로서의 세계』와 마틸데 베젠동크라는 원인으로부터 〈트리스탄과 이졸데〉라는 작품이 결과적으로 나오게 된 거지. 마틸데 베젠동크 얘기를 좀 더 하자면 말이지. 1828년생이니까, 나보다 15세 아래였지만 그 당시에 그녀와 깊은 정신 세계를 함께 나누며 지적 세계를 함께 공유할 수 있었던 사이였어. 어느 정도였나 하면 그때 리스트에게 보낸 편지에서 평생토록 이렇게 행복한 사랑을 느껴 본 적이 없었고 가장 사랑스러운 이 꿈을 위하여 기념비를 세우고 싶다고 썼을 정도였어. 플라토닉한 연애[146]로 시작한 것은 맞아. 마틸데는 절대로 자신의 삶을 흐트러뜨리지 않는 자기 관리를 굉장히 잘 하는 지적이고 고귀한 여인이었어. 오토도 보통 사람이 아니지. 내가 마틸데와 정신적 사랑을 나누는 것을 묵인해 줬으니 말이야. 오토의 전 부인 이름이 마틸데였는데 그녀가 일찍 죽었어. 그래서 우리가 말하고 있는 마틸데, 그녀의 원래 이름은 아그네스(Agnes)였고, 성은 루케마이어(Luckemeyer)였는데, 오토와 결혼하면서 그를 위해서 그의 전 부인의 이름인 마틸데로 자신의 이름을 바꾼 거야. 오토가 전 부인을 엄청 사랑했었고 그리워 했었나 봐. 둘 다 대단하지 않아?"

"바그너 선생님, 정말 보통 사람들은 아니었네요. 서로를 위한 배려가 상상을 초월하는데요. 이후에도 선생님에 대한 후원은 계속되었지요?"

"그렇지. 다시 말하지만 쇼펜하우어와 마틸데, 이 두 사람의 영향에 의해서 〈트리스탄과 이졸데〉라는 작품이 세상에 나오게 된 거야. 지금까지의 작품들에서는 전혀 볼 수 없었던 완전히 초월적인 작품이 탄생하게 된 거지. 이 얘기는 쇼펜하우어 이야기를 하다 보니 어쩔 수 없이 조금 일찍 나왔는데 이 작품은 〈발퀴레〉 작곡을 마친 후인 1857년 8월에 초안 작업을 시작했어."

"바그너 선생님, 〈트리스탄과 이졸데〉의 초연이 1865년에 뮌헨에서 있었죠. 바그너 선생님과 같은 해인 1813년에 태어나신 이탈리아 작곡가 베르디가 생각납니다. 베르디[147]의 오페라 〈돈 카를로스〉[148](Don Carlos)의 초연은 1867년에 파리에서 있었습니다. 내용상에서는 특히 마르케 왕과 펠리페 2세 왕[149]은 둘 다 아내와 사랑할 수 없는 관계로 괴로워한다는 공통점이 있고, 두 왕은 둘 다 작품 속에서 그 아픔을 노래합니다. 베르디의 오페라 〈돈 카를로스〉의 작품 속에서 프랑스의 앙리(Henri) 2세의 딸 엘리자베트는 원래 펠리페 2세의 아들인 동갑내기 카를로스(Carlos)와 약혼한 사이였으나 후에 카를로스가 아닌 그의 아버지 펠리페 2세와 국가 간의 평화를 위해서 정략 결혼을 하게 되죠.[150] 〈트리스탄과 이졸데〉에서도 트리스탄과 이졸데는 서로 눈이 맞은 사이이지만 국가 간의 평화를 위해서 이졸데는 트리스탄이 아닌 그의 삼촌이자 가장 아끼는 친구인 마르케 왕과 결혼을 하게 되는 비극적 사랑 이야기를 포함하고 있습니다."

"그렇지. 잘 파악하고 있군. 두 작품 모두 잘못 연결된 사랑의 관계에서 근본적인 문제가 발생되고 있는 거야."

"바그너 선생님, 말이 나온김에 베르디의 〈돈 카를로스〉 얘기를 조금 더 하고 싶은데요. 카를 5세는 1521년에 교황 레오 10세로부터 파문당한 마르틴 루터를 보름스 회의에 소환했던 합스부르크가의 최전성기 때의 왕이지요.[151] 이 카를 5세의 아들 펠리페 2세는 독실한 천주교 신자로서, 역사적 사실로 기독교 지역인 현재 벨기에에 속하는 플랑드르[152]의 독립을 억압했죠. 베르디의 오페라 〈돈 카를로스〉를 보면 역사적 사실을 배경으로 한 1759년생인 실러[153]의 소설을 베르디가 오페라로 작곡하였습니다. 실러는 베토벤의 9번 합창 교향곡의 가사인 「극적인 시」(Dramatisches Gedicht)를 쓴 작가이기도 합니다. 〈돈 카를로스〉에서는 사랑뿐만 아니라 친구 로드리고와의 우정, 아버지와 아들 간의 대립과 죽임, 종교 재판관 앞에서 한없이 연약한 왕의 모습, 사람들을 화형시키는 모습 등 대략 1560년경의 유럽의 실제 모습을 보여 주고 있습니다. 그래서인지 1867년에 이 오페라의 초연을 본 나폴레옹 3세와 왕후 외제니 드 몽티조[154]는 종교 재판관 앞에서 한없이 비굴한 왕의 모습을 보고는 상당히 불편해 했었다고 전해지고 있습니다. 다른 한편으로는 당시의 프랑스 파리는 정말로 문화의 중심지였다는 것을 볼 수 있는데요. 그래서 바그너 선생님도 그렇게 파리에서 성공하기 위해서 노력하신 거고요. 이와 같이 선생님과 베르디는 같은 해인 1813년에 태어나서, 같은 시기에 활동하면서 이탈리아와 독일을 대표하는 양대 산맥으로서 오페라계를 이끄셨죠. 서로에 대해서 많이 의식을 할 수 밖에 없었지만, 서로에 대해서 가급적 언급을 피하고자 노력하셨구요. 서로가 비난하기에는 두 분 다 너무나 큰 거인이셨기 때문이었겠죠?"

"그렇지. 다시 1855년으로 돌아가서, 1855년 1월에 런던 필하모닉 오케스트라에서 8회의 콘서트 지휘 의뢰가 들어왔어. 보수는 별로 안 좋은 조건이였지만 명성에 도움이 될 거라 생각해서 갔었는데, 사실 빚에 시달리던 내가 그때 무슨 선택을 할 수가 있었겠어. 런던에서 몇 달 머물면서 틈틈이 〈발퀴레〉나 작곡하려고 했었는데, 몸은 아프고 집중도 안 되고, 아무것도 할 수가 없었어. 그래도 6월에 있었던 7회 콘서트에서 빅토리아 여왕[155]이 격려해 준 것은 좋은 추억이 되었지. 고생은 고생대로 하고, 돈도 별로 못 받고 정말 다시는 하고 싶지 않은 일이었어. 1856년 3월 경 〈발퀴레〉 작곡이 거의 끝나 갈 무렵의 나의 상태는 정말이지 최악이었어. 건강도 좋지 않고, 민나와의 결혼도 파탄 일보 직전에, 재정은 바닥나 있었고, 오토 베젠동크에게 신세는 지고 있는데 마틸데와는 초월적 사랑을 하고 있지. 그때쯤 난 다시 고향에 가서 〈니벨룽의 반지〉를 공연하고 싶어졌는데, 작센의 4대 국왕 요한[156]은 내가 혁명에 가담했던 것을 잊지 않고 있었고, 내 이름은 여전히 요주의 인물로 리스트에 올라가 있었어. 7년간의 망명 생활에 나는 지쳐 있어서 어떻게든 고향에 가려고 5월에 요한 왕에게 용서를 비는 자술서를 써서 보냈는데도 거부한다는 통보를 받았어. 이맘때에 해탈[157]과 윤회[158]의 불교에서 전해 오는 이야기에서 아이디어를 얻어 〈승리자들〉(Die Sieger)의 대본을 대략적으로 썼지만, 작품은 완성되지 못하고 나의 마지막 작품인 〈파르지팔〉의 기초가 되었어. 자네들은 알겠지만 〈파르지팔〉은 니체가 내가 다시 기독교적 세계로 되돌아갔다고 나를 엄청나게 비난하면서 결국 그 친구는 나에 대한 완전한 안티, 경멸자[159]가 되었지."

"바그너 선생님, 파르지팔 얘기는 나중에 하고 싶지만, 결과적으로 인과응보가 아닐까요? 마이어베어를 그렇게 비난하신 선생님께서 결국에는 선생님을 그렇게도 잘 따르던 니체로부터 엄청난 비난을 들으신 것을 보면요, 하하."

"참나, 언제까지 마이어베어 얘기를 할건가? 내 이야기나 계속하세. 나는 작업을 제대로 할 수 있는 집이 필요하다고 느껴서 브라이트코프 앤 헤르텔[160]이라는 악보 출판사에서 〈니벨룽의 반지〉의 판권을 팔아서 집을 마련하려고 제안했었는데 거절당했어. 이때 오토 베젠동크가 내게 자신이 새로 짓는 집의 별채에서 지낼 것을 제안해서 그렇게 하기로 했어. 1856년 9월에 〈지크프리트〉의 작곡을 시작했고 비트겐슈타인 부인과 내 친구 리스트도 나를 보기 위해서 취리히로 왔었지. 1857년 4월 말에 나와 민나는 우리가 망명 생활 중에 있으니까 그 곳 이름을 아질 'das Asyl 피난처, 망명'이라고 붙이고, 오토 베젠동크의 빌라에 있는 별채, 아질로 들어갔어. 돈이 없어서 자존심도 접고 다시 한번 브라이트코프 앤 헤르텔 출판사에 가서 〈니벨룽의 반지〉를 사라고 제안했었는데 이놈들이 또다시 거절한 거야. 이런 상황 가운데, 조금 전에 이미 설명한 대로 1857년 8월에 나는 쇼펜하우어와 마틸데 베젠동크의 영향으로 〈트리스탄과 이졸데〉의 작곡에 들어간 거야. 이 작품에서 나는 반음계 기법과 과감하고 혁신적인 화음과 독특한 오케스트레이션을 시도해서 결국에는 이 작품이 현대 음악의 방향을 제시해 준 작품이 되었지.[161] 1857년 9월에 대본을 마쳤고, 그때쯤에 나보다 17살 아래인 한스 폰 뷜로[162]와 나보다 24살 어린, 당시에 19세인 그의 아내 코지마 폰 뷜로가 취리히로 신혼여행을 와서 우리와 함께 아질에서 몇 주 동안 함께 지냈는데, 그때에 한스는 내 앞에서 〈지크프리트〉의 1, 2막을 멋지게 피아노로 연주했었지. 그리고 〈트리스탄과 이졸데〉의 작곡을 시작하고부터는 마틸데의 방문이 잦아졌어. 이미 말했듯이 그 당시에 그녀와의 정신적 교류가 내 창작 활동에 엄청난 영향을 미친거야. 그래서 난 1857년 11월에서 1858년 5월 사이에 베젠동크 가곡[163] 5편을 그녀의 시에 작곡한 거야. 조금 전에도 얘기했듯이 '꿈'은 2막 이중창에, '온실에서'는 3막에서 썼지. 마틸데와 정신적 교류가 깊어질수록 민나와의 다툼은 더욱 심해졌고, 일이 있어서 파리에 잠깐 갔다 와서 보니 마틸데의 잘생긴 이탈리아 선생도 눈에 거슬리고, 여러 감정에 휩쓸려 있었는데 내가

4월에 마틸데에게 〈트리스탄과 이졸데〉의 서곡 악보 사이에 편지를 보냈거든. 그걸 민나가 가로채서 나를 엄청 다그쳤고, 마틸데에게도 가서 한바탕한 거야. 그리고는 베젠동크 부부는 이탈리아로 여행을 떠났고, 민나는 요양원으로 떠났어. 민나가 돌아온 7월에 〈트리스탄과 이졸데〉 2막의 대략의 구상을 마쳤어. 그 때 나는 이제 모두를 위해 여기서 나가고 모든 것을 끝내야겠다란 생각을 했지. 8월에 민나는 드레스덴으로 갔고, 나는 우리 처음 대화 때 말한 대로 여기 베네치아로 왔어. 여기서 장기 체류를 하면서 〈트리스탄과 이졸데〉작업에 매진했었는데 병도 도지고, 경찰국장 놈이 1849년에 내가 혁명에 가담했던 것을 알고는 내가 여기 있다고 위에 보고하는 바람에 철저한 감시를 받게 되었어. 자네들 알지? 당시 롬바르디아 – 베네치아 왕국은 오스트리아 제국의 지배를 받았었잖아."

"그럼요, 바그너 선생님. 잘 알지요. 선생님이 29세 되었을 때 1842년 베르디[164)]가 〈나부코〉(Nabucco)라는 오페라를 이탈리아 밀라노의 라 스칼라 극장에서 초연했는데, 이 오페라의 이야기는 구약성경에 나오는 유대인들의 바빌론의 포로 생활 이야기로 억압받는 이탈리아에 민족주의를 크게 일으킨 작품이었죠. 1842년이면 바그너 선생님의 〈리엔치〉가 드레스덴에서 초연된 연도잖아요. 당시에 오스트리아의 억압하에 있던 국민들이 이 작품을 보고는 이탈리아의 독립과 통일을 염원하며 '비바 베르디' Viva Verdi 를 외쳤죠. 베르디를 외쳤지만 그 뜻에는 Vittorio Emanuele Re d′Italia! 즉, '이탈리아의 왕, 빅토리오 에마누엘레에게 영광을!'이라고 외치며 이탈리아의 독립을 염원한 것이었죠. 〈나부코〉 이후에도 베르디 선생님은 역사와 관련된 소재로 오페라를 여러 편 작곡하였습니다. 그런 것을 보면 세상은 참 불공평하긴 하지요. 당시의 독일이나 이탈리아는 프랑스와 오스트리아라는 강대국 사이에서 통일도 이루지 못한 약소국으로 나뉘어져 있었던 상황이었는데, 바그너 선생님의 민족주의는 비난의 대상이 되었고, 이탈리아의 민족주의는 용인이 되었던 것을 보면 역시 세상은 불공평하지 않나 생각해 봅니다. 물론 그 이유는 나치 히틀러가 유대인을 대량학살한 '홀로코스트'(Holocaust)의 역사라는 것이죠. 누구도 부정할 수 없는 '악인'(der Böse)이 등장해서 선생님의 작품을 악용한 것 때문이긴 하지만요."

"참, 골치 아프군. 또 히틀러 그놈 얘기인가. 내가 죽은 다음에 세상에 나와서 내가 본 적도 없는 놈인데 말이야. 하여간 베네치아에 있었을 때 작센 정부에서는 나를 체포해서 넘겨달라고 했던 모양인데, 그렇게 안 했던 것을 보면 감사해야지."

7장[165] <트리스탄과 이졸데> 완성, 파리에서의 초연 도전 그리고 뮌헨에서의 추방

1859 – 1865 방랑 세월

1859년 8월 – 〈트리스탄과 이졸데〉 작곡

1865년 6월 – 〈트리스탄과 이졸데〉 초연[166]

"1859년 3월 18일에 베네치아에서 트리스탄의 2막 작곡을 끝냈어. 지금까지의 작품 중 최고였어. 그리고는 3월 24일에 루체른으로 갔어. 거기서 방을 얻어 지내며 8월 6일 드디어 〈트리스탄과 이졸데〉의 작곡을 완전히 끝낸 거야. 이 작품을 빨리 공연하고 싶었는데 그 당시 상황에서 독일이나 오스트리아에서는 전혀 불가능해 보였고, 런던에서의 고생한 경험은 아까 얘기한 대로 그렇고. 어쩔 수 없이 다시 파리에 가서 시도해 봐야겠다고 생각하고, 가는 길에 취리히에 들러 베젠동크 부부를 다시 만났는데, 그때 나는 46세였지. 마틸데는 베네치아에서 내가 보냈던 편지들을 뜯어보지도 않고 갖고 있다가 내게 다시 돌려줬어. 그때 오토가 고맙게도 〈니벨룽의 반지〉 4작품의 모든 판권을 사 줬어. 나는 모든 판권을 넘기고 공연 수입만 갖는다는 조건이었어. 고마운 친구야. 계약서에 서명하고 1차 대금을 받은 뒤, 9월에 나는 파리로 갔어. 내가 민나와 함께 처음 파리에 갔던 것이 1839년이었으니까 20년의 세월이 흐른 파리는 그때와 비교하면, 나의 팬들이 엄청 많이 늘어난 거야. 매주 수요일에 지식인들과 시인, 음악가, 예술가, 철학자들을 모아 토론도 하고, 내 작품들을 소개도 했어. 〈트리스탄과 이졸데〉의 초연을 위해서 열심을 다

했었지. 1860년 1, 2월에 파리의 이탈리앙 극장[167]에서 곡들을 발췌하여 콘서트를 열었어. 베를리오즈(Berlioz 1803), 마이어베어, 샤를 구노(Charles Gounod 1818), 샹플뢰리(Champfleury 1821), 샤를 보들레르(Charles Baudelaire 1821)같은 명사들이 왔었어. 결과적으로는 좋은 반응들이 나왔었는데, 처음 서곡에서는 모두들 당황해하며 웅성거렸지. 결과적으로 이 콘서트에서 11,000프랑의 적자가 났어. 빚만 다시 늘어난 거야. 다행인 것은 공연 후에 쇼트(Schott)라는 음악 출판업자에게 〈라인의 황금〉 악보를 10,000프랑에 팔 수가 있었어. 내가 오토에게 6,000프랑에 판권을 넘겼으니까 오토는 속으로 엄청 좋아했을 거야. 그래서 내가 아직 받지 못한 나머지 금액과 아직 쓰지도 않은 부분도 먼저 달라고 그랬는데 나의 후원자 오토는 내 제안을 다 수락해 줬어. 참 통 큰 친구였어."

"바그너 선생님, 나중 얘기지만 오토 베젠동크는 자기가 갖고 있던 출판권을 루드비히 2세 왕에게도 조건 없이 다 넘겼지요? 도대체 오토는 마틸데와 바그너 선생님과의 사랑을 어떤 마음으로 받아들이고 계속 후원했던 건지 정말 뭐라 말을 못하겠어요. 참 대단한 사람이었네요. 그래서 바그너 선생님께서 〈트리스탄과 이졸데〉에 나오는 마르케 왕(König Marke)을 오토 베젠동크라는 실존했던 선생님의 후원자의 모습으로 작품에 등장시키신 것인가 봐요?"

"그렇지. 엄 교수, 하하. 트리스탄은 나 바그너이고, 이졸데는 마틸데이고, 마르케 왕은 오토라고 보면 돼. 거기에 기본적으로는 쇼펜하우어의 철학적 배경이 들어가 있고 말이야. 전 선생은 자네 딸과 함께 〈트리스탄과 이졸데〉 대본의 번역 작업을 했으니 내용을 잘 알겠지. 현실적으로 파리에서 〈트리스탄과 이졸데〉의 공연은 포기하고, 〈탄호이저〉를 파리 오페라에서 올려야겠다고 계획을 변경해서 노력했어. 이젠 궁전의 유력인사들도 좀 알고, 특히 오스트리아의 대사 부인이었던 파울리네 폰 메테르니히[168] 공작부인과 마리 폰 칼레르기스[169], 이분들이 나를 위해 엄청나게 애써 줘서 파리와 브뤼셀에서 콘서트를 할 수가 있었고, 1860년 3월 11일 나폴레옹 3세 황제가 〈탄호이저〉의 공연을 명령한 거야. 이 말인 즉, 프랑스, 오스트리아, 프로이센이 모두 나를 지지하게 된 것이지. 그러니까 결과적으로 작센 대사도 그렇고 작센의 요한 왕도 분위기상 압박을 느꼈는지 나의 사면에 어쩔 수 없이 동의하게 된 거야. 그래서 1860년 7월 15일 독일 전역에서 사면됐지만, 작센만은 제외였지. 참 뒤끝 작렬이고 치사하지? 사면할 때 한 방에 다 해 주지 말이야! 사면받은 기념으로 잠시 독일 여기저기를 여행하고 나서, 파리로 다시 돌아와서 9월 24일부터 〈탄호이저〉 리허설을 시작했어. 당시 규정에 따라서 모든 오페라는 프랑스어로 공연해야 했었어. 그래서 〈방황하는 네덜란드인〉, 〈탄호이저〉, 〈로엔그린〉, 〈트리스탄과 이졸데〉를 번역해 출판했어. 그런데 〈탄호이저〉에 당시의 유행에 따라서 발레를 넣어 달라고 요청을 하는 거야. 부유층들의 승마클럽 멤버들이 언제나 자기들 모임을 하고 늦게 도착하기 때문에 생긴 습관이라나 뭐라나. 어쨌든 앞부분이 너무 약하다는 평이 많아서 베누스베르크(Venusberg) 장면[170]을 길게 하고, 그리고 격렬한 바카날[171](Bacchanal) 장면을 넣었어. 이렇게 1861년 1월에 수정한 것이 파리 버전이 된 거야. 이전 것은 드레스덴 버전이고. 1861년 3월에 드디어 탄호이저 공연이 파리에서 시작되었지만, 당시 나폴레옹 3세와 메테르니히 공작부인과의 친오스트리아 정책에 반대하는 표시로 승마클럽의 젊은이들이 사냥용 나팔까지 불어 가며 소란을 피워서 결국 3회 공연을 한 후에 취소하게 되었어. 결국 또 빚만 늘어난 거지. 그리고는 〈트리스탄과 이졸데〉의 공연을 칼스루에에서 올리기 위해서 칼스루에에 가서 바덴 대공국[172]의 대공을 찾아가 허락을 받고, 빈에 가서 성악가들을 데리고 오려 했는데 빈에서는 보내 줄 수는 없고, 빈에서 공연을 하자는 거야. 참, 그리고 이때 빈에 갔을 때 1861년 5월에 처음으로 나의 〈로엔그린〉공연을 보게 되었지. 1850년 8월에 바이마르에서 리스트의 지휘로 초연을 했었으니까 11년 만에 직접 본 거지. 트리스탄 얘기를 계속하자면, 빈에서 〈트리스탄과 이졸데〉 공연을 준비 중이었는데 주역 성악가의 목이 쉬어서 몇 달간의 일정을 연기해야만 했었어. 리허설도 엄청 많이 77회나 했었는데 말이야. 여러모로 어려움이 참 많았어. 이때쯤 나의 후원자 오토 베젠동크 내외가 베네치아로 나를 초대해 주었어. 그래서 셋이서 베네치아의 르네상스를 이끈 화가인 티치아노 베첼리오[173](Vecellio)의 1518년 작품 「성모의 승천」을 보러 산타 마리아 글로리오자 데이 프라리 성당에 갔었는데 정말 감동이었어. 물론 그즈음 오래전에 스케치했었던

〈뉘른베르크의 명가수〉(Die Meistersinger von Nürnberg)를 다시 써야겠다고 결심을 하고 있었을 때였는데, 이 그림을 보고는 더욱 확고해진 거야. 마침 내가 1845년에 쓴 작품 스케치를 마틸데가 갖고 있었어. 몇 주일 전에 이미 출판업자 프란츠 쇼트[174]에게 이 작품을 완성하겠다 말도 했었지."

"바그너 선생님, 혹시 베네치아에서 베젠동크 부부를 만나기로 했었을때 마틸데 베젠동크에게 〈뉘른베르크의 명가수〉 작품 스케치한 것을 갖고 와 달라고 하신 것은 아닌가요?"

"그랬겠지, 하하. 빈으로 돌아와서 난 〈뉘른베르크의 명가수〉의 대본 스케치를 수정해서 쇼트에게 선금을 받았어. 그리고는 바로 파리로 가서 숙소를 정하고 30일 만인 1862년 1월 25일에 대본을 완성했어. 이번에는 나의 이전 작품들과 다르게 활기찬 음악을 만들기로 했어. 출판업자인 쇼트의 집에서 낭독회를 마치고 마인츠 근처 라인 강변에 작은 집을 빌려서 작업을 하고 있었는데, 민나가 찾아왔어. 항상 그랬듯이 다시 말다툼만 심해지고 민나는 다시 드레스덴으로 갔어. 그래서 나는 민나를 만나기 위해서 요한 왕에게 완전한 사면을 요청했는데, 이번에는 받아들여져서 1862년 3월 28일에 허락을 받았어. 〈뉘른베르크의 명가수〉의 작곡은 진도가 안 나가더군. 10월에 쇼트는 더 이상 선금을 줄 수 없다고 그래서 일단 작업은 중단하고 18개월 동안 돈을 벌기 위해서 여기저기에서 콘서트를 지휘했어. 11월 1일 라이프치히 게반트하우스에 가서 〈뉘른베르크의 명가수〉 서곡(das Vorspiel)을 처음으로 연주하고 드레스덴에 가서 민나와 며칠을 보낸 것이 그녀와의 마지막이었어. 나는 빈으로 가서 〈니벨룽의 반지〉와 〈뉘른베르크의 명가수〉의 발췌곡들로 세 번의 콘서트를 했는데, 팬들은 열광하고, 보수적인 비평가들은 혹평했지. 빚은 다시 늘어나는 패턴의 삶은 계속됐어. 1862년 말 〈니벨룽의 반지〉의 대본을 출판했을 즈음에 나만의 오페라를 위한 축제극장(Festspielhaus)을 짓고 싶다는 의견을 표현하기 시작했지. 엄청난 경비가 들어가는 일이라 결국 왕의 후원이 있어야만 가능한 일이었던 거야. 1863년 2월, 프라하와 상트페테르부르크, 모스크바에서 8회의 콘서트를 지휘해 약간의 돈을 모았지만, 다시 빈에 와서 그 돈을 다 써버렸고, 후원금을 얻는 데는 실패했어. 1864년 3월, 나의 재정 상태는 최악이 되었어. 경찰서에서 일하던 친구의 귀띔으로 체포되기 직전에 스위스로 도망가는 길이었는데, 뮌헨의 어느 상점에서 3월 10일에 아버지인 막시밀리안 2세가 병으로 갑자기 돌아가셔서 18세의 나이로 급하게 왕이 된 루트비히 2세의 초상화를 봤어. 어린 나이에 어려운 자리에 앉은 그를 측은하게 생각했었는데, 그는 내 인생에 정말로 귀인이었던 거지. 말 그대로, 내 인생을 바꿀 복권에 당첨된 셈이었지. 취리히에 갔는데 차마 오토 베젠동크에게 갈 수가 없었어. 그래서 빌레(Wille) 부부에게 갔었는데, 거기서 한 달 정도 지내니 빌레 부부와의 관계도 멀어지기 시작했어. 사실 그즈음에 나의 재정 상태는 물론이고, 정신 상태도 정말 최악이었거든. 빌레 부부에게 내가 뭐라고 말했는지는 정말 창피할 정도의 실언이었어."

"바그너 선생님, 이 부분은 선생님께서 너무 창피해 하실 것 같아서, 그 당시에 선생님께서 정말 정신적으로 엄청나게 힘드신 때였다고 이해하고 그냥 넘어가겠습니다, 하하. 민나도 떠나갔고 마틸데 부인과도 이성의 감정은 확실히 정리가 되었고 돈은 없고, 참 힘드셨겠습니다. 하지만 이제 드디어 루드비히(Ludwig) 2세 왕과 관련된, 바그너 선생님의 인생에 엄청난 복권에 당첨된 것과 같은 큰 사건이 일어나죠?"

"그렇지. 이제 막 51세가 되기 한 달 전쯤이었어. 1864년 4월 29일 〈뉘른베르크의 명가수〉를 계속 작곡하려고 슈투트가르트에서 지내고 있었는데, 뮌헨에서 온 누군가가 급한 일로 나를 만나자는 거야. 난 빚 갚으라고 찾아온 빚쟁이인 줄 알았는데 그 사람은 바이에른 왕국의 내각 비서라는 거야. 날 찾으려고 몇 주간이나 여기저기를 찾아다니느라 엄청 고생을 했다는 거야. 그리고는 이번에 취임한 젊은 왕 루드비히 2세가 바그너를 존경하기에, 내가 처한 상황을 알고 어려움을 해결해 주고 싶어 한다며 같이 뮌헨으로 가자는 거야. 그래서 1864년 5월 4일, 드디어 뮌헨의 궁전에서 루드비히 2세 왕을 만나게 되었어. 루드비히 2세는 어린 시절 대부분을 왕가의 시골 저택인 호엔슈방가우(Hohenschwangau)의 성에서 보냈고, 아버지인 막시밀리안 2세는 호엔슈방가우성의 벽면을 독일의 옛 전설인 「백조의 기사」 그림으로 장식했는데, 어리고 감성적이고 낭만적이었던 루드비히 2세는 백조의 기사 이야기를 아주 좋아했다는 거야.[175] 산과 숲에 둘러싸여 혼자만의 시간을 많이 보낸 루드비히 2세가 백조의 전설에 사로잡혀 있었는데 1861년 2월, 그가 15세 때 나의 〈로엔그린〉 공연을 보고, 백조가 이끄는 배에서 성배의 기사가 나타나는 장면에서 크게 감동을 받았다는 거야. 그리고 그해 12월에는 〈탄호이저〉도 봤었다고 하더군. 사실 내가 〈니벨룽의 반지〉 대본 서문에 「그런 왕은 없는가」라고 쓴 글이 있었는데, 거기서 내가 이러저러해서 왕들만이 나의 계획을 실현시켜줄 수 있다는 요지의 글을 썼었는데 그것을 읽고 자신이 그 일을 할 운명이라고 느꼈다는 거야. 루드비히 2세 왕은 바로 내게 큰 금액을 주었고 난 그걸로 급한 빚을 갚을 수가 있었어. 6월에는 네 배나 더 많은 금액을 내게 주었어. 그러고도 루드비히 2세 왕은 왕궁에서 조금 떨어진 슈타른베르크 호수[176]에 있는 저택을 내게 주었고 거기서 살게 했어. 그리고 6월 말에 예고도 없이 코지마 폰 뷜로[177]가 두 딸 다니엘라와 블란디네를 데리고 내게 왔어. 나는 너무 외로운 상태였고, 그녀와 사랑을 나눴어. 알지, 코지마는 리스트의 딸인 거? 그리고 일주일 뒤에 내 수제자이자 코지마의 남편인 한스 폰 뷜로가 온 거야."

"바그너 선생님, 1864년도에 루드비히 2세 왕에다가 코지마까지 선생님은 한 번도 아니고 두 번이나 로또에 당첨되셨군요. 그런데 한스 폰 뷜로도 분명히 코지마가 선생님에게 가면 사랑을 나눌 것을 알았을 텐데요?"

"그렇지 않았을까? 한스는 이미 장인 리스트에게 언제라도 코지마가 원하면 보내겠다고 했었다는 거야. 그러니까 코지마가 내게 온다고 했었을 때 크게 충격을 받지도 않았을 것 같아. 한스에게는 미안하지만, 코지마는 내게 헌신적이었어. 나중에 얘기지만 그녀는 정말 가정을 잘 돌보며 나와 지적 공감도 깊이 나눌 수 있었고 내게 정신적, 감정적인 안정을 주었어. 그녀는 박식했고, 지식을 추구하며 독서를 즐겼지. 현실을 대처하는 능력도 뛰어났고 무엇보다도 내게 정말로 헌신적이었어. 코지마가 내게 온 지 일주일이 지난 7월 7일에 한스 폰 뷜로가 슈타른베르크[178]에 왔을 때 이미 나는 코지마와 깊은 관계가 되었어. 한스는 내 옆에 있으며 코지마와 나와의 관계가 루드비히 2세 왕에게까지 알려질까 봐 조심하고 침묵하며 자기가 맡은 일에 충실했어. 코지마와 한스는 나와 몇 주일을 같이 보낸 후 다시 집으로 돌아갔어. 나는 그쯤에 「국가와 종교에 관하여」라는 입헌 군주제[179]에 관한 글을 왕에게 올렸고 '충성 행진곡'[180]을 선물했지. 9월 26일에는 〈니벨룽의 반지〉를 쓰기 위해서 다른 모든 작업을 중단하겠다고 왕에게 보고했어. 12월부터 〈지크프리트〉 2막을 작곡해서 1865년 12월 2일에 끝냈어. 1864년 10월에 루드비히 2세 왕은 내게 뮌헨에 있는 대저택을 주고 거기서 살게 했어. 10월 18일 왕은 〈니벨룽의 반지〉를 끝마치도록 필요한 재정 지원을 하기 위해 재무부에 엄청난 금액을 주는 공식 계약을 해서 모두를 놀라게 했어. 그 이후에도 총 50만 마르크 이상을 주었으니 내각에서는 불만이 엄청나게 많을 수밖에 없었지. 루드비히 2세 왕이 〈니벨룽의 반지〉를 빨리 보고 싶어 해서 난 친구 건축가 고트프리트 젬퍼[181]를 불러 뮌헨에 지을 극장을 설계하자고 했는데 결국 내각의 반대로 짓지 못했어. 그리고 나의 음악극에 맞는 음악 학교도 만들려고 했었는데 그것도 내각의 반대로 무산됐어. 내각에서는 루드비히 폰 데어 포르텐[182]이 나를 이미 1848년 작센에서부터 안 좋게 봤었거든. 그는 작센에서 장관이었어. 내가 개신교 혁명 세력에 가담한 것을 아주 안 좋게 본 거야. 그래서 내가 왕에게 영향을 끼치는 것을 아주 싫어한 거지. 내가 한스 폰 뷜로를 궁정에 음악과 관련된 직에 추천해서 임명이 되니까 난리가 난 거야. 거기에 축제극장과 관련된 얘기가 나오니까 더 난리였지. 내가 왕을 내 아들(Mein Junge)이라고 불렀다고 일러바쳐서, 왕이 나를 만나 주지도 않았을 정도야. 며칠 뒤에 풀렸지만 말이야. 1865년 5월 15일에 원래 하려던 〈트리스탄과 이졸데〉의 초연을 한스 폰 뷜로가 맡았고 주연은 루드비히 슈노르 폰 카롤스펠트와 그의 아내 말비나가 맡았는데[183], 공연날 날벼락 같은 두 가지 소식이 있었어. 하나는 파리에서 빚을 받으러 빚쟁이들이 와서 소동을 부렸었고, 오후에는 갑자기 말비나가 목소리가 나오지 않는다고 연락이 와서, 초연은 6월 10일로 연기되었어. 다행히 1865년 6월 10일 뮌헨에서 〈트리스탄과 이졸데〉의 초연은 대성공이었어."

〈트리스탄과 이졸데〉(Tristan und Isolde)의 내용

아일랜드의 공주 이졸데(Isolde)의 약혼자인 모롤트(Morold)가 바다를 건너 콘월에 와서 조공을 요구하자 콘월의 마르케(Marke)왕의 조카이자 신하이며 친구인 트리스탄(Tristan)이 싸움에서 모롤트를 죽였다. 그러나 자신도 큰 부상을 당해 치료를 위해서 의술로 소문난 이졸데를 찾아가 탄트리스(Tantris)라는 가짜 이름을 대나, 이졸데는 그의 칼날이 빠진 곳에 모롤트의 머리에 꽂혀 있던 파편조각을 능숙한 솜씨로 찾아냈다.[185] 그가 자신의 애인을 죽인 것을 알아차리고 그를 죽이려고 하였지만, 칼도 손도 아닌 이졸데의 눈을 보고 있는 트리스탄의 눈을 본 순간, 그의 비참함에 마음이 흔들려서 그를 치료해 주고 돌려보냈다. 그 후 트리스탄이 두 나라 간의 평화를 위한 정략결혼을 위해, 삼촌인 마르케 왕의 신부로 이졸데를 추천하고 데리러 아일랜드에 왔고, 아일랜드에서 콘월로 향하는 중에 음악극이 시작된다. 위의 내용은 음악극 진행 중에 설명된다.

이졸데는 트리스탄에게 같이 독약을 먹고 죽자고 하나, 시녀 브란게네(Brangäne)는 독약 대신에 사랑의 묘약(der Liebestrank)을 가져와 둘은 사랑에 빠진다.

둘의 밀월 중, 트리스탄의 친구이지만 기회주의자인 멜로트(Melot)는 친구를 배신하고 이 일을 함정으로 만들어 마르케 왕이 목격하게 하고, 왕은 가장 친한 친구 트리스탄이 어떻게 본인을 배신하는가 하면서 괴로워한다. 이미 죽음을 선택한 트리스탄은 멜로트와의 싸움에서 의도적으로 그의 칼에 찔려 쓰러진다.

트리스탄의 시종이자 의리의 사나이 쿠르베날(Kurwenal)이 부상당한 트리스탄을 그의 고향 브르타뉴로 데려왔다. 죽음의 문턱에 있는 트리스탄은 이졸데를 그리워하고 있는 중 마침내 이졸데가 트리스탄에게 와서 잠시의 대화를 나누고, 트리스탄은 그녀의 품에서 죽는다. 뒤따라온 멜로트 등 수행원들과의 싸움에서 쿠르베날도 싸우다 죽고, 뒤이어 도착한 마르케 왕은 이 모든 것이 사랑의 묘약 때문임을 알고, 둘을 용서하고 결혼시키려고 왔는데....라며 비통해 하는 가운데, 이졸데 역시 트리스탄을 따라 세상의 숨결이 불어오는 우주 속으로 다시 되돌아간다.

작품 인물 설명

〈트리스탄과 이졸데〉는 13세기 시인 고트프리트 폰 슈트라스부르크(Gottfried von Straßburg) – 이 이름은 '슈트라스부르크의 하나님의 평화'라는 뜻 – 의 서사시에 바그너가 직접 대본을 썼다.

- 트리스탄(Tristan) – 지금의 프랑스 브레타뉴(Bretagne) 지역 카레올(Kareol)의 영주이며, 영국의 가장 남서쪽에 위치한 콘월(Cornwall)의 마르케 왕의 조카이자 마르케 왕이 제일 신임하는 신하이자 친구.

- ◆ 쿠르베날(Kurwenal) - 트리스탄과 기쁨도 슬픔도 함께 나누는 신의를 지키는 부하이자 끝까지 의리를 지키는 친구.
- ◆ 멜로트(Melot) - 마르케 왕의 신하이자 트리스탄의 친구인 줄 알았으나 자신의 이익을 위해 사람을 이용하는 부류의 사람
- ◆ 이졸데(Isolde) - 아일랜드(Ireland)의 공주이며 아일랜드의 후작(Fürst) 모롤트(Morold)의 약혼자. 모롤트가 콘월과의 전쟁에서 트리스탄에 의해 죽임을 당하고 트리스탄은 심한 부상을 입어 적군의 공주인 이졸데를 찾아가 치료를 받음.
- ◆ 브란게네(Brangäne) - 이졸데의 시녀. 악 대신 선을 베푸는 착한 사람

Tatest du's wirklich? – 〈트리스탄과 이졸데〉 2막 중 마르케 왕의 독백
https://www.youtube.com/watch?v=q1PFY_dTaSE

오페라의 무대

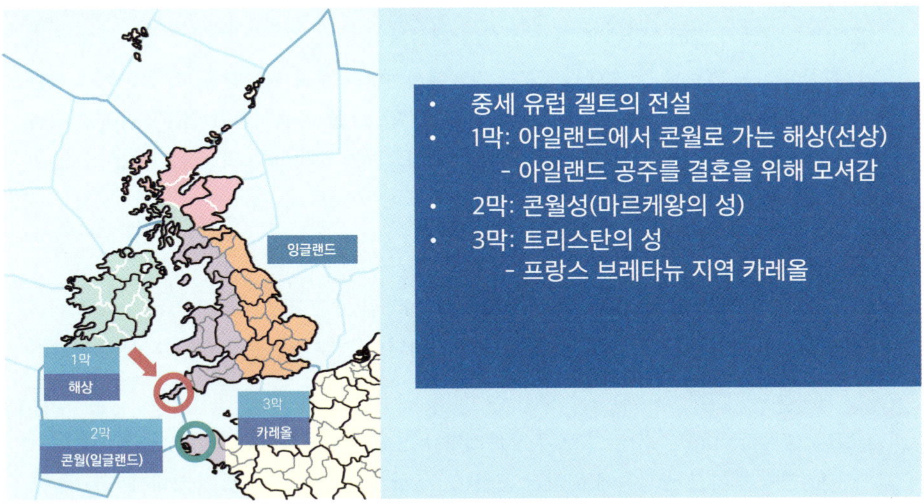

"바그너 선생님, 저는 개인적으로 선생님의 이 작품 〈트리스탄과 이졸데〉의 부제를 붙인다면 〈사랑과 우정 그리고 배신과 동정심〉(Liebe und Freundschaft und Verrat und Mitleid)이라고 붙이고 싶습니다. 작품 전체에 흐르고 있는 '우리는 어디에서 와서 어디로 가는가'에 대한 쇼펜하우어의 이론철학은 물론이고 그의 실천 철학과 관련해서 트리스탄과 이졸데의 사랑, 마르케 왕과 트리스탄의 우정 그리고 트리스탄과 쿠르베날의 우정, 트리스탄과 멜로트의 배신, 그리고 트리스탄에 대한 이졸데의 동정심을 잘 표현하고 있는데요. 결론적으로 이탈리아 말로는 피에타로 표현할 수 있는 동정심과 연민에 대해서 우리 모두가 깊이 숙고해 볼 수 있는 작품이라고 생각합니다."

〈트리스탄과 이졸데〉의 대사 중에서

2막

Bricht mein Blick sieh wonn'erblindet,
erbleicht die Welt mit ihrem Blenden.
내 시선이 꺾여 기쁨에 눈이 멀면,
세상은 그 눈부심과 함께 창백해진다.

die uns der Tag trügend erhellt.
낮이 우리에게 거짓으로
밝게 비춰 주는 세상.

zu täuschendem Wahn
entgegengestellt,
기만적인 망상과
마주할 때,

selbst dann bin ich die Welt.
그때, 나 스스로
세계인 것이다.

3막

Doch, was ich sah,
das kann ich dir nicht sagen.

그러나 내가 보았던 것을,
너에게 말할 수 없다.

Ich war, wo ich von je gewesen,
wohin auf je ich geh':
내가 있던 곳은 원래 내가 있었던 곳,
나는 다시 그곳으로 돌아갈 것이다.

Im weiten Reich der Weltennacht.
저 먼 밤의 세계로.

3막 마지막 대사

In dem wogenden Schwall,
in dem tönenden Schall,
출렁이는 큰 물결 속으로,
울려 퍼지는 소리 속으로,

in des Welt-Atems wehendem All,
세상의 숨결이 불어오는 우주 속으로,

ertrinken, versinken,
빠지고, 가라앉으며,

unbewusst, höchste Lust!
의식을 잃는, 최고의 기쁨이여!

자네들, 내가 이 작품에서 무엇을 말하고 표현하고 싶어했는지 정확하게 파악하고 있군. 나의 얘기로 돌아와서, 슈노르(Schnorr)가 트리스탄을 완벽하게 연기했고 왕은 너무 기뻐했어. 그런데 4번의 마지막 공연 후 3주 뒤에 슈노르가 갑자기 죽은 거야. 루머에 휩싸였지. 29살의 젊은 나이에 너무 일찍 갔어. 이때쯤에 이미 코지마는 나의 애인이자 비서이자 가정부가 되어 주었어. 고맙게도 코지마는 평생 나에게 정말로 헌신적이었지. 1865년 4월, 나는 코지마와의 사이에서 딸을 낳았고 이름을 이졸데(Isolde)라고 지었어."

"바그너 선생님, 이 기간에 완전히 〈트리스탄과 이졸데〉의 초연을 준비 중이어서 딸의 이름을 이졸데라고 지으신 거군요!"

“맞아. 7월에는 루드비히 2세 왕이 나에게 자서전을 쓰면 좋겠다고 해서 나는 『나의 인생』(Mein Leben)이라는 책을 코지마에게 구술했고, 이 책은 내가 태어난 1813년부터 1864년 슈투트가르트에 루드비히 2세 왕의 사절[185]이 온 것까지의 삶을 담고 있어. 10월에는 왕에게 돈을 요청했고, 그 돈을 받으러 코지마가 가니까 내각의 놈들이 일부러 골탕 먹으라고 수표나 지폐가 아닌 은화로 주었던 거야. 결국 코지마가 마차 두 대를 불러 은화를 실어 왔고, 그 일로 내각은 나와 코지마의 관계를 의심하기 시작했어. 축제극장과 음악학교의 계획이 내각에 의해서 무산된 후부터 나는 국정에 관여해야겠다고 생각했었는데, 오히려 내각 놈들에게 나를 쫓아낼 수 있는 빌미만 준 셈이 되었어. 지금 생각하면 어리석은 판단이었지. 11월 말경에 뮌헨의 신문 『민중의 사환』[186]이 나의 국정 간섭을 공격했고, 나는 3일 후 신문 『최신 뉴스』[187]에 익명으로 답신을 실었는데, 여기서 나는 내각의 2-3명을 파면시켜야 한다고 주장했지. 이건 반대파들이 기다리고 있던 빌미였어. 포르텐(Pfordten)은 즉시 왕에게 「신뢰하는 신하들의 사랑과 존경이냐 아니면 바그너와의 우정이냐 둘 중에서 하나를 선택하라」라고 글을 올렸어. 이미 각료 그리고 귀족들은 집단 저항과 체제의 전복 가능성으로 루드비히 2세 왕을 압박하고 있었어. 왕은 어쩔 수 없이 나에 대한 추방 명령을 내릴 수 밖에 없었지. 1865년 12월 10일 나는 코지마와 친구들과 작별 인사를 나누고 또다시 홀로 스위스로 갔어. 내가 1864년 5월 4일에 루드비히 2세 왕을 처음 직접 만났으니까, 19개월 만에 내각 놈들이 왕 옆에서 나를 쫓아낸 셈이지만, 루드비히 2세 왕과는 죽을 때까지 마음을 함께한 사이였지.”

“바그너 선생님, 상황을 들어 보니 어차피 언젠가는 밝혀질 수밖에 없는데 당시에 익명으로 자신의 의견을 주장하신 것은 좋지 않은 선택이었다고 생각합니다. 포르텐이 루드비히 2세 왕에게 ‘신하들의 사랑과 존경이냐, 바그너와의 우정이냐’ 선택하라는 도발적인 질문을 한 건 좀 우습게 느껴지기도 합니다. ‘신하들을 선택하든 바그너를 선택하든 하나만 선택하라’는 건 다수의 힘으로 통치자를 협박한 것인데, 참 왕 노릇하기 힘들었겠다는 측은함이 느껴집니다. 결국 루드비히 2세 왕은 내각에 의해 쫓겨났고, 의문의 죽음까지 맞이하게 되었으니 말이죠.”

8장[188] 바이로이트에 정착

1866 – 1871 루체른의 트립쉔에서의 망명 생활
1867년 10월 – 〈뉘른베르크의 명가수〉 작곡
1868년 6월 – 〈뉘른베르크의 명가수〉 초연
1869년 6월 – 〈지크프리트〉 작곡
1869년 9월 – 〈라인의 황금〉 초연
1870년 6월 – 〈발퀴레〉 초연[189]

"1866년 1월 초, 제네바에 도착해서 집을 얻고 〈뉘른베르크의 명가수〉 1막 작곡을 시작해서 3월 23일에 끝냈지. 루드비히 2세 왕은 내가 추방되었어도 보조금은 계속 지급하겠다고 약속했었어. 잠깐 프랑스 마르세유에 머물고 있을 때 드레스덴에서 민나가 죽었다는 연락이 왔어. 3월 8일에는 코지마가 와서 3월 말까지 있었고, 같이 루체른(Luzern) 호수로 여행을 가서 호수가 내려다보이는 트립쉔(Tribschen)에 있는 저택을 보고는 마음에 들어서 1866년 4월 중순에 이사를 했어. 거기서 거의 6년간 살았지. 그런데 이사하고 한 달 뒤인 5월 중순에 루드비히 2세 왕으로부터 전보를 받았어. 그가 왕위를 포기하기로 결심을 했다는 거야. 일단 급하게 만류하는 데 성공했지만 상황이 안 좋았어. 당시 프로이센의 수상 오토 폰 비스마르크[190]는 오스트리아 세력을 누르고 독일의 패권을 차지하려고 했었는데, 오스트리아는 독일 연방 내 여러 작은 왕국들에게 영향력을 미치고 있어서, 사실상 주도권을 쥐고 있었거든. 비스마르크는 자신이 구상하는 통일 독일 제국을 호엔촐렌 왕가가 차지하려면 '프로이센 – 오스트리아 전쟁'으로 승부를 내야 한다고 믿었어.[191] 이때부터 정세가 험악해져서 독일의 크고 작은 왕국들은 한쪽을 선택해야만 했고 바이에른과 작센을 포함한 많은 왕국들은 비스마르크를 믿지 못하고 오스트리아와 연합을 했어. 전쟁 위협이 고조될 무렵에 루드비히 2세 왕은 나에게 프로이센에 대해서 여러가지를 물어 왔어. 1866년 5월 22일에는 내 53세 생일을 축하해주려고 왕이 루체른에 있는 트립쉔으로 직접 몰래 방문하셔서 내각이 난리가 났었지. 비스마르크에 대해서는 많은 지성인들의 의견도 분분했었는데 나도 독일 통일이라는 것에는 당연히 동의했었지만, 그는 내겐 단순한 야심가로만 보였거든. 그런데 전쟁의 흐름을 보니까 이번에는 프로이센 편에 서야 할 것 같아서 나의 동지이자 친구인 아우구스트 뢰켈[192]에게도 프로이센의 비스마르크 편에 서야 한다고 알렸어. 다행히 바이에른은 전투에서 패배했지만, 약간의 보상금을 내는 것 말고는 큰 피해를 입지 않았고, 나중에는 프로이센이 하노버 공국을 무너트리고 얻은 돈을 거의 전부 루드비히 2세 왕의 바이에른에 회유금으로 준 거야. 덕분에 왕의 입지와 인기는 높아졌고, 친오스트리아 편에 섰던 나의 적들인 피스터마이스터[193]와 포르텐[194]은 1866년 말에 사임할 수밖에 없었어. 내가 얘기했던가? 피스터마이스터라는 놈이 1864년 4월 말에 나를 찾아온 루드비히 2세 왕의 사절이었다는 것과 이놈이 내가 왕을 내 아들이라고 말했다고 고자질한 놈이란 거."

"아니요, 지금 처음 듣는 것 같은데 이분과 포르텐이라는 분에게는 유감이 많으신 것이 당연하겠지요? 바그너 선생님과 루드비히 2세 왕에게 적대적이었으니까요."

"당연하지 않겠나! 하지만 1866년은 내게도 좋은 해는 아니었지. 한스가 코지마와 나와의 관계에 대해 반응하기 시작했었거든. 한스는 내가 추천해서 임명되었던 자리도 사임했어. 특히 『민중의 사환』 신문에서 「코지마가 루체른에서 함께 지내는 사람은 친구인가, 아니면 뭔가」라는 기사에 한스는 화가 엄청나서 편집장에게 결투를 신청한거야. 나는 급히 루드비히 2세 왕에게 한스의 명예를 지켜 달라고 부탁했고 코지마도 루드비히 2세 왕에게 애원의 글을 썼어. 결국 왕권으로 사건은 무마되었지만, 이 일로 루드비히 2세 왕도 나와 코지마와의 관계를 의심하기 시작했어. 마침 전쟁이 터져 일단 덮어졌는데 〈트리스탄과 이졸데〉의 역을 부른 성악가 슈노르의 미망인 말비나가 처참한 모습으로 내가 살고 있던 루체른에 있는 트립쉔에까지 찾아와서는 남편의 유령이 나타나서 바그너와 결혼하라고 했다는 거야. 나는 당연히 거절했지. 그랬더니 나와 코지마와의 관계를 떠벌리고 다닌 거야. 나는 일단 코지마와의 관계를 부정할 수밖에 없었어. 한스도 장인 리스트와 우리 모두가 다 놀림감이 될 것을 우려해서 입을 다물고 있었어. 그러는 와중인 9월에는

〈뉘른베르크의 명가수〉의 2막 오케스트라 작곡을 대략 끝냈고, 다음 달에는 3막을 시작했어. 1867년 2월 17일에 코지마는 나의 두 번째 딸인 에파(Eva)를 낳았어. 나는 젬퍼를 불러 축제극장 설계를 계속했고 한스는 궁정 지휘자(Hofkapellmeister)가 되었어. 이때쯤 젬퍼는 상황상 새로운 극장을 지을 수 있을까 의문이 들기 시작한 거야. 그래서 젬퍼는 내각의 분위기로 봐서 가능성이 없다고 느끼고, 그때까지의 설계 작업에 대한 보수와 비용 지급에 대한 법적 조치를 취했어. 이런 와중에 나는 1867년 10월에 〈뉘른베르크의 명가수〉 작업에 열중해서 작곡을 완성했어. 1868년 6월 21일 뮌헨의 궁정극장에서 초연을 성공적으로 마쳤어."

〈뉘른베르크의 명가수〉(Die Meistersinger von Nürnberg)의 내용

16세기 뉘른베르크, 젊은 기사 발터(Walther)는 금세공업자 명가수인 포그너(Pogner)의 딸 에파(Eva)에게 첫 눈에 반하고, 에파는 오늘과 내일 열리는 노래 경연대회, 마이스터징어에서 이긴 사람이 자신과 결혼하게 된다고 발터에게 알려 준다. 마이스터징어 대회에서 우승하도록 하기 위해, 에파는 구두 수선공(der Schuster)이면서 마이스터징어 대회의 우승 경험이 있는 한스 작스(Hans Sachs)에게 발터를 지도해 달라고 부탁한다. 사실 한스도 에파와 결혼하고 싶어 하나 스스로 포기한다.

발터는 멋지게 노래를 잘 불렀지만, 규정과 형식에 맞지 않는다며 에파와 결혼하고픈 베크메서(Beckmesser)의 격렬한 비판에 탈락한다. 에파와 발터는 도망가서 함께 살기로 하고, 세레나데를 부르러 온 베크메서를 위해서 에파는 자신의 유모인 막달레네(Magdalene)를 자신으로 변장시켜서 창문에 서 있게 한다. 이것을 본 막달레네의 애인 다비드(David)가 자신의 애인을 꼬시려는 줄 알고 그를 몽둥이로 때리는 틈을 타서, 에파와 발터는 도망을 치려고 하는데, 한스 작스가 이들을 막는다.

한스 작스의 집으로 온 발터가 밤새 꿈에서 쓴 시에 멋지게 노래를 하여 한스로부터 칭찬을 받은 후 나가고, 이어 들어온 베크메서가 탁자에 있는 시를 읽고는 한스의 시로 착각하고 내일 이 시에 노래를 부르고 싶다고 하는 것을 한스 작스는 허락한다.

에파와 발터가 한스에게 와서 발터를 도와준 것에 감사해 하고, 에파는 발터만 아니었으면 자신은 한스와 결혼했을 것이라고 말하는데, 한스는 본인이 〈트리스탄과 이졸데〉의 마르케 왕의 역할이라고 하고, 막달레네와 다비드도 들어와 함께 노래한다.
다음날 대회가 시작되고 베크메서가 노래를 부르는데, 결국 엉망이 되어 창피만 당한다. 뒤이어 발터가 시에 맞춰 멋지게 노래를 하고 우승을 하게 되어 '명가수'가 된다. 한스 작스가 나와서 발터의 재능과 열정을 칭찬하고, 독일 예술의 위대함과 영원함을 찬양하며, 모두가 함께 신성한 독일 예술을 찬양하며 막이 내린다.

**한스 작스의 마지막 연설 가사:

조심해야 합니다!
혹독한 공격이 우리를 위협합니다: 먼저 독일 국민과 제국은 무너질 것이고, 외국의 위엄에서 '외국 사람이 왕이 되면' 군주는 더 이상 국민을 이해하지 못할 것이며, 그들은 연기처럼 사라질 그들의 쓸데없는 것을 독일 땅에 심을 것입니다.
무엇이 독일적이고 진짜인지 더 이상 아무도 모르게 될 것이며, 그것은 독일 장인 명가수의 명예를 위한 삶도 없어진다는 것입니다.
그런 이유로 제가 여러분에게 말하는 것입니다:
여러분들의 독일 장인 명가수들을 존경하십시오!
그러면 여러분은 좋은 영혼에 사로잡히게 됩니다.
그리고 여러분이 그들의 활동에 호의를 베푼다면, 신성 로마 제국은 안개처럼 사라질 것이고, 우리에게는 신성한 독일 예술만이 남게 될 것입니다! (통일 독일 제국이 될 것이라는 의미)[196]

"이 작품 전의 〈트리스탄과 이졸데〉가 음악적으로 너무나 혁신적이었고 연주하기도 어려운 작품이었잖아. 그래서 반대로 〈뉘른베르크의 명가수〉에서는 확실히 기존의 화성체계에 따른 그리 어렵지 않은 형식으로 작곡을 했어."

"바그너 선생님, 그래서 전주곡이 C 장조 C-Dur로 시작해서 끝부분도 여러 조를 거쳐 결국에는 다시 C 장조로 돌아와서 곡이 끝나는군요. 그리고 이 작품에서 한스 작스는 〈트리스탄과 이졸데〉의 마르케 왕을 언급하며 한스 작스 본인은 에파와 결혼하고픈 자신의 의지를 내려놓는 장면이 인상적인데요."

* 에파:

왜냐하면, 나에게 선택권이 있었다면, 나는 오직 당신만을 선택했을 거예요.
당신은 나의 남편이었을 거고, 나는 오로지 당신에게 상으로 주어졌을 거예요.
Eva:
Denn, hatte ich die Wahl, nur dich erwählt' ich mir; du warest mein Gemahl, den Preis reicht' ich nur dir.

* 한스 작스:

얘야, 나는 트리스탄과 이졸데의 슬픈 작품을 알고 있단다.
한스 작스는 영리했고 마르케의 행복으로부터 아무것도 원하지 않았다.
Hans Sachs:
Mein Kind, von Tristan und Isolde kenn'ich ein traurig Stück:
Hans Sachs war klug und wollte nichts von Herrn Marke's Glück.

"즉, 쇼펜하우어 선생님의 '의지의 부정'을 작품 속에서 이야기하기 위해서, 왜 굳이 한스(Hans)라는 이름의 한스 작스(Hans Sachs)를 통해 하셨을까요? 한스 폰 뷜로와 상당히 관련이 있어 보이는데요?"

"엄 교수, 참 예리하구만! 노코멘트하겠어, 하하. 자네들 이미 내 얘기를 들어서 알겠지만 〈트리스탄과 이졸데〉 공연을 무대에 올리려고 내가 얼마나 고생을 했었는지 잘 알지? 빈에서는 리허설만 무려 77회나 하고도 결국 무대에 올리지 못했잖아. 〈트리스탄과 이졸데〉도 루드비히 2세 왕 덕분에 뮌헨에서 초연이 될 수 있었어. 빈에서도 리허설을 그렇게 많이 했었는데도 결국에는 못 올렸잖아. 당시에 오케스트라도 어려워했고, 〈트리스탄〉과 〈이졸데〉를 부를 수 있는 성악가들을 찾는 것도 정말 어려운 일이었어."

"바그너 선생님, 저희가 이런 상황들을 너무나도 잘 알고 있습니다. 〈트리스탄과 이졸데〉를 무대에 올리기란 저희가 살고 있는 현대에도 정말 쉽지 않은 일입니다. 그래서 한국에서도 〈트리스탄과 이졸데〉를 여태껏 연출이 있는 무대 위에서 올리지 못했습니다."

“그래서 그 다음 작품인 〈뉘른베르크의 명가수〉에서는 쉽게 연주할 수 있도록 작곡을 했어. 물론 나의 기본 컨셉에 따른 유도동기인 라이트모티브 사용이라든지 무한선율을 통한 음악극을 창작하면서 나만의 형식에 따라 작곡한 거지. 그래서 결과적으로 〈트리스탄과 이졸데〉 이후 작품임에도 연주하기에 어렵지 않으면서도 듣기 쉬운 작품이 된 거야. 이야기의 전개에서도 신화나 전설과는 전혀 상관없는 16세기의 르네상스 시대를 배경으로 한, 나의 유일한 희극 오페라였던 거지.”

“바그너 선생님, 이 작품은 그 당시의 유럽, 독일의 국가적 상황과 선생님 주변의 상황들을 고려하셔서, 하시고 싶은 말씀들을 작품에 많이 반영하신 것은 아닌가 생각됩니다. 예를 들어 기사 발터의 노래에 기존 형식에 맞지 않는다고 하는 사람들의 설정은 당시에 바그너 선생님이 받는 비평을 빗대어 표현하신 것 같습니다. 그리고 당시 유럽을 휩쓸던 민족주의와 독일 통일에 대한 열망을 작품 끝부분에 한스 작스가 독일 민족의 단합을 위해 연설하는 것은 그 당시의 국가나 사회에 대한 계몽주의적인 접근으로 이 작품을 쓰신 것으로 생각됩니다. 음악적으로만 들어 봐도 처음에 웅장하고 화려한 전주곡으로 시작해서 스토리가 진행되어 결국 마지막 부분에 가서는 한스 작스를 통해서 선생님께서 하시고 싶은 메시지를 전달하고 오페라의 시작 부분에서 들었던 웅장하고 멋진 음악으로 음악극을 마친 것 같습니다. 그 시대에 독일어를 모국어로 이해하는 사람들이 이 음악극을 들었다면 정말 가슴이 뭉클해졌을 것 같습니다.”

“자네 말이 맞아. 자네들이 나의 이야기를 들어서 이미 알겠지만 난 드레스덴 시절부터 시작해서 현실 정치에 상당히 깊이 발을 들여놨었고, 루드비히 2세 왕의 권력 바로 옆에 있었잖아. 그러니 작품에 나의 그런 사상과 철학이 안 들어갔다고 말하면 위선자(der Heuchler)인 거지. 그런 이유로 이 작품은 독일 전역에서 특히 애국주의적인 행사에서 필수적으로 연주되는 작품이 되었어. 당시 독일 통일을 위해 팽배하던 민족주의의 상징으로 독일 국민들을 단결시키는 작품이 된 거야. 마치 베르디의 〈나부코〉가 1846년에 초연된 것처럼 말이야. 그러니까 베르디의 이탈리아와 비교하면 22년이나 뒤에 나타난 독일 민족주의의 열풍이었던 거야. 당시 고조되던 민족주의와 점점 권력이 커지던 중산층에 크게 어필했었고, 한스 작스의 마지막 호소는 독일인의 우월함과 독일 민족주의에 대한 나의 호소였던 거야. 다시 말하지만 마지막 장면에서 구두 수선공 한스 작스가 사람들에게 장인의 전통과 신성한 독일 정신을 찬양하는 부분은 독일 문화와 독일 정신에 대해서 자부심을 가지라는 것이었어. 그런데 나의 민족주의 사상이 두드러지게 나타난 작품이기에, 내가 죽은 이후에, 이 작품을 나치(Nazi)놈들이 자신들의 선전, 선동 도구로 왜곡해서 이용했던 거야. 자네들은 이미 알고 있듯이, 나폴레옹 1세[196] 시절의 프랑스는 유럽 여러 나라를 침략할 만큼 강국이었고, 거기에 오스트리아 제국과 영국은 산업혁명으로 한참 앞서가 있었고, 유럽의 열강들은 제국주의 건설에 아프리카, 아시아 등 세계 여기저기에 식민지를 건설하고 있는 상황이었는데, 우리 독일은 통일도 안 된 34개국 이상의 소국들로 나뉘어져 있는 때였고, 그나마 비스마르크가 독일을 통일시키고 있었어. 생각이 조금이라도 있는 사람들이라면 나 같은 생각을 하는 것은 지극히 당연한 상황이었어. 다행히 이 작품을 초연하고는 2년이 조금 더 지난 1871년 1월에 비스마르크가 파리까지 가서 프랑스로부터 항복을 받아내고 독일 제국[197]을 선포했지. 여기까지는 좋았는데 내가 죽은 이후인 1889년에 태어난 히틀러[198]란 놈이 나를 이용하는 바람에 내가 비난을 엄청나게 많이 받은 거야. 특히 히틀러와 나치는 나의 여러 작품들 중에서도 특히 이 작품을 좋아하던 사람들을 선동하는 데 이용했던 거고, 내 입장에서는 이용을 당한 꼴이었던 거야."

"바그너 선생님, 그 부분과 관련해서는 바그너 선생님은 그렇게 말씀하실 수도 있겠지만 뒤에 코지마, 특히 선생님의 며느리[199]는 다르다고 생각해요. 바그너 선생님의 며느리인 위니프레드는 히틀러와 아주 가까운 사이였으니까요."

"엄 교수 말이 맞아. 변명의 여지가 없어. 자네들이 혹시 나의 변명을 들어 줄 수 있다면 지금 좀 얘기해 볼게. 사실 축제극장은 완전히 빚더미에 있었어. 1883년에 내가 죽고 나서 1914년에 벌어진 1차 세계 대전과 세계 대공황[200]에, 코지마와 며느리는 무슨 수를 써서라도 나의 유지를 지키려고 노력했었던 거야. 어느 누구도 독재자 집단에게 조금이라도 다른 생각을 보일 수도 없었고, 만약 그랬었다면 축제극장은 그때 이미 파산해서 자네들이 사는 시대인 현재 바그너의 작품들은 어쩌면 마이어베어 선생님의 작품들처럼 거의 연주가 안 되고 있을지도 몰라. 아닐 것 같지? 매년 바이로이트 페스티벌(die Bayreuther Festspiele)이 열리고 거기서 연주되어 레퍼토리가 되고, 바이로이트에서 주역 성악가들을 배출하니까 각각의 극장들에서도 공연이 될 수가 있는 거지. 바이로이트 페스티벌 없이, 각각의 극장들에서 나의 음악극들을 무대에 올리려면 부딪히는 문제들이 한두 가지가 아니고, 관객들도 작품에 대한 이해도가 떨어져서 지금과 같은 관심을 받지 못했을 가능성이 크다고 봐. 당장 내 작품들을 부를 수 있는 주역 성악가들을 찾는 것부터 너무나 어려웠을 거야. 그러니 위험 부담이 큰 나의 음악극 작품들을 위해서 다른 작곡가들의 오페라 작품들을 포기하면서까지 나의 음악극들을 무대에 올릴 수 있었겠나?"

"바그너 선생님, 그 말씀은 충분히 공감하고 잘 알고 있습니다. 바그너 선생님께서도 〈트리스탄과 이졸데〉를 준비하시면서 빈에서도 직접 겪으셨던 일이니까요. 그러나 한편으로는 유대인들에게는 나치에 당한 고통을 선생님의 음악을 들으면 떠올려진다는 유대인 친구의 말이 마음에 남습니다. 그나마 다행인 것은 바그너 선생님의 손자들이 그 부분에 있어서 많이 노력을 했었다는 것이지요. 이젠 시간도 많이 흘렀고요. 바그너 선생님의 이야기로 돌아와서 1868년, 그러니까 선생님께서 55살 때에 선생님의 정치관도 확실히 많이 변하지 않으셨나 생각되는데요. 아무래도 권력으로부터 멀리 서 계셨을 때에는 어떻게 돌아가는지 내부 사정을 잘 모르셨고, 젊었을 때에는 막연히 왕권을 엎거나 제한해야 한다고 느끼시다가, 루드비히 2세 왕 옆에서 직접 겪어 보시니 군주라도 내각과 귀족들의 압력에 어쩔 수 없는 모습을 보시고는 생각이 많이 바뀌신 것은 아닌가요?"

"전 선생, 잘 알고 있군. 그것이 아니라면 거짓말이겠지. 그 당시에 왕이라도 강력한 반대 세력에 의해서 쫓겨날 수도 있었으니까 말이야. 루드비히 2세 왕의 최후를 보면 너무나도 측은해. 쫓겨나기만 한 것이 아니라고 보여지는데, 증거가 없으니 뭐라 더 말도 못하고 말이지. 그들이 국가 조직을 다 장악하고 있었으니, 조사를 할 생각이 없었던 게 아니라 누군가가 조사를 하려고 달려들었다면 가만히 뒀겠나!

나의 옛 동지였던 라우베[201]가 〈뉘른베르크의 명가수〉에서 나타난 나의 민족주의를 공격하는 기사를 빈 신문에 내서 나는 그때 몹시 화가 났었어."

"바그너 선생님, 혹시 라우베라는 옛 동지는 시간이 흘렀는데도 20년 전의 막연한 환상의 세계에서 못 벗어나, 지금 주변 세계 정세가 어떻게 돌아가는지 전혀 모르는 어리석은 사람으로 보여서 화가 나고 답답하셨던 것은 아닐까요? 아니라면 혹시 라우베는 빈에 있었으니까 프로이센의 비스마르크의 소독일주의 통일보다는 오스트리아 중심의 대독일주의 통일을 지지하기에 바그너 선생님을 비판하는 기사를 낸 것이 아닐까요?"[202]

"바로 그거라고 생각해. 1868년 11월 16일, 코지마는 두 딸 이졸데와 에파를 데리고 트립쉔으로 들어와서 그때부터는 쭉 같이 살게 되었어. 둘째 딸 이름이 왜 에파인지는 말 안해도 알겠지?"

"그럼요, 바그너 선생님! 〈뉘른베르크의 명가수〉에 나오는 여주인공 이름이 에파(Eva)잖아요."

"1869년 1월 1일부터 코지마는 일기를 쓰기 시작해서 내가 죽을 때까지 썼어. 그래서 나와 관련된 많은 일들이 기록으로 남게 된 거야. 한스 폰 뷜로(Hans von Bülow)는 이젠 본인도 어쩔 수 없다고 느꼈는지 루드비히 2세 왕에게 사실대로 밝혔고, 그래서 나와 루드비히 2세 왕과의 관계는 악화되었어. 하지만 나 개인적으로는 코지마 덕분에 삶에 안정을 찾을 수 있었고, 그러니까 〈지크프리트〉 작업을 중단한 것이 1856년 9월경쯤이니까, 대략 12년 동안 중단했던 〈니벨룽의 반지〉도 다시 시작할 수가 있었어. 〈지크프리트〉의 3막 작곡 스케치는 3월 1일에 시작되어 6월 14일에 끝냈어. 1869년 5월에, 나는 56살이었고, 프리드리히 니체[203]는 당시에 24살이었는데, 이 친구가 바젤 대학교의 고전 문헌학[204] 교수로 임명되었어. 대단하지? 그 친구가 스위스의 루체른에 있는 트립쉔으로 나를 찾아왔어. 그를 한 해 전에 라이프치히에서 만났었는데 나와 코지마는 그가 나를 잘 따르는 제자이자 동지로 여겼지. 니체는 1844년생이었는데 피아니스트이자 작곡가이기도 했어. 그는 그때까지의 나의 작품들 가운데에서도 특히 〈트리스탄과 이졸데〉에 아주 열광했어. 그 친구가 그의 첫 저서인 『비극의 탄생』[205]에서 나의 오페라야말로 고대 그리스 비극의 정통성을 잇는 작품들이라고 호평했거든. 아쉽게도 이 친구하고 친분은 1876년까지 지속되었지만 나중에는 사상의 차이가 보여 완전히 갈라져서, 그 이후에는 나를 경멸하는 자가 되었지."

"바그너 선생님, 그런데 니체가 선생님의 안티가 된 이유는 뭘까요?"

"자네 무슨 말을 하고 싶은지 충분히 짐작이 가는구만! 그만해도 되지 않을까? 나를 많이 도와주신 마이어베어를 내가 배신하고 비난했으니, 나도 니체로부터 배신을 당하고 비난받는 것은 인생사에서 벌어지는 당연한 인과응보라고 말하고 싶은 것 아닌가! 나에 대한 비판은 이 정도로 끝내지. 6월 6일 셋째 아이로 첫 아들인 지크프리트가 태어났고, 그로부터 8일 후인 1869년 6월14일 〈지크프리트〉 작곡을 끝냈어. 내 첫째 아이는 이졸데(Isolde), 둘째는 에파(Eva), 셋째는 지크프리트(Siegfried)야. 내 아이들 이름이 이렇게 된 게 이해되지?"

"그럼요."

"이때부터 나는 영향력 있는 작곡가를 넘어선 사회의 저명인사가 되어서 많은 사람들이 나를 찾아왔어. 나는 4부작이 모두 완성된 후에 〈니벨룽의 반지〉를 공연하고 싶었는데, 루드비히 2세 왕은 더는 못 기다리겠다며 막무가내로 〈라인의 황금〉을 공연하라는 거야. 네 편이 다 완성되면 공연하고 싶어서 난 엄청나게 반대를 했었지만, 그의 뜻을 따를 수밖에 없었지. 급하게 하다 보니 내가 예상한 기술적인 문제들이 발생했고 지휘를 맡았던 한스 리히터가 그만둔 것에 대해서도 왕은 내가 방해를 했다고 오해하기도 했어. 이래저래 복잡한 상황이었지. 결국 한스 폰 뷜로가 이어받아서 1869년 9월22일에 뮌헨에서 〈라인의 황금〉을 초연하게 되었어."

〈라인의 황금〉(Das Rheingold)의 내용

라인강 바닥에서 황금을 지키는 세 처녀들이 그 주변에서 헤엄치며 놀고 있는데, 그곳에 니벨룽(Nibelung)족인 난쟁이 알베리히(Alberich)가 나타나서 세 처녀들에게 놀림을 받는 중에, 저 황금으로 반지를 만드는 자는 세계를 지배할 수 있지만 대신 사랑을 포기해야 한다는 것을 듣게 된다. 알베리히는 사랑을 저주한 후, 황금을 훔쳐 지하 세계로 달아난다.
신들의 우두머리인 보탄(Wotan)이 그의 아내, 결혼의 여신 프리카(Fricka)의 소리에 낮잠에서 깨어난다. 보탄의 심복인 반신반인인 불과 책략의 신 로게(Loge)의 충고에 따라서, 보탄은 신들이 살 집, 발할(das Walhall) - 북구신화의 전사자의 혼령이 사는 곳 - 성을 거인 형제 파졸트(Fasolt)와 파프너(Fafner)에게 건축하도록 맡겼었고, 그 일을 마친 거인 형제가 보탄과 프리카 앞에 왔다. 보탄은 처제, 미의 여신인 프라이아(Freia)를 수고의 대가로 그들에게 약속했었지만, 보탄은 자신이 한 약속을 모른 척하며 불과 책략의 신 로게가 올 동안 시간을 끌고 있는데, 거인 형제는 영원한 젊음을 유지시켜 주는 황금 사과를 재배하는 프라이아를 데리고 가려 한다. 이 사과를 먹지 못하면 신들은 늙어 죽게 된다. 뒤이어 온 로게는 자신은 이 문제를 풀어 주기로 한 적이 없다며 말을 피해 간다. 로게가 도둑 맞은 라인의 황금 얘기를 하자 보탄도 프리카도 거인들도 모두 반지에 대한 욕심을 드러내고, 거인들은 황금을 가져오라고 하며 프라이아를 인질로 데리고 간다. 보탄과 로게는 알베리히가 갖고 있는 황금을 훔치려고 지하 세계로 간다. 알베리히는 지하 세계, 니벨하임(Nibelheim)[207]에서 대장장이들인 니벨룽족들을 착취하여 황금을 찾게 하고 그 황금으로 보물과 반지를 만들게 하고 있다. 알베리히는 동생인 미메(Mime)에게 마술투구 (der Tarnhelm)를 만들게 하고, 미메는 나름대로 그 투구로 알베리히로부터 벗어나려고 했지만 결국 알베리히에게 마술투구를 빼앗긴다. 보탄과 로게의 등장에 미메는 나가고, 반지(der Ring)를 끼고 있는 알베리히는 이들의 계략에 속아 마술투구의 능력을 보여 주려고 처음에는 거대한 구렁이(der Riesenwurm)로 변한 모습을 보여 주고, 로게의 말에 속아 그 다음으로는 작은 두꺼비(die Kröte)로 변하여 보탄은 그를 붙잡는다.
지상으로 온 이들은 알베리히에게 보물들을 가져오라고 명령하고, 알베리히는 어쩔 수 없이 니벨룽의 난쟁이들을 시켜서 보물들을 쌓아 놓게 한다. 다 가져왔으니 풀어 달라는 알베리히에게 마술투구도 내놓으라고 하고, 나머지 반지도 내놓으라고 한다. 보탄에게 반지마저 빼앗긴 알베리히는 풀려나며, '이 반지를 갖는 사람은 결국 죽게 될 것이다'라고 말하며 반지에 저주를 건다.
파졸트와 파프너가 프라이아를 데리고 와서는 황금을 달라고 한다. 그들은 프라이아를 가릴 만큼 쌓으라고 하며, 부족한 부분에 마술투구도 위에 놓아 더 쌓으라고 하는데, 아직도 눈동자 부분이 보인다고 하며 보탄의 손가락에 있는 반지도 내 놓으라고 한다. 지혜의 여신 에르다(Erda)가 땅속에서 나타나, 보탄에게 신들의 멸망을 경고하며 반지를 거인들에게 주라고 하고는 사라진다. 에르다의 충고를 듣고 보탄은 반지를 거인들에게 준다. 파프너가 혼자 모든 보물들을 다 차지하려 하고, 로게가 파졸트에게 반지만 차지하면 된다고 충고를 해서 파졸트는 반지를 가져가는데 파프너는 그를 쳐 죽인다.
돈너(Donner)는 이곳을 깨끗하게 정화하고, 프로(Froh)는 하늘과 땅을 연결하는 무지개 다리(der Bifröst)를 놓는다. 보탄은 저 성이 우리를 안전하게 보호해 줄 것이라고 말하지만, 인간의 무기인 칼의 동기와 인간의 영웅이 신들을 보호해 줄 것이라는 복선의 음악이 들리며, 신들은 모두 발할성으로 들어가며 첫째 날 음악극이 끝난다.

"〈라인의 황금〉의 초연 후 9개월 뒤인 1870년 6월 26일에는 한스 폰 뷜로의 지휘로 〈발퀴레〉를 뮌헨에서 초연하게 되었어."

〈발퀴레〉(Die Walküre)내용:

인간이 아닌 신들인 보탄과 에르다가 있다. 보탄(Wotan)은 신들의 멸망을 예고한 에르다를 찾아가 그녀와의 사이에 9명의 딸들을 낳았다. 그중 제일 사랑하는 딸인 브륀힐데(Brünnhilde)와 그 외 8명의 딸들, 발퀴레(die Walküre) - 전사자들의 영혼을 발할성에 인도하는 전쟁의 여신들 - 들은 전쟁터에 가서 영혼들을 데리고 와서 발할성에 채우고 있어야 신들의 멸망을 막을 수 있다고 생각한다. 그러나 에르다는 신들과 상관없는 인간의 영웅만이 신들의 멸망을 막을 수 있다고 알려 준다. 그래서 보탄은 인간 세계에 가서 인간과의 사이에서 지크문트(Siegmund)와 지클린데(Sieglinde) 남매를 낳은 상태에서 오페라가 시작된다.
무기도 없이 사람들에게 쫓기는 한 남자가 어느 오두막 집에 들어와 기절한다. 집 안 중앙에는 큰 물푸레나무 줄기(der Eschenstamm)가 있고, 웬 낯선 사람을 발견한 여자 집주인과 아직 이름을 모르는 남자가 서로 눈이 맞는다. 여자가 말하길, 여기는 훈딩(Hunding)의 집이고 자신은 그의 아내라고 알려 주며 벌꿀주(der Met)를 그에게 준다. 그 남자는 자신은 고통을 주는 사람이기 때문에, 빨리 떠나야 된다고 하면서 떠나려고 하는데, 여자는 이 남자를 붙잡는다. 잠시 후 집주인 훈딩이 들어와서, 이 남자를 경계하는 가운데 둘이 닮은 것에 의아해 하면서 어디서 온 사람인지 묻는다. 이 남자는 자신의 아버지는 볼페(Wolfe)이고, 자신은 쌍둥이로 여동생이 있었으며, 적들이 집을 불태웠고, 어머니는 돌아가셨고,

여동생은 실종되었고, 자신은 아버지와 함께 적들과 싸우다가 아버지와도 헤어지게 되었다고 한다. 쫓기고 있는 중인데 그 이유는 어느 마을에서 한 여자를 도와주려고 그녀에게 결혼을 강요하는 무리들을 죽였는데, 죽은 자들은 그녀의 오빠들이었고, 그녀도 자신을 원망하고, 그들의 친척들이 자신을 죽이려고 해서 무기도 잃어버린 상태로 도망쳐서 여기까지 왔다고 설명한다. 훈딩은 자신도 그들의 친척이며 그 남자를 찾아 복수하러 갔었는데, 집에 왔더니 그 원수가 내 집에 있다고 말한다. 훈딩은 오늘은 자고 내일은 자신과 결투를 해야 한다고 말하고 방으로 들어간다. 이 남자는 그의 아버지 볼페가 이 남자에게 위기가 닥치면 칼이 주어질 것이라고 말했었다며, '아버지 벨제! 어디에 당신의 칼이 있습니까? Wälse! Wo ist dein Schwert?'하고 외친다. 벨제는 밸중(Wälsung)족의 족장을 의미하는 것이고, 아버지 볼페를 말하는 것이었다. 그런데 벨제는 사실 보탄이 변장한 모습이었다.
여자는 남편 훈딩에게 수면제를 탄 음료수를 주어서 깊이 자게 하고 나와서, 자기가 결혼했었을 때 푸른 옷을 입은 애꾸눈 노인이 저 나무에 칼을 꽂아 놓고 갔었다고 이야기 한다. 그 노인은 나중에 이 나무에서 칼을 뽑을 사람이 나타날 것이라고 말했다며, 이 남자가 그 칼을 뽑을 수 있을 거라고 확신한다. 이 남자는 이 여자가 자신의 여동생임을 알아차리고, 자신의 여동생을 아내로 맞이하겠다고 말한다. 이 여자는 이 남자를 지크문트라고 이름 짓고, 그리고 나무줄기로 가서 칼을 뽑아 노퉁(Nothung)이라고 이름 짓는다.[208] 이 여자는 자신의 이름을 지클린데라고 이름 짓고, 둘은 도망간다.[209]
신들의 천상의 공간, 보탄이 지혜의 신 에르다로부터 낳은 9명의 딸들, 발퀴레(Walküre)들에게 출전을 준비시키고, 그중에서 가장 사랑하는 딸 브륀힐데는 아버지에게 아버지의 부인 프리카가 온다고 알려 주고는 나간다. 프리카(Fricka)는 지클린데와 훈딩의 결혼을 깨트리고 어떻게 남매 사이인 지클린데와 지크문트를 도와줄 수 있냐며 따진다. 프리카는 결혼의 여신으로서 훈딩 편에 설 수밖에 없다며, 고로 밸중족인 지크문트와 지클린데를 도와줘서는 안 된다고 강력히 말한다. 밸중족을 도와주지 말 것과 결혼의 여신인 자신 프리카의 명예를 지켜 줘야 한다며 서약(der Eid)을 하라고 말한다. 보탄은 서약을 하고 부인 프리카는 나가고, 브륀힐데와 보탄만이 남아서 딸 브륀힐데에게 지난 이야기를 해 준다.지클린데와 지크문트가 도망하는 중, 지친 지클린데는 잠이 들어 있는데, 브륀힐데는 지크문트에게 나타나서 자기와 함께 발할로 가자며 그곳에 가면 아버지 벨제도 만날 수 있고, 보탄의 딸들도 있다고 말한다. 그러나 지크문트는 발할에는 지클린데와 같이 갈 수 없다는 브륀힐데의 말에 그럼 자신도 안 가겠다고 대답한다. 그리고는 다 같이 죽겠다며 임신 중인 지클린데를 죽이려고 하는데, 브륀힐데가 지크문트를 도와주겠다고 말하고는 사라진다.
훈딩이 쫓아와서 지크문트와 싸우고 있는데 브륀힐데가 약속대로 자신의 방패로 지크문트를 막아 주었고, 그가 명검 노퉁으로 훈딩을 찌르려는 순간, 보탄이 나타나서 명검 노퉁을 창(der Speer)으로 막아 칼(das Schwert)은 두동강이 나고 지크문트는 훈딩에 의해서 죽임을 당한다. 그러는 사이에 브륀힐데는 부러진 명검 노퉁을 챙겨 지클린데를 안고 천마인 그라네(das Ross 'Grane')를 타고 도망간다. 보탄은 훈딩에게 프리카 앞에 가서 보탄의 창(Wotans Speer)이 복수를 했다고 말하라고 하며 훈딩을 죽인다. 보탄은 자신의 말을 거역한 브륀힐데에 분노하며 그녀를 쫓아간다.

바위산의 정상, 브륀힐데가 보탄을 피해서 지클린데와 함께 다급히 도망와서 동생들 발퀴레들에게 도와달라고 부탁한다. 지클린데는 죽고 싶어하는데 브륀힐데가 그녀에게 임신 중에 있음을 알려 주고, 부러진 칼을 가지고 동쪽 숲으로 가서 숨어 있으라고 알려 준다. 그곳은 거인 파프너가 반지와 보물들과 함께 큰 용으로 변해 있기 때문에, 보탄은 그곳을 가지 않는다고 알려 준다. 브륀힐데는 그녀에게 아기를 낳으면 이름을 지크프리트라고 짓고 아기가 크면 이 칼을 주라며 그는 영웅이 될 사람이라고 알려 주고, 지클린데는 동쪽 숲으로 떠난다.

보탄은 브륀힐데에 대해서 매우 화가 난 상태에서 브륀힐데는 8명의 발퀴레들 틈에 숨어 있다가 앞으로 나와서 사죄하고 벌을 받으려 한다. 보탄은 그녀의 발퀴레 자격, 즉 신권을 박탈하고, 그녀를 이 바위산에 잠재워서 최초로 발견하는 남자의 마음대로 처분하게 하겠다고 말하고, 8명의 발퀴레들을 쫓아낸다. 보탄과 브륀힐데는 둘의 마지막 대화를 한다. 본인이 한 일은 원래 아버지의 뜻에 따라 한 행동으로 프리카 때문에 마음을 바꾼 것에 대해서 항변한다. '계약의 신'으로서 보탄은 어쩔 수 없이 브륀힐데의 신권을 박탈하고 잠들게 하지만, 주변에 불로 감싸게 해서 용감한 자만이 자신을 취하게 해 달라는 브륀힐데의 부탁을 들어주어 불의 신, 로게를 불러 브륀힐데 주변에 불이 타오르게 하고 이렇게 외치며 둘째 날 음악극이 끝난다.

나의 창끝을 두려워하는 자는, 결코 불을 넘어가지 못하리라!

Wer meines Speeres Spitze fürchtet, durchschreite das Feuer nie!

"〈니벨룽의 반지〉의 마지막 작품인 〈신들의 황혼〉 1막의 작곡 스케치를 하고 있을 무렵부터 첫 번째 〈니벨룽의 반지〉 페스티벌을 할 장소를 찾기 시작했고, 바이로이트가 괜찮겠다 싶었는데 몇 달 뒤에 전쟁이 시작된 거야. 독일 통일을 이루려는 비스마르크는 독일의 적이었던 프랑스와의 전쟁을 1870년 7월 19일에 시작해서 1871년 1월 28일에 우리의 승리로 끝냈어. 개인적으로는 전쟁 하루 전에 코지마와 한스의 이혼이 베를린 법원에서 법적으로 허가되어서, 나는 8월 25일에 코지마와 루체른의 개신교 교회에서 결혼식을 올렸어. 1871년 1월에 프랑스군이 전투에서 패하며 나폴레옹 3세[209]는 폐위되었고, 독일은 드디어 전체가 하나로 통일된 독일 제국을 선포하게 되었지. 강국 프랑스를 이긴 통일 제국은 드디어 우리에게 독일의 자부심을 불러일으켰어. 자네들 내 얘기를 들어서 알겠지만 나를 홀대하던 프랑스였기에 나는 복수한 기분이 들어서 매우 기뻐했었지. 에피소드로 이 해에는 코지마의 생일 선물로 지크프리트 목가[210]를 몰래 준비했다가 코지마를 놀래켜 주기도 했었고, 빌헬름 1세의 독일 제국의 황제 즉위를 위해서 황제 행진곡을 헌정하기도 했어.[211] 이미 말한대로 1871년 1월 28일에 독일의 승리로 전쟁은 끝났고, 1871년 2월에 나는 나의 페스티벌에 적합한 장소로 뮌헨보다는 베를린과 뮌헨 사이에 있는 바이로이트가 더 좋겠다고 생각하게 되었어. 그리고 나는 3월, 루드비히 2세 왕에게 바이로이트 계획을 보고했어. 4월에 바이로이트의 마르크그래프리헤스 오페라하우스[212]에 가서 보니까 이 극장은 귀족 취향의 화려한 극장이었고 시설도 맞지가 않아서 새롭게 무대축제극장[213]을 지어야겠다고 결심했어. 그리고는 후원자 증명서와 바그너 협회를 조직하는 등 5년 동안 돈을 마련하기 위해서 무지 애를 썼어. 1871년 5월에는 라이프치히에서 1873년 바이로이트 페스티벌이 열릴 것이라고 발표도 했었고, 아직 작곡이 모두 끝나지 않은 상태에서 발표했으니 당연히 마음의 부담이 많았지만 집중해서 작업을 계속해서 〈신들의 황혼〉의 2막 작곡도 시작해서 8월에 끝마쳤어. 11월에 나는 바이로이트 시의회 의장에게 편지를 써서 시의원들을 설득했고, 결국 축제극장을 지을 적당한 장소인 푸른 언덕(Grüner Hügel)을 제공받을 수 있었지."

9장[214] 바이로이트 축제극장 건립과 바이로이트 페스티벌 창립

1872 – 1881 바이로이트에서의 시절

1874년 11월 – 〈신들의 황혼〉 작곡

1876 년 8월 – 〈지크프리트〉 초연 바이로이트

1876 년 8월 – 〈신들의 황혼〉 초연 바이로이트[215]

“1872년 2월 〈신들의 황혼〉의 3막 작업도 시작했고, 바이로이트로 가서 축제극장을 지을 장소로 푸른 언덕이라는 곳이 결정되었지. 내가 살 집도 계획에 포함시켰는데 집 이름을 반프리트(Wahnfried)라고 지었어.”

“바그너 선생님, 코지마가 쓴 일기를 보면, 헤센에 있는 에쉬베게 옆에 작은 마을 이름이 반프리트(Wanfried)[216]인데, 그 마을 이름에서 선생님께서 신비로움을 느끼셨다고 썼죠. ‘der Wahn’은 환상, 망상이란 뜻이고 ‘der Frieden’은 평화란 뜻이잖아요.”

“맞아! 그래서 ‘나의 환상들이 평화를 찾는 곳 – 반프리트 – 이 집의 이름을 내가 짓게 하라.’ Hier wo mein Wähnen Frieden fand – Wahnfried – sei dieses Haus von mir benannt. 이렇게 글을 남긴 거야. 그리고 4월 10일 〈신들의 황혼〉의 작곡 스케치를 대략 마치고, 4월 22일 6년간 살았던 루체른의 트립쉔을 떠나 바이로이트로 이사를 했지. 5월 22일 나의 59번 째 생일날, 축제극장의 초석[217]을 놓는 기념식을 했는데 비가 엄청나게 내렸는데도 많은 사람들이 참석했어. 이 기념식에 나의 친구 프란츠 리스트는 그때까지 내게 화가 많이 나 있어서 안 왔어. 코지마와 한스의 이혼 후에 나와는 사이가 벌어졌어. 뭐, 나라도 그랬을 거야. 루드비히 2세 왕은 축전과 함께 내가 전에 써 준 시를 보내왔고, 이것들을 초석과 함께 묻었어. 그리고 축하 행사는 오페라 하우스(Markgräfliches Opernhaus)로 가서 내가 연설도 하고 내게 음악적 영감을 준 베토벤의 9번 교향곡도 내가 직접 지휘했었지. 11월에는 성악가들과 지휘자를 찾으러 전국을 돌아다녔는데 마음에 드는 사람들을 찾기가 쉽지 않았어. 페스티벌 위원회의 보고에 의하면 그때까지 후원자 증명서도 별로 팔리지 않았고, 바그너 협회의 수입도 영 별로였어. 1873년에는 돈을 모으기 위해서 전국을 순회하며 콘서트를 해서 벌어들인 돈으로 8월에 축제극장의 골격 완성을 축하하는 파티를 열었어. 필요한 재원을 마련하려고 나름대로 여러 방법으로 최선을 다했지만 한계에 부딪혀서 다시 루드비히 2세 왕에게 도움을 요청했는데, 왕도 이 시기에 여러 성(das Schloss)들을 건축하느라 여유가 없어서 가능하지 않다고 연락이 왔어. 당연히 페스티벌의 개최는 1875년으로 연기한다고 발표를 했고 11월에 루드비히 2세 왕에게 다시 한번 부탁했는데 여유가 없어서 안 된다는 답변을 받았어."

"바그너 선생님, 당시에 정말로 난감하셨겠네요. 일은 벌려 놓으셨는데 자금이 없으니 얼마나 힘드셨을까 짐작이 갑니다."

"그러니까 말이야. 1874년 1월에 난 황제(der Kaiser)에게라도 도움을 청해야 하나 라고 생각하며 좌절하고 있었는데 1월 말경에 루드비히 2세 왕이 도와주겠다고 내게 편지를 보내온 거야. 루드비히 2세 왕이 지난 한 달 이상 나를 도와주려고 내각을 설득하느라 엄청 노력을 한 거지. 2월에 궁정 재무부는 페스티벌 위원회와 계약을 맺어서 10만 탈러를 빌려주고 후원자 증명서 판매 대금으로 갚으라는 것이었어. 또 별도로 반프리트 저택을 지으라고 25,000마르크를 주었어. 참고로 독일 제국이 1871년에 시작되면서 통화를 마르크[218]로 쓰기 시작했어. 그 덕분에 1874년 4월 말에 나는 반프리트 저택으로 이사를 할 수가 있었지. 그리고 여러 정황상 페스티벌은 다시 1876년으로 일 년을 더 연기해야만 했어. 1874년 11월 21일 드디어 〈신들의 황혼〉 작곡이 모두 끝났어. 1848년 드레스덴에서 〈니벨룽의 반지〉의 기초가 된 대본 스케치를 시작했으니까 무려 26년 만에 완성이 된 것이었고, 나는 당연히 이 작품을 루드비히 2세 왕에게 헌정했지. 1875년에는 루드비히 2세 왕에게 돈을 빌렸음에도 여전히 건축비가 모자라서 하기 싫은 유럽 순회 콘서트로 돈을 벌어와서는 가을에 완공된 극장 무대의 리허설 비용으로 썼어. 그리고 축제극장의 감춰진 오케스트라 피트[219]의 음향도 확인했지. 오케스트라를 전혀 보이지 않게 해서 관객들이 오로지 극에만 집중하게 하는 것이었는데, 쇼펜하우어 철학의 영향이 들어가 있는 거야."

"바그너 선생님, 그러니까 보이지 않는 세계의 본질인 의지(Wille)는, 보이지 않는 오케스트라이고, 의지인 오케스트라가 결국에는 보여지게 되는 것이 바로 공연, 표상(Vorstellung)이라는 것이고, 이것이 무직드라마(das Musikdrama)라는 거죠?

"아, 그러고 보니까 독일에서는 무대에서 공연하는 것, 즉 오페라나 공연들을 'Vorstellung'[220]이라고 하잖아요."

"그렇지. 역시 자네들 둘 다 잘 알고 있군, 하하. 1875년 말까지 후원자 증명서는 겨우 490명에게 팔렸는데, 예상보다 반도 못 판거야. 황제 빌헬름 1세[221]에게도 도움을 요청했지만 거절당했어. 1876년 6월 루드비히 2세 왕은 상환 기한을 연장해줘서 페스티벌 개최는 가능하게 되었어. 〈니벨룽의 반지〉의 총 연습은 6월에서 8월까지 진행되었고 8월 6일부터 9일에 있었던 드레스 리허설[222]에는 루드비히 2세 왕도 참석했어. 물론 계속 연락을 주고받았지만, 루드비히 2세 왕과는 8년 만의 재회였는데 나중에 내게 편지를 이렇게 보내 왔어.

'당신은 세상을 정화하고, 축복하고, 구원하기 위해서, 하늘로부터 이 땅으로 거룩한 불을 가져온, 신의 은혜로 된 참된 예술가인, 신의 사람입니다. 진실로 실수하지 않고 착각할 수 없는, 신의 사람!'[223]

그리고 마침내 1876년 8월 13일 첫 번째 바이로이트 페스티벌이 열렸고, 1876년 8월 16일에 〈니벨룽의 반지〉 중에서 세 번째 음악극인 〈지크프리트〉가 바이로이트 페스티벌에서 초연이 되었어."

〈지크프리트〉(Siegfried)의 내용

깊은 숲속의 동굴, 알베리히의 동생인 미메(Mime)는 지클린데가 낳은 지크프리트를 키우며 살고 있으며, 그녀는 아기를 낳고는 죽었고, 미메는 부러진 칼, 노퉁을 갖고 있다.[225] 미메는 지크프리트의 능력을 알고 있고, 그가 언젠가 용으로 변신한 파프너를 죽이면, 그때 자신이 반지를 차지하려고 지크프리트를 키우고 있는 것이다.

지크프리트는 자신과 전혀 닮지 않은 미메를 다그쳐서 어머니의 이름과 자신의 출생, 그리고 노퉁에 대한 이야기를 듣고는 어머니의 유품인 노퉁을 다시 붙이라고 요구한다. 지크프리트는 지금까지 대장장이인 미메가 만드는 모든 칼들을 손쉽게 부러트릴 수 있을 만큼 엄청난 힘을 갖고 있다.

방랑자(der Wanderer)로 변신한 보탄이 미메에게 와서 목을 걸고 서로 세 가지 수수께끼를 내자고 제안한다. 방랑자의 마지막 질문인 누가 노퉁을 새롭게 만들 수 있는가 라는 질문에 미메는 답을 하지 못하나, 방랑자는 '두려움을 모르는 자'가 노퉁을 새로 만들 것이라고 말하고는 미메의 목숨은 '두려움을 모르는 자'의 손 안에 있다고 말하고 떠난다. 미메는 지크프리트를 죽일 독약을 준비하고, 지크프리트는 결국에 스스로 노퉁을 녹여 새롭게 만들고, 쇠모루(der Amboss)를 둘로 쪼갠다. 깊은 숲. 파프너의 동굴 입구, 반지[226]의 최초의 소유자이자 저주를 걸었던 알베리히와 방랑자인 보탄이 마주쳐서, 알베리히는 반지를 다시 찾으면 지하의 군대로 발할을 쓸어버리겠다고 보탄에게 말하나, 보탄은 알베리히에게 미메에 대해서 경고해 주고, 방랑자인 보탄은 용으로 변신한 파프너를 깨워, 그를 죽이려고 오는 영웅이 있다고 알려 주고 떠난다.

미메는 지크프리트와 함께 동굴 앞까지 왔고, 두려움을 모르는 지크프리트는 용으로 변신한 파프너와 싸우는데, 파프너는 결국 지크프리트의 노퉁에 찔려 죽으면서 미메의 악한 의도를 조심하라고 지크프리트에게 알려 주고 죽는다. 지크프리트는 싸우다 묻은 용의 피를 맛보자 새(der Vogel)소리들을 알아듣게 되고, 새는 마술투구와 반지를 가져오라고 알려 주고, 지크프리트를 죽이려는 미메의 독약에 대해서 알려 주어, 지크프리트는 미메를 먼저 죽인다. 지크프리트는 새로부터 브륀힐데에 대해서 듣고는, 그녀에게 자신을 인도해 달라고 한다. 브륀힐데의 바위산[227]에서 방랑자, 보탄은 지혜와 대지의 여신 에르다와의 대화에서 원하는 답을 얻지 못한다.

보탄은 자신의 손자인 지크프리트를 만나 지크프리트를 시험하기 위해서 그의 길을 막는데, 지크프리트는 노퉁으로 보탄의 창을 내리쳐서, 보탄의 창은 두 동강이 난다. 마침내 지크프리트는 불 가운데에 누워 있는 브륀힐데를 발견하고, 그의 입맞춤에 깨어난 브륀힐데는 그가 지크프리트라는 걸 알아보고는, 기뻐하며 사랑의 포옹을 하며 셋째 날 음악극의 막이 내린다.

"드디어 1876년 8월 17일에는 〈니벨룽의 반지〉 중 네 번째 음악극인 〈신들의 황혼〉이 바이로이트 페스티벌에서 초연되었어."

〈신들의 황혼〉(Die Götterdämmerung)의 내용

대지와 지혜의 여신, 에르다의 딸들인 세 명의 운명의 여신(die Nornen)이 끈을 짜면서 과거와 현재, 미래의 일들에 대해 이야기한다. 그들은 물푸레나무를 잘라 발할성 주변에 쌓아 놓은 장작들에 대해서도 말하며 운명이 너무 얽혀 있어서 자신들조차 점치기 어려운 상황임을 토로한다, 이때 밧줄이 끊어지며 신들의 멸망을 암시하는 가운데 운명의 여신들은 어머니 에르다에게 내려간다.

바위산, 지크프리트와 브륀힐데는 사랑을 노래하며, 브륀힐데는 지크프리트가 잠시 떠나는 것을 막지 않겠지만 자신을 기억해 달라고 말한다. 지크프리트는 사랑의 징표로 반지을 브륀힐데에게 끼워 주고, 브륀힐데는 지크프리트에게 '하늘을 나는 말 - 그라네'(das Ross - Grane)를 준다.

지크프리트의 라인강 기행(Siegfrieds Rheinfahrt)이 연주되는 가운데, 지크프리트는 보름스에 있는 라인강 변의 기비흉족의 기비흉 궁전 홀[228]에 도착한다. 기비흉(Gibichung)의 왕인 군터(Gunther)와 여동생 구트루네(Gutrune), 그리고 아버지는 다르지만 같은 어머니인 그림힐트(Grimhild)로부터 태어난 이복형제 하겐(Hagen)이 있다. 보탄이 인간과의 사이에서 지크문트와 지클린데 라는 자식들을 갖은 것처럼, 알베리히도 인간 세계에 내려와서 왕비인 그림힐트와의 사이에서 낳은 아들로, 하겐은 아버지처럼 간사한 지혜를 가지고 있다. 하겐은 군터의 결혼 상대로 브륀힐데를, 구트루네에게는 지크프리트를 추천하고, 지크프리트를 결혼을 통해서 우리 편으로 만들어서 그의 반지를 빼앗자고 모의한다. 군터는 어머니가 남겨 주신 망각의 약을 쓰기로 한다. 지크프리트는 군터를 보고는 자신과 결투를 할지 친구가 될지 결정하라고 하고 군터는 자신이 갖고 있는 것들을 주겠다고 하며 결투를 피한다. 지크프리트는 하겐에게 어떻게 자신의 이름을 알고 불렀냐며 자신이 갖고 있는 마술투구와 반지 이야기를 하며 브륀힐데에게 반지를 주었다고 말한다. 구트루네가 지크프리트에게 망각의 약이 들어 있는 음료를 가져와서 마시게 하고, 기억을 잃어버린 지크프리트는 구트루네의 미모에 빠진다. 지크프리트는 군터의 여동생 구트루네와 결혼하기 위해서 군터의 아내를 찾아 주는 일을 돕겠다고 한다. 이후 군터와 지크프리트는 술에 서로의 피를 섞어 혈맹을 맺고 길을 떠난다. 홀로 남은 하겐은 두 사람을 비웃으며 브륀힐데를 데려오면 자신이 반지를 차지할 것을 계획한다.

브륀힐데에게 동생 발트라우테(Waltraute)가 말을 타고 와서, 아버지 보탄이 세계를 방랑하다가 어느 날 부러진 창을 갖고 와서는 죽은 영혼들을 시켜서 물푸레나무로 장작을 만들어 발할성 주위에 쌓아 놓게 하고는 근심의 시간을 보내고 있는데, 신들을 위해서 지금 브륀힐데가 갖고 있는 반지를 라인강의 처녀들에게 돌려주기를 부탁한다. 브륀힐데는 지크프리트가 준 반지를 라인강의 처녀들에게 줄 수는 없다고 말해서 발트라우테는 크게 실망하고 되돌아간다. 불꽃을 뚫고 온 지크프리트는 마술투구를 쓰고 군터의 모습으로 브륀힐데에게 온 것이다. 군터의 모습을 한 지크프리트는 군터와 브륀힐데를 강제로 결혼시키기 위해서 그녀를 강제로 끌고 나오면서 반지도 빼앗는다. 기비흉 궁전 안, 니벨룽의 난쟁이(der Zwerg) 알베리히가 잠자고 있는 그의 아들 하겐에게 나타난다. 알베리히는 신들의 멸망을 하겐에게 상기시키고, 지크프리트의 반지를 반드시 빼앗아야 한다고 강조한다. 그리고 이 사명을 위해 자신이 하겐을 태어나게 했다고 말한다. 지크프리트는 기쁜 마음으로 와 있고, 하겐은 모두를 무장하고 나오라고 한다. 하겐은 신하들에게 결혼식을 축하하게 하고 술을 마시며 즐기게 한다. 군터는 브륀힐데와 함께 들어오고, 브륀힐데는 지크프리트가 구트루네와 함께 있는 것을 보고는 당황해 하는데, 군터에게 빼앗겼다고 생각한 반지가 지크프리트의 손가락에 있는 것을 보고는, 지크프리트가 자신을 배신한 것으로 오해하고 분노한다.

브륀힐데는 사람들 앞에서 지크프리트가 자신의 남편이라고 폭로하자 모두가 동요한다. 하겐이 지크프리트에게 따지자, 기억을 잃은 지크프리트는 하겐의 창에 대고 아니라고 맹세한다. 그러나 브륀힐데는 그 창에 대고 맞다고 맹세를 하여, 지크프리트의 목숨이 하겐의 창에 걸리게 된다. 그리고 하겐이 브륀힐데를 꾀어 지크프리트의 약점이 등에 있음을 알게 된다. 군터가 와서는 본인의 신부가 지크프리트의 전 부인임이 드러나서 자신의 명예가 더러워졌다고 하고, 하겐은 군터를 꾀어 지크프리트는 그의 죽음으로 갚아야 한다고 얘기하는 가운데, 결혼을 축하하는 소리가 들린다.

라인강의 숲, 라인강의 세 처녀는 지크프리트를 만나서 사냥을 도와줄테니 반지를 달라고 하면서, 반지의 저주로 반지를 갖고 있는 자는 결국 죽게 된다는 그녀들의 말에 공포를 모르는 지크프리트는 돌려주려다가 다시 거절한다. 하겐의 뿔소리에 같이 뿔을 불어 다시 만난 군터와 하겐과 지크프리트는 사냥에서 허탕을 쳤다고 하며, 지크프리트는 자신의 어릴 적 삶에 대해서 설명을 하고 있는데, 하겐은 그에게 기억을 되찾을 수 있는 약을 넣은 음료를 마시게 하고, 지크프리트는 지난 일들을 다시 기억하게 된다. 하겐은 지크프리트에게 머리 위에 까마귀 소리도 다시 알아들을 수 있냐고 묻고, 지크프리트가 하겐에게 등을 보이자 하겐은 지크프리트의 등을 창으로 찔러 죽인다.

- 지크프리트의 장송 행진곡(der Trauermarsch)은 여러 라이트모티브로 연주되며 지크프리트의 인생을 알려 준다 -

기비흉 궁전 안, 구트루네는 지크프리트의 시신을 보고는 슬퍼하며 친오빠인 군터가 그를 죽인 줄 알았는데 군터는 하겐이 그를 죽였다고 알린다. 하겐은 그가 거짓 선서를 하였기 때문이라며 자신은 알베리히의 아들로 지크프리트의 반지를 갖겠다고 하며 군터도 죽이고, 죽은 지크프리트의 손에서 반지를 빼앗으려 하자 죽은 지크프리트의 손이 높이 쳐들어져 그것을 거부하고, 라인강의 처녀들로부터 그간의 이야기를 모두 듣고 온 브륀힐데는 지크프리트를 화장하고, 자신도 지크프리트와 같이 운명을 함께 하겠다고 한다. 까마귀들에게 이 모든 일들을 보탄에게 알려 주라고 하고, 바위산의 불도 로게를 통해 가져가 발할도 불태우라고 하며, 브륀힐데는 말(das Ross) 그라네(Grane)를 타고 불속으로 뛰어 들어가 지크프리트를 따라가고, 기비흉성 전체도 불타고, 라인강이 범람하여 반지를 가져간다. 하겐은 끝내 욕심을 버리지 못하고 반지를 잡으려다 라인강에 끌려가 죽는다. 저 멀리 발할성도 불타오르는 것이 보이며 넷째 날 음악극의 막이 내린다.

"바그너 선생님, 선생님 살아생전에 바이로이트 페스티벌을 실현시키셨던 건 대단히 훌륭한 일입니다. 오페라, 음악극들을 작곡하신 것은 말할 필요도 없고요. 이 작품들 하나하나를 갖고도 나눌 수 있는 주제들이 너무나 많지만 간단히 요약한다면, 〈라인의 황금〉에서는 한마디로 '사랑을 선택할 것이냐 아니면 권력을 선택할 것이냐'로 정리할 수 있을 것 같습니다. 이 작품에서는 모두가 권력을 쫓으며 얽히고설킨 역사가 시작됩니다. 〈발퀴레〉에서는 '계율을 내 맘대로 해도 되는가 아니면 계율을 엄격하게 지켜야 하는가'하는 보탄의 고뇌가 느껴집니다. 물론 보탄은 신들의 수장으로서 원한다면 마음대로 할 수도 있었지만, 원칙을 지키기 위해 번민하게 됩니다. 현실 세계에서는 권력자들조차도 원칙과 규율을 지키지 않을 뿐 아니라, 손바닥 뒤집듯 거짓말을 하고, 자기가 한 말을 바꿔도 창피함이라는 걸 모르며 몰염치하고 뻔뻔한 경우가 많죠. 양심에 따라서 사람들이 창피함을 알고, 모두에게 공평한 규율이 적용되는 사회가 된다면, 이 사회가 더 건강해질 것 같습니다. 〈지크프리트〉에서는 '사랑과 권력은 두려움을 모르는 자의 것이다.'라고 정리해 봤습니다. 지크프리트는 앞 뒤를 재지 않는 용감무식한 캐릭터인데 반해서, 상대적으로 알베리히나 그의 동생 미메는 너무나도 계략적이고 남들을 잘 이용하는 스타일인 거 같습니다. 제 개인적으로는 이들의 중간, 즉 너무 용감무식한 것도 아니고 너무나 계략적이지도 않은, 균형 잡힌 판단력에 따라 행동하는 사람으로 살고 싶습니다. 〈신들의 황혼〉에서는 '권력욕의 끝은 죽음이고, 사랑은 구원이다.'가 아닐까 생각합니다. 하겐의 반지에 대한 욕심의 끝은 무의미한 죽음이었고, 죽은 지크프리트와 함께 하는 브륀힐데의 동정심(Mitleid)의 사랑이 바그너 선생님의 전작들에서처럼 여기에서도 다시 드러나는 것이라고 생각합니다."

"바그너 선생님의 〈니벨룽의 반지〉 네 편의 전체 작품에서 반지는 세상을 장악하고 싶은 권력의 의지를 상징하고, 그를 둘러싸고 벌어지는 파워 게임, 권력 투쟁이(der Machtkampf)이 작품의 주요 스토리이기에 독일뿐만 아니라 세계의 많은 정치인들이 좋아하는 작품입니다. 현실 세계의 권력 투쟁에 있어서, 한쪽이 강해져서 균형을 잃을 경우에는 약한 쪽의 소멸이 오는 것은 예외 없는 역사적 사실입니다. 상대에게 잡아먹히지 않으려면 상대가 갖고 있는 힘만큼은 있어야 힘의 균형이 유지되기에, 서로가 공존할 수 있다고 생각합니다. 내가 선의를 갖고 상대를 대해 주면, 상대도 나의 선의에 부응해 줄 것이라고 생각하는 것처럼 어리석은 생각은 없는 것 같습니다. 국제 관계에서 우리가 먼저 선의를 갖고 대하면, 저쪽도 그 선의에 따라 줄 것이다? 제가 사는 유럽에서는 이미 이러한 정책은 러시아의 우크라이나 침략 전쟁으로 실패한 것으로 판명 났습니다. 러시아와 많은 거래를 하면 그들이 쉽게 위협하지 못할 것이라는 슈뢰더[228]와 메르켈[229]의 순진한 생각들이 에너지 정책에서의 실패뿐만 아니라 직접적 침략 전쟁의 위협까지도 초래하였습니다. 2차 세계 대전이 발발하기 일년 전인 1938년 9월 30일에도 체임벌린[230]은 영국 수상으로서 히틀러를 만나서 그와의 뮌헨 협정 후에 영국 국민들에게 이렇게 연설했습니다. "영국 총리가 독일에서 명예로운 평화를 가지고 돌아왔습니다. 나는 이것이 우리 시대를 위한 평화라고 믿습니다. 진심으로 감사드립니다. 집에 가서 편안히 주무십시오."[231] 그리고 일 년 뒤인 1939년 9월 1일, 히틀러의 독일이 폴란드를 침공함으로써 2차 세계 대전의 문이 열렸지요. 경쟁의 관계에 있는 개인들, 크고 작은 조직들은 물론이고 국가들 간에도 힘의 균형이 유지될 때에만이 서로가 공존할 수 있는 것임을 모르고, 세상의 모든 살아 있는 존재들 사이에 있는 작용과 반작용의 피할 수 없는 현상들을 제대로 파악하지 못하고, 어쩌면 그렇게 뻔뻔하게도 국민들에게 내가 평화를 가져왔으니 집에 가서 편안히 주무시라고 말을 했을까요. 어떻게 상대방에게 여러모로 의존하면서도, 상대방과 얽혀 있는 관계니까 상대국이 본국을 침범하거나 함부로 공격하지 않을 것이라고 생각했을까요. 헤겔의 말처럼 우리는 정말로 역사에서 아무것도 배우지 못하는가 봅니다. 헤겔은 이렇게 말했습니다. '경험과 역사가 가르쳐 주는 것은, 국민들과 정부들은 역사로부터 결코 배운 적이 없다는 것이고 그래서 그 역사로부터 얻을 수 있는 교훈에 따라서 결코 행동하지 않았다는 것이다.'[232]라고요. 안타깝게도 사람들은 어느정도의 시간이 지나면 모든 것을 잊어버리고 다시 처음 상태로 되돌아가는, 리셋(reset)이 되는 망각의 존재인가 봅니다."

"음, 그렇지. 내가 살았던 시대, 1830년 7월 혁명과 1848년 2월 혁명, 왕정과 공화정, 혁명을 성공시킨 자들이 스스로 황제가 되었고, 그들과의 싸움 끝에 결국 1871년에 독일 제국이 성립되었지, 그러는 사이 민족주의는 유럽을 휩쓸었고, 그에 따른 제국주의가 팽창되는 사건들이 있었지. 내가 왜 반지로 대표되는 권력의 싸움을 소재로 작품을 만들었는지 이제 알겠는가?"

"그럼요, 바그너 선생님! 제가 감히 선생님의 네 작품 전체를 정리해 보면, 사실 모두가 다 권력을 쫓은 결과 〈신들의 황혼〉에서 모두의 멸망이 왔고, 다시 정화된 황금이 원래 있었던 라인강으로 되돌아감에 따라서 새로운 시작으로 되돌아간다, 즉 새롭게 리셋이 된다고 요약하고 싶습니다."

"자네들뿐만 아니라 개개인들의 비평 내지 감상평은 각자의 몫이고 그런 생각들을 이 작품들을 통해서 개개인들이 할 수 있다면 좋은 일이라고 생각하네. 자네들도 잘 알듯이 나는 현실 체제에 직접 저항했다가 1849년 5월에 스위스 취리히로 도망가서 망명 생활을 해야만 했었고, 1864년 5월에 루드비히 2세 왕의 부름을 받아서 그의 최측근으로 당시에 많은 내각의 사람들과 반대편에 서서 그들과 싸웠어야만 했었고, 결국 그들에 의해서 다시 쫓겨나서 1865년 12월에 다시 스위스로 가서 루체른의 트립쉔에서 6년간 살면서, 결국에는 23년 동안이나 스위스에서 살았어야만 했었잖아. 1872년에야 마침내 바이로이트로 이사했으니, 다시 생각해도 참으로 오랫동안 스위스에서 지냈던 셈이네. 되돌아보면 결국 힘의 싸움에서 내각에 밀려난 루드비히 2세 왕은 나를 보호해 줄 수도 없었고, 자신 스스로도 쫓겨나서 자의든 타의든 죽임을 당했던 거야."

"바그너 선생님, 그분과 관련해서는 참 슬픈 이야기입니다."

"심각한 얘기는 이 정도로 하고, 1876년 8월에 바이로이트로 다시 돌아와서, 황제 빌헬름 1세와 비스마르크, 그 외에도 많은 왕들과 여러 유명 인사들이 처음으로 예술가에게 찾아온 역사적인 순간이었어. 〈니벨룽의 반지〉 전 작품이 8월 중에 3번 공연이 되었고 모두 대성공이었지. 루드비히 2세 왕은 세 번째 〈니벨룽의 반지〉 공연에 다시 와서 유럽 전역에서 모여든 손님들을 맞아 주는 주인 역할을 했었어. 베젠동크 부부도 참석했고 프리드리히 니체도 반프리트에 머물면서 리허설과 첫 번째 공연들을 봤었지. 모든 걸 성공적으로 잘 마쳤지만 페스티벌을 끝내고 보니, 15만 탈러의 적자가 발생했지. 난감했어. 결국 휴식이 필요해서 코지마와 아이들을 데리고 이탈리아로 향했어. 11월에 소렌토에서 니체를 만났는데 그것이 그와의 마지막 만남이 되었어. 페스티벌을 살릴 방법을 모색하다 보니까 그때 내가 할 수 있는 것은 새로운 작품을 쓰는 것 밖에는 없다고 생각했어. 그것이 나의 마지막 작품 〈파르지팔〉이었던 거야. 1877년 2월부터 4월까지 〈파르지팔〉의 대본 초안을 만들었고, 물론 1865년에 대충 써 놨던 것을 다시 새롭게 쓴 거야. 빚을 갚기 위해서 내키지는 않지만 런던에서의 콘서트 지휘도 의뢰를 받아서 5월에는 런던에 갔었지. 이러저러한 이유로 기대와는 다르게 수입은 별로였고, 소득이라면 관객들의 호응은 이전과는 다르게 많이 좋아졌고, 빅토리아 여왕[233]의 초대를 받아서 윈저성에서 함께 식사도 하고 당대 유명한 예술가들도 많이 만났어. 그런데 나의 빚이 한 두 푼도 아니고 갚기 힘들 만큼 자꾸 늘어나니까, 미국 미네소타로 이민이나 떠나 버릴까 하고 생각한 적도 있었지. 그만큼 힘들었다는 거지. 9월에는 바이로이트에서 바그너 협회 사람들을 모아 놓고 바이로이트 음악학교 설립 계획도 설명하고 할 정도로 난 열정이 식지 않았었어. 당시에 나는 64세였는데도 말이야. 물론 음악학교 설립 계획은 뮌헨에서처럼 실현시키지는 못했어. 그리고 9월 말부터는 〈파르지팔〉의 1막 작곡을 시작했어. 1878년 초, 바이로이트 바그너 페스티벌[234]은 빚이 너무나 심각해서 법적 소송까지 가게 되었어. 상황이 이 지경에까지 이르니까 코지마가 루드비히 2세 왕에게 편지를 써서 도움을 요청했는데, 루드비히 2세 본인의 입지가 더욱 흔들릴 것을 감수하고도 이 부탁을 들어준 거야. 그래서 3월 31일 재무부에서 돈을 빌려주되 5퍼센트의 이자를 붙여서 갚으라는 계약서에 서명을 할 수가 있었어. 뮌헨에서의 나의 작품 공연에서는 10퍼센트의 로열티를 받기로 했고, 그래서 나는 드디어 〈파르지팔〉 작곡에 전념할 수가 있었지. 1879년 4월에 〈파르지팔〉의 스케치를 대략적으로 마쳤어. 참고로 이 작품에는 나의 사상과 종교관, 그리고 유럽을 타락시키는 퇴폐 문화에 대한 비판이 담겨 있어. 이 해 말에는 건강이 너무 안 좋아서 날씨 좋은 이탈리아로 가서 내 삶의 마지막 대부분을 보냈지. 1880년 1월 나는 가족과 함께 나폴리로 갔어. 이 당시 비스마르크와 독일 제국이 군국주의에 몰두하며 문화를 경시하던 시기로, 나는 그 상황에 크게 실망을 하고 있었지. 거기에 있는 동안 한 번은 아말피로 여행을 가서 살레르노에 있는 궁전에 들렀는데, 인상이 깊어서 〈파르지팔〉의 2막에 나오는 클링조르(Klingsor)의 마술 정원의 모델로 삼았지. 7월에는 나폴리를 떠나서 시에나로 갔어. 내가 67살 때였는데, 친구 리스트와 다시 화해해서 그가 내게 왔었어. 시에나의 대성당[235]은 정말 멋있었지. 그래서 〈파르지팔〉 초연 공연의 3막 성배의 궁정 장면에서 무대 배경으로 쓰게 했어. 그리고 독일로 돌아오는 길에 뮌헨에 들려서 11월 12일 루드비히 2세 왕 앞에서 개인 연주로 〈파르지팔〉 서곡을 지휘했었는데, 결국 이 만남이 그와의 마지막 만남이 되었어." [236]

10장[237] 바그너의 최후의 유산, <파르지팔>

1881년 시칠리아에서 요양
1882년 7월 〈파르지팔〉 초연
1883년 2월 베네치아에서 사망[238]

"1881년 5월, 가슴 통증이 시작되어 다시 이탈리아 시칠리아로 향했어. 거기서 지내면서 1882년 1월 13일에 시칠리아의 팔레르모에서 〈파르지팔〉의 모든 악보를 완성했어."

"바그너 선생님, 시칠리아의 팔레르모는 선생님의 두 번째 작품인 오페라 〈연애 금지〉의 배경인 곳이잖아요."

"하하, 엄 교수 잘 알고 있군. 5월에는 바이로이트 페스티벌을 준비하러 다시 바이로이트로 왔어. 나는 〈파르지팔〉을 신성 무대 축전극(Bühnenweihfestspiele)이라고 불렀는데, 니체는 이를 기독교적인 작품으로만 받아들였지. 사실 이 작품은 기독교 사상뿐만 아니라 불교와 쇼펜하우어의 사상이 함께 들어가 있어. 나는 작품에서 어떤 특정한 이데올로기 만을 주장하는 것이 아니라 나의 사상과 감정의 무의식 세계를 신화와 상징으로 표현한 것이거든. 1880년 월간지 바이로이터 신문에 기고한 종교와 예술 관련 주제의 글에서 '회복의 글'[239]이라는 제목으로 이렇게 썼어. '종교가 변질된 곳에서는, 예술이 그 몫을 감당해서, 종교의 본질을 구원해야 한다고 말할 수 있습니다. 예술은 신화적인 상징들을 진정한 의미에서 진실이라고 믿으면서, 상징적 가치에 따라서 이해합니다. 그와 같은 이상적인 표현을 통해서 그 안에 숨겨진 깊은 진실을 깨닫게 하기 위해서는 말이죠'[240]라고 말이야. 자네들은 내가 작품을 통해서 어떤 메시지를 전달하고 싶어했는지 알겠나?"

"바그너 선생님, 물론 저희는 선생님을 그래도 상당히 이해하는 편이라고 말할 수 있지 않을까요? 그래서 조금 전에도 작품들과 관련해서 시대적 상황을 고려하여 바그너 선생님께서 무엇을 말씀하시고 싶어 했는지 의견을 나누었던 것이고요. 많은 메시지는 바그너 선생님의 시대뿐만 아니라, 저희가 살아가고 있는 현대에도 충분히 되새길 가치가 있다고 생각합니다."

"맞아요, 특히 종교가 변질된 곳에서는 예술이 그 몫을 감당해서 종교의 본질을 구원해야 한다는 선생님의 메시지가 부패가 만연한 우리 시대에 큰 울림을 주네요."

"하하, 고맙군. 엄 교수, 전 선생! 난 페스티벌이 시작되기 전 일반 관객들도 표를 살 수 있도록 후원자 협회를 해산했어. 1882년 7월 26일에 〈파르지팔〉의 초연이 바이로이트 페스티벌에서 열렸고, 지휘는 유대인인 나의 친구 헤르만 레비[241] 가 맡았어."

〈파르지팔〉 작품 설명

신성 무대 축전극 〈로엔그린〉과 마찬가지로 〈파르지팔〉도 1170-1220년경에 살았던 볼프람 폰 에셴바흐의 서사시를 바탕으로 작곡되었다.[243]

- ◆ 성배 - 예수와 12제자들이 최후의 만찬과 십자가에서 예수의 피를 받은 잔.
- ◆ 성창 - 십자가에 매달린 예수의 죽음을 확인하기 위해서 찔렀던 성스러운 창, 롱기누스의 창
- ◆ 중세 스페인의 몬살바트 - 바르셀로나 근처 몬세라트의 중세 명칭
- ◆ 그랄스부르크 - 성배가 보존되어 있는 성배의 성[244]

〈파르지팔〉(Parsifal)의 내용

스페인 몬살바트성, 기사(der Ritter) 구르네만쯔(Gurnemanz)와 그의 부하 두 명이 나무 밑에서 자고 있다 깨어나 아침기도를 올린 후, 성창(die Heilige Lanze, heiliger Speer)에 의해 상처를 입은 암포르타스(Amfortas) 왕의 목욕을 준비시킨다. 기사들과 약초의 효능에 대해 대화를 나누는 중에 여인 쿤드리(Kundry)는 아라비아에서 온 진통제 발삼(Balsam)을 가지고 온다. 이때 암포르타스 왕이 가마에 실려와 약을 받아 목욕을 하러 간다. 암포르타스 왕의 아버지 티투렐(Titurel)은 천사로부터 받은 성배(der Heilige Gral)와 성창(die Heilige Lanze)을 성전에 모시고 기사들에게 지키게 하였다. 어느 날 클링조르(Klingsor)가 티투렐 왕에게 와서 본인도 보물을 지키는 기사가 되고 싶다고 했지만, 티투렐 왕은 그의 사악한 마음을 알고 이 제안을 거절한다. 클링조르는 복수심에 성전 옆에 술집을 만들어 성배를 지키는 기사들을 유혹하고 타락시킨다. 쿤드리도 평상시에는 얌전한 여자이지만 클링조르의 마술로 최면에 들어가면 그의 부하가 되어 그의 조정을 받게 된다. 티투렐 왕은 왕위를 아들 암포르타스에게 넘겨 주었는데 암포르타스도 클링조르의 계략에 넘어가 유혹에 빠졌을 뿐만 아니라 성창도 빼앗겼고 그 창에 찔려 부상을 당해 괴로워한다. 암포르타스가 기도를 하자, 성배에서 빛이 나며 하늘 어디에선가 음성이 들려 왔다.
"동정심을 깨닫게 되는, 순수한 바보, 그를 기다리라, 나는 그를 선택하였다."durch Mitleid wissend, der reine Tor, harre sein', den ich erkor.
호수에서 비명 소리가 나며 활에 쏘인 백조가 날아왔고 허름한 차림의 청년 파르지팔이 자기가 신성한 백조를 쏘았다고 자백한다. 구르네만츠는 누군지 다그치는데 파르지팔은 어머니의 이름은 헤르체라이데(Herzeleide)이고, 누가 활을 주었냐는 물음에, 숲에서 독수리들을 쫓아 버리기 위해서 스스로 만들었다고 대답한다. 이 청년은 자신의 출생을 잘 모른다고 쿤드리가 대신 설명한다. 그의 아버지는 전사했고 어머니가 홀로 파르지팔을 키웠는데 자기 남편처럼 아들도 전쟁터에서 죽을까 봐 숲속에서 홀로 키워서 바보가 되었다고 알려 준다. 어느 날 아들도 기사들을 따라가 버리자 어머니도 죽게 되었다고 말하는데 클링조르의 라이트모티브가 흘러나오며 그녀는 숲속으로 가서 잠들어 버린다. 구르네만츠는 이 청년이 바로 순수한 바보일지도 모른다고 생각하고 성배 예식을 치르는 성전으로 데려간다.
성전 안에 기사들이 입장하고 고통 속에 살아가고 있는 암포르타스가 가마를 타고 들어온다. 티투렐의 혼령이 나타나 암포르타스에게 성배의 덮개를 벗기라고 하나 (Enthülltet den Gral!), 성배를 볼 경우 목숨이 연장되기에 암포르타스는 거부하지만, 기사들은 덮개를 벗기고 고통스러워 하는 암포르타스를 가마에 태워서 데리고 나간다. 구르네만츠는 이 의식을 이해할 수 있는가를 파르지팔에게 묻지만 깨달은 것이 없다는 답변에 실망하고 그를 내쫓는다.

클링조르의 탑, 마술에 걸려 있는 쿤드리에게 클링조르는 '순수한 바보'를 유혹하라고 하고 쿤드리는 할 수 없다고 대답하지만, 결국에는 자신과 함께 모두가 타락한다고 하며 사라진다. (mit mir alle verfallen) '순수한 바보'인 파르지팔이 나타나고 마녀들이 그를 유혹하기 시작하는데 효과가 없고, 이에 쿤드리가 파르지팔을 부른다. 파르지팔! 멈춰요!
그녀의 소리에 남들로부터 자신의 이름을 들어 본 적이 없던 파르지팔은 어머니를 기억하며 괴로워하는데, 쿤드리가 다가와 열렬한 키스를 한다. 파르지팔은 갑자기 가슴에 통증을 느끼는데, 이와 같은 키스로 인해서 불행해진 암포르타스를 떠올리며 공포를 느껴 그녀를 밀쳐 낸다. 이에 쿤드리는 자신이 암포르타스를 유혹했다고 하면서 클링조르에게 도움을 청하고, 클링조르는 암포르타스에게서 빼앗은 성창을 파르지팔을 향해 던졌지만 성창은 그의 머리 위에 서 버리고 만다. 파르지팔은 그 창을 들어 십자가를 그린다. 그때 성은 무너지고 쿤드리는 놀라 주저 앉는다.
몬살바트의 새벽 숲속, 세월이 흘러 기사단에서 은퇴한 구르네만츠가 사는 오두막집 앞에 쿤드리가 와 있고, 잠시 후 검은 갑옷에 창을 든 기사 파르지팔이 가까이 온다. 구르네만츠는 신성한 금요일이니 무기를 내려놓으라고 명하고 파르지팔은 창을 내려놓고 무릎을 꿇고 기도한다. 이에 파르지팔과 성창을 알아본 구르네만츠는 잃어버린 성창을 찾은 것에 감동한다. 그 사이에 암포르타스 왕의 고통은 더 심해졌다고 알려 주고, 쿤드리는 성스러운 물로 파르지팔의 발을 깨끗이 씻어 주고, 구르네만츠는 파르지팔에게 세례를 베풀어 준다. 파르지팔은 성배의 기사가 된 첫번째 의식으로 쿤드리에게 세례를 주고, 쿤드리는 울면서 땅에 엎드린다. 파르지팔은 그녀의 이마에 입을 맞추고, 구르네만츠는 파르지팔에게 성배 수호 기사가 쓰는 망토를 준다.
성전 안, 죽은 티투렐의 관과 병상에 누워 있는 암포르타스가 사람들에 의해서 들어온다. 성전 안에는 비통함이 흐르는 가운데 암포르타스는 자신에게도 죽음을 달라고 외친다. 이에 파르지팔은 암포르타스에게 가서, '그대를 상처 낸 유일한 무기인 성창만이 상처를 고칠 수 있다'고 말하면서 성창의 끝을 암포르타스의 상처에 대자 상처는 아물게 되고, 모두에게 이 창을 클링조르에게서 되찾았다고 알린다.
파르지팔은 성단(der Weihtisch)에 올라가서 성배를 받들고 무릎을 꿇는다. 성배는 빛나기 시작하고 성배의 계시(Erleuchtungen des Grales), 하얀 비둘기들이 파르지팔의 머리 위를 날아다니는 가운데 쿤드리는 파르지팔의 발 아래 쓰러져 숨을 거두고, 파르지팔은 무릎을 꿇고 있는 암포르타스와 구르네만츠를 축복하며 끝난다.

바그너 선생님께서는 〈지크프리트〉에서 지크프리트를 '아직 완성되지 않은 순수한 바로'로 먼저 등장시켰고, 〈파르지팔〉에서 파르지팔을 '완성된 순수한 바보'(der reine Tor)로 묘사했다고 생각됩니다. 결국 모든 유혹과 시험을 이겨 낸 '순수한 바보'를 통해서 모든 것이 해결되고 권력자들도 그 앞에 무릎을 꿇는다는 메시지를 주고 계십니다. 즉 하나님의 나라는 어린 아이와 같은 자의 것이라는 예수 그리스도의 말씀과 바그너 선생님께서 등장시키신 순수한 바보가 같은 맥락이지 않나 생각합니다. 결국 쇼펜하우어 선생님이 '자기 의지의 부정'을 실천한 사람으로 예를 든 것이 예수 그리스도인데, 이러한 기독교적 배경을 가지고 바그너 선생님께서는 〈파르지팔〉이라는 작품 속에서 '순수한 바보'를 등장시키신 것이라고 생각합니다. 이러한 작품의 근본 사상을 잘 알고 있던 니체는 결국 바그너 선생님이 다시 기독교로 돌아갔다며 선생님을 엄청나게 비난하며 경멸자로 돌아선 것이 아닌가 생각이 돼요.[244] 물론 아까 선생님께서 말씀하셨던 것처럼 선생님의 작품은 기독교 사상뿐 아니라 불교와 인도의 사상에서 말하는 해탈, 열반도 포함하고 있다는 것을 저희는 잘 알고 있지만요."

"저도 그렇게 생각해요. 결국 자기 의지를 부정하는 자가 세계를 구원한다는 것이죠. 반대로 국가나 크고 작은 조직의 지도자가 자기 의지의 긍정을 추구하는 데 있어서, 자기만이 가장 중요하다고 생각하는 극도의 이기주의자, 즉 나를 위해서라면 귀찮은 너는 사라져야만 한다는 악인이 나타나기도 하는데. 지난 세계사에서 이미 출연했었던 히틀러와 같은 자들이 이런 악인의 대표적인 실례죠. 우리가 살고 있는 각각의 국가나 크고 작은 조직, 심지어 가족 안에서도 리더십이 있는 자가 결국에는 자기의 의지를 내려놓고 정의 내지 대의(die Gerechtigkeit, justice)를 위해서 자기 의지를 부정할 때 바로, 그 지도자가 국가나 조직이나 가족을 올바른 방향으로 이끌어 간다는 의미 즉, 종교적인 표현으로는 자기 의지를 부정하는 자가 세상을 구원한다는 것이 아닐까요?"

"그렇지! 힘 내지는 권력, 주도권을 갖고 있는 자가 자신의 의지를 내려놓는다는 것은 정말로 어려운 일이야. 그래서 자기 의지의 부정을 한 사람들을 우리는 위인으로 삼고 존경하며 따르려고 하는 거지."

"바그너 선생님! 처음에는 바그너 선생님의 작품들 속에서 '여인의 숭고한 사랑이 남자를 구원한다'라는 메시지를 제대로 이해하지 못했는데, 이제 보니까 결국 '자신의 의지를 부정하는 자가 세계를 구원한다'는 메시지를 작품들 속에서 상징적인 의미로 전달하고 싶으셨던 것이군요!"

"역시 자네들은 나의 의도를 제대로 이해했군. 그러니까 단순하게 남녀 문제로만 보지 말고 나와 쇼펜하우어 선생님의 철학을 상징적으로 표현했다고 보면 돼! 그리고 이제 나의 인생의 마지막 스토리를 얘기해 줄게. 1878년에 〈파르지팔〉을 작곡하려 한다고 루드비히 2세 왕과 상의했을 때, 난 기독교적인 내용의 오페라에 유대인이 지휘하는 것은 좀 그렇지 않냐고 의견을 피력했는데 루드비히 2세 왕의 뜻을 거역할 수가 없었어. 그래서 유대인 지휘자인 헤르만 레비가 지휘를 맡게된 거야. 왕이 그를 추천했었고 내가 루드비히 2세 왕과 그렇게 하기로 약속을 했었거든. 〈파르지팔〉은 모두 16회의 공연이 있었는데, 마지막 날인 8월 29일 공연에서는 3막의 무대 전환 장면부터 내가 헤르만 레비가 맡았던 지휘를 이어받아 직접 지휘했어. 루드비히 2세 왕은 그 공연에는 오지 못했지만, 이 페스티벌은 대성공이었어. 의미가 있었던 것은 티켓 판매의 수입으로 페스티벌이 계속 이어질 수도 있겠다는 희망을 본 거야. 페스티벌이 끝나고는 가슴 통증이 더욱 심해져서 9월에 가족과 함께 이 곳 베네치아로 왔고, 11월에는 리스트가 와서 몇 주간을 같이 보냈어. 여기서 마지막을 보내면서는 크리스마스 날인 12월 25일에는 코지마의 생일을 축하하기 위해서 50년 전에 작곡했던 나의 〈C 장조 교향곡〉을 라 페니체 극장에서 지휘했어. 코지마의 생일이 1837년 12월 24일이잖아. 그리고 1883년 2월 13일 나는 「인간 안에 있는 여성성에 대하여」[245]라는 글에서, 사랑, 결혼, 성적인 동등함에 대한 나의 생각들을 쓰고 있었어. '그럼에도 불구하고 여성 해방의 과정은 단지 황홀한 경련을 통해서만 일어난다. 사랑 – 비극' 이런 글로 말이야. 나는 코지마가 피아노 치는 슈베르트의 가곡 '눈물의 찬가(Lob der Tränen)'[246]를 서재에서 들으면서 글을 쓰고 있었는데, 자네들 알지? 내 친구 프란츠 리스트가 1838년쯤에 슈베르트의 '눈물의 찬가'를 피아노곡으로 편곡했다는 것 말이야."

"오, 그랬나요? 몰랐습니다."

"나는 가슴의 통증으로 사경을 헤매다가, 1883년 2월 13일 오후 3시 30분경 심장 경련으로 코지마의 품에서 생을 마감했지. 2월 18일 나의 시신은 바이로이트 반프리트 정원에 마련된 묘지에 안치되었어. 그리고 루드비히 2세 왕은 내가 죽은지 3년 후인 1886년 6월 13일에 슈타른베르크 호수에서 익사체로 발견되었어. 41살이 되기 전에 생을 마감한 거야."

"바그너 선생님, 바그너 선생님의 삶과 작품들에 대해서 조금이나마 알 수 있는 시간을 갖게 된 것에 대해서 정말 감사드립니다. 앞으로 바그너 선생님의 작품들을 하나하나 만날 때마다, 거기에 녹아 있는 선생님의 정신, 철학과 음악 세계를 이해하는 데 큰 도움이 될 것 같습니다."

"엄주희 교수와 전영천 선생에게도 참 고맙네. 나의 삶에 대한 이야기뿐만 아니라, 짧은 시간 안에 이해하기 쉽지 않은 작품들 이야기까지 들어 줬으니 말이야. 나는 사는 날 동안 나의 작품들을 작곡하고 공연을 올리고 축제극장을 짓고, 그것을 유지하면서 바이로이트 페스티벌을 안착시키려고 정말 엄청난 노력을 하며 살았어. 엄청난 빚과 함께 말이야. 자네들도 사는 동안 열심히, 그리고 즐겁게 살아가길 바라네. 이제 나는 원래 있던 곳으로 되돌아가겠네."

|부록 1|

〈트리스탄과 이졸데〉 작품 대본
Libretto von Tristan und Isolde

번역: 전예찬[1]

Erster Aufzug – 1막

Erste Szene – 1장

(젊은 선원의 목소리에서 흘러나오는 선율)

Westwärts schweift der Blick,
서쪽으로 시선이 향하고
ostwärts streicht das Schiff.
동쪽으로 배가 나아간다.
Frisch weht der Wind der Heimat zu,
시원한 바람이 고향에서 불어온다.
mein irisch Kind, wo weilest du?
나의 아일랜드 아이여, 너는 어디에 있느냐?
Sind's deiner Seufzer Wehen,
너의 한숨의 바람이
die mir die Segel blähen?
돛을 부풀게 해 움직이게 하는가?
Wehe, wehe, du Wind
불어라, 불어라, 바람아
Weh, ach wehe, mein Kind!
아, 아, 내 아이여!
Irische Maid,
du wilde, minnige Maid!
아일랜드 소녀여, 거칠고
사랑스러운 소녀여!

1 독일 의사, 베를린 샤리테 의과대학 졸업

(이졸데)

Wer wagt mich zu höhnen?

감히 누가 나를 조롱하는가?

Brangäne, du?

브란게네, 너?

Sag', wo sind wir?

답하거라, 우리가 어디에 있느냐?

(브란게네)

Blaue Streifen steigen im Osten auf.

동쪽에서 푸른 지대가 솟아오릅니다.

Sanft und schnell segelt das Schiff auf ruhiger See.

부드럽고 빠르게 배는 잔잔한 바다 위를 달립니다.

Vor Abend erreichen wir sicher das Land.

우리는 저녁 전에 안전하게 땅을 밟을 것입니다.

Welches Land?

어떤 땅 말이냐?

Kornwalls grünen Strand.

콘월의 초록색 해변이요.

(이졸데)

Nimmermehr! Nicht heut', noch morgen!

절대! 오늘도, 내일도 안 돼!

(브란게네)

Was hör' ich! Herrin! Ha!

제가 무엇을 들은 거죠! 아!

(이졸데)

Entartet Geschlecht! Unwert der Ahnen!

퇴락한 족속! 조상들의 가치를 잃었구나!

Wohin, Mutter, vergabst du die Macht,

über Meer und Sturm zu gebieten?

어머니, 어디에 바다와 폭풍을 다스릴 권력을 넘긴 겁니까?

O zahme Kunst der Zauberin,

오 마술사의 능숙한 솜씨가,

die nur Balsamtränke noch braut!

향유 물약만을 만드는구나!

Erwache mir wieder, kühne Gewalt;

내 안에서 다시 깨어라, 대담한 힘이여.

herauf aus dem Busen, wo du dich bargst!

네가 숨어 있던 가슴 속에서 나와라!

Hört meinen Willen, zagende Winde!

내 의지를 들어라, 망설이는 바람아!

Heran zu Kampf und Wettergetös!

전투와 폭풍의 소리로 맞서라!

Zu tobender Stürme wütendem Wirbel!

사나운 폭풍과 격렬한 소용돌이로!

Treibt aus dem Schlaf dies träumende Meer,
꿈을 꾸는 이 바다를 잠에서 깨워라,
weckt aus dem Grund seine grollende Gier!
저 깊은 바다 속에서 울부짖는 욕망을 깨워라!
Zeigt ihm die Beute, die ich ihm biete!
내가 주는 전리품을 보여 줘라!
Zerschlag es, dies trotzige Schiff,
박살 내라, 여지껏 버틴 이 배를,
des zerschellten Trümmer verschling's!
부서진 조각들을 삼키거라!
Und was auf ihm lebt, den wehenden Atem,
그리고 그 위에 숨 쉬고 살고 있는 자를,
den lass ich euch Winden zum Lohn!
그를 나는 너희 바람에게 보상으로 맡기노라!

(브란게네)
O weh! Ach! Ach!
Des Übels, das ich geahnt!
오! 아! 아!
불행한 예감이여!
Isolde! Herrin! Teures Herz!
이졸데! 귀하신 주인님!
Was bargst du mir so lang?
어째서 오랫동안 제게 숨겼나요?
Nicht eine Träne weintest du Vater und Mutter;
당신은 아버지와 어머니 앞에서
눈물 한 방울도 흘리지 않으셨죠.
kaum einen Gruß den Bleibenden botest du.
주인님은 남은 이들에게 인사 한마디도 하지 않으셨죠.
Von der Heimat scheidend kalt und stumm
차갑게 침묵하시며 고향과 헤어지셨죠.
bleich und schweigend auf der Fahrt;
배 위에서도 창백히 침묵을 지키시며,
ohne Nahrung, ohne Schlaf;
드시지도 주무시지도 않으며,
starr und elend, wild verstört.
그렇게 굳어 버리고, 비참하고, 심히 혼란스러우신 모습.
Wie ertrug ich, so dich sehend,
그런 모습을 보고 제가 어찌 감당했겠습니까,
nichts dir mehr zu sein,
당신에겐 나조차 더 이상 의미가 없고,
fremd vor dir zu stehen?
남처럼 서 있는데?

O, nun melde, was dich müht!
오, 말씀하십시오, 무엇이 힘들게 하는 겁니까!
Sage, künde, was dich quält!
말씀해 보십시오, 무엇이 힘드신 건가요!
Herrin Isolde, trauteste Holde!
주인님 이졸데! 가장 귀하신 님!
Soll sie wert sich dir wähnen,
vertraue nun Brangänen!
의미가 있으실지 모르겠지만,
저 브란게네를 믿으십시오!

(이졸데)

Luft! Luft! Mir erstickt das Herz!
숨! 숨! 숨이 막힌다!
Öffne! Öffne dort weit!
열어라! 열어라 활짝!

Zweite Szene – 2 장

(젊은 선원의 소리)

Frisch weht der Wind der Heimat zu,
시원한 바람이 고향에서 불어온다,
mein irisch Kind, wo weilest du?
나의 아일랜드 아이여,
너는 어디에 있느냐?
Sind's deiner Seufzer Wehen,
너의 한숨의 바람이
die mir die Segel blähen?
돛을 부풀게 해 움직이게 하는가?
Wehe, wehe, du Wind!
불어라, 불어라, 너 바람아!
Weh, ach wehe mein Kind!
아, 아, 내 아이여!

(이졸데)

Mir erkoren, mir verloren,
내게 선택되고, 잃어버린,
hehr und heil, kühn und feig!
고귀하고 온전하며, 용감하고 비겁한!
Todgeweihtes Haupt!
죽을 운명인 얼굴!
Todgeweihtes Herz!
죽을 운명인 마음!
Was hältst du von dem Knechte?
저 자를 어떻게 생각하느냐?

(브란게네)

Wen meinst du?
누구 말씀이십니까?

(이졸데)

Dort den Helden,
저기 저 영웅 말이다,

der meinem Blick dem seinen birgt,
내 시선을 피하는,
in Scham und Scheue abwärts schaut.
부끄러운 모습으로 아래로 향한 눈빛.
Sag', wie dünkt er dich?
말해 보거라, 그가 네게 어때 보이냐?

(브란게네)
Fragst du nach Tristan, teure Frau?
트리스탄 말씀이십니까, 귀한 님이시여?
Dem Wunder aller Reiche,
dem hochgepries'nen Mann?
모든 왕국의 경이로움,
영광스러운 그분?
Dem Helden ohne Gleiche,
des Ruhmes Hort und Bann?
비교 대상이 없는 영웅, 명예의
자리와 마력의 그분?

(이졸데)
Der zagend vor dem Streiche
sich flüchtet wo er kann,
두려움으로 어디든
피하라는 그 말이냐,
weil eine Braut er als Leiche
für seinen Herrn gewann!
자기 주인을 위해 시체 같은
신부를 모셔가는 자!
Dünkt es dich dunkel, mein Gedicht,
나의 시적 표현이 너무 어두운가.
frag ihn denn selbst, den freien Mann,
ob mir zu nahen er wagt?
그럼 직접 물어보거라, 저 인간,
내게 다가올 용기가 있는지?
Der Ehren Gruß und zücht'ge Acht
vergisst der Herrin der zage Held,
예의 있게 주인에게
인사하는 것을 잊은 영웅,
dass ihr Blick ihn nur nicht erreiche,
den Helden ohne Gleiche!
그녀의 시선을 피하는
비교할 수 없는 영웅!
Oh, er weiß wohl, warum!
그는 그 이유를 잘 알고 있지!
Zu dem Stolzen geh,
meld ihm der Herrin Wort!
저 거만한 자에게 가거라,
주인의 말을 전하거라!
Meinem Dienst bereit,
schleunig soll er mir nahen.
나를 섬길 자세로,
얼른 내게 오라고 하거라.

(브란게네)

Soll ich ihn bitten, dich zu grüßen?

주인님께 인사하라고 부탁드릴까요?

(이졸데)

Befehlen ließ dem Eigenholde

Furcht der Herrin ich, Isolde!

그에게 명령하거라,

나 이졸데를 두려워하라고!

(쿠르베날)

Hab' acht, Tristan!

Botschaft von Isolde.

조심하십시오, 트리스탄!

이졸데의 소식입니다.

(트리스탄)

Was ist's? Isolde?

뭐라? 이졸데?

Von meiner Herrin?

나의 주인?

Ihr gehorsam, was zu hören,

meldet höfisch mir die traute Magd.

복종하며 들으라고

하녀가 내게 전달하나?

(브란게네)

Mein Herre Tristan, euch zu sehen,

존경하는 트리스탄 님, 당신을 뵙기를,

wünscht Isolde, meine Frau.

주인님 이졸데가 원하십니다.

(트리스탄)

Grämt sie die lange Fahrt,

die geht zu End',

그녀가 오랜 이동으로

힘들어하는가, 곧 도착한다.

eh' noch die Sonne sinkt,

sind wir am Land.

해가 지기 전에

도착할 것이다.

Was meine Frau mir befehle,

treulich sei's erfüllt.

나의 이졸데 님의 명령은

이루어져야 하지.

(브란게네)

So mög' Herr Tristan zu ihr gehen.

그러니 트리스탄 님께서 그녀에게 가십시오.

Das ist der Herrin Will'.

그것이 주인님이 원하시는 바입니다.

(트리스탄)

Wo dort die grünen Fluren
dem Blick noch blau sich färben
저기 멀리 초록색 땅이
아직 파란색으로 보이는 저기에
harrt mein König meiner Frau.
나의 왕 그녀의 왕이 있는 곳이다.
Zu ihm sie zu geleiten,
bald nah' ich mich der Lichten;
왕에게 그녀를 보내는 것을,
곧 내가 해내는 것이지.
keinem gönnt ich diese Gunst.
다른 누구를 위해서도 해 주지 않았을 일이지.

(브란게네)

Mein Herre Tristan, höre wohl:
deine Dienste will die Frau,
트리스탄 님, 잘 들으십시오.
당신이 그녀의 명령을 듣고
dass du zur Stell' ihr nahtest, dort, …
곧바로 오시기를 원하십니다, 거기로 …
wo sie deiner harrt.
그녀가 당신을 기다리는 곳으로.

(트리스탄)

Auf jeder Stelle, wo ich steh',
내가 어디에 있든지,
getreulich dien' ich ihr,
나는 그녀에게 복종한다,
der Frauen höchster Ehr'.
여인들 중 가장 큰 영광.
Ließ ich das Steuer jetzt zur Stund',
내가 지금 배의 조타를 놓으면,
wie lenkt' ich sicher den Kiel …
어찌 안전하게 인도하겠는가 …
… zu König Markes Land?
… 마르케 왕의 땅으로?

(브란게네)

Tristan, mein Herre!
Was höhnst du mich?
존경하는 트리스탄 님!
나를 조롱하십니까?
Dünkt dich nicht deutlich
die tör'ge Magd,
이 우매한 하녀가
정확히 전달하지 못했나요?
hör' meiner Herrin Wort!
So hieß sie, sollt' ich sagen:
우리 주인님 명령을 들으십시오!
그리 전달하라고 하셨습니다.
Befehlen ließ dem Eigenholde
Furcht der Herrin, sie, Isolde.

당신에게 명령하라 하셨습니다,
두려워하라, 그녀, 이졸데를!

(쿠르베날)
Darf ich die Antwort sagen?
내가 답해도 되겠습니까?

(트리스탄)
Was wohl erwidertest du?
너는 무슨 대답을 하려고?

(쿠르베날)
Das sage sie der Frau Isold'!
이졸데 님께 이렇게 말씀하시오!
Wer Kornwalls Kron' und Englands Erb'
콘월의 왕관과 영국의 유산을
an Irlands Maid vermacht,
아일랜드 소녀에게 주는 자인,
der kann der Magd nicht eigen sein,
그는 그녀의 것이 될 수 없으며,
die selbst dem Ohm er schenkt.
그는 소녀를 삼촌에게 바치는 자이다.
Ein Herr der Welt,
세상의 군주,
Tristan der Held!
영웅 트리스탄!
Ich ruf's: du sag's, und grollten …
나는 이리 외치니: 당신은 말하시오 …
mir tausend Frau Isolden!
천명의 이졸데가 내게 분노한다고 해도!
Herr Morold zog zu Meere her,
in Kornwall Zins zu haben.
모롤트 님이 바다를 건넜었지,
콘월의 조공을 걷기 위해.
Ein Eiland schwimmt auf ödem Meer,
섬이 척박한 바다 위에 떠 있고,
da liegt er nun begraben!
그는 그 땅에 묻혀 있다!
Sein Haupt doch hängt im Irenland,
als Zins gezahlt von Engeland:
영국의 조공과 같은
그의 머리는 아일랜드에 있도다.
Hei! Unser Held Tristan,
wie der Zins zahlen kann!
하! 우리 영웅 트리스탄,
어찌 이리 조공을 낼 수 있는가!
Sein Haupt doch hängt im Irenland,
als Zins gezahlt von Engeland:
영국의 조공과 같은 그의 머리는 아일랜드에 있도다.
Hei! Unser Held Tristan,
wie der Zins zahlen kann!
우리 영웅 트리스탄,
어찌 이리 조공을 낼 수 있는가!

Dritte Szene – 3 장

(브란게네)

Weh, ach wehe! Dies zu dulden!

아! 이런 꼴을 당하다니!

(이졸데)

Doch nun von Tristan!

Genau will ich's vernehmen.

이제 트리스탄에 대하여!

정확히 듣겠다.

(브란게네)

Ach, frage nicht!

물어보지 마십시오!

(이졸데)

Frei sag's ohne Furcht!

두려워 말고 자유롭게 말하라!

(브란게네)

Mit höf'schen Worten wich er aus.

그는 공손한 말로 피했습니다.

(이졸데)

Doch als du deutlich mahntest?

네가 정확히 전달했는데도?

(브란게네)

Da ich zur Stell' ihn zu dir rief:

제가 곧바로 마님에 대해 말했을 때,

wo er auch steh', so sagte er,

그가 말하길, 자기는 어디에 있든지,

getreulich dien' er ihr,

der Frauen höchster Ehr'.

자기는 영광스러운

마님에게 복종한다고.

Ließ er das Steuer jetzt zur Stund',

지금 당장 자기가 조타를 손에서 놓으면,

wie lenkt' er sicher den Kiel

zu König Markes Land?

어찌 안전히 모시느냐고

마르케 왕의 땅으로?

(이졸데)

Wie lenkt' er sicher den Kiel

zu König Markes Land?

어찌 안전히 모시느냐고

마르케 왕의 땅으로?

Den Zins ihm auszuzahlen,

den er aus Irland zog!

왕께 바칠 조공을 아일랜드에서

가져다드리기 위해서!

(브란게네)

Auf deine eig'nen Worte,
als ich ihm die entbot,
마님의 말씀을
전달하였을 때,
ließ seinen Diener Kurwenal …
그의 하인 쿠르베날이 …

(이졸데)

Den hab' ich wohl vernommen,
kein Wort, das mir entging.
그의 말은 내가 다 들었다,
단 한 단어도 놓치지 않았다.
Erfuhrest du meine Schmach,
nun höre, was sie mir schuf.
나의 수치를 목격했느냐,
들어라, 내 마음이 어떤지.
Wie lachend sie mir Lieder singen,
어찌나 나를 보고
비웃으며 노래하던지,
wohl könnt' auch ich erwidern!
나도 이리 응답할 수 있다!
Von einem Kahn, der klein und arm
an Irlands Küste schwamm,
아일랜드 해안에 떠다니던
작고 초라한 배에 대해서 말이다,
darinnen krank ein siecher Mann
elend im Sterben lag.
그 안에는 나약하고
죽어 가는 남자가 있었다.
Isoldes Kunst ward ihm bekannt.
그는 이졸데의 마법에 대해서 알고 있었다.
Mit Heilsalben und Balsamsaft …
상처를 치유하는 연고로…
der Wunde, die ihn plagte,
getreulich pflag sie da.
그녀는 그를 아프게 하는
상처를 어루만져 주었지.
Der „Tantris“ mit sorgender List
sich nannte,
그는 두려워하며 자신을
"탄트리스"라고 했지만,
als Tristan Isold' ihn bald erkannte.
이졸데는 곧바로 트리스탄을 알아보았다.
Da in des Müß'gen Schwerte
eine Scharte sie gewahrte,
그녀는 그의 칼에 흠집이
난 것을 알아차렸고,
darin genau sich fügt' ein Splitter,
거기에 정확히 하나의 파편이 끼워졌었다,
den einst im Haupt des Irenritters,
zum Hohn ihr heimgesandt,
모욕스럽게 우리에게 보내진
아일랜드 장군의 머리에 꽂혔던 것,

mit kund'ger Hand sie fand.
그것을 그녀는 능숙한 솜씨로 찾아냈었다.
Da schrie sie auf aus tiefstem Grund!
그리고 마음속 깊이 소리쳤다!
Mit dem hellen Schwert ich vor ihm stund.
나는 그 칼을 들고 그놈 앞에 섰었다.
An ihm, dem Überfrechen,
Herrn Morolds Tod zu rächen.
그 조롱하는 자에게 모롤트 님의
죽음에 대해 복수하려는 순간.
Von seinem Lager blickt' er her,
그는 병상에서 쳐다봤다,
nicht auf das Schwert,
칼을 본 것도 아니고,
nicht auf die Hand.
손을 본 것도 아니고.
Er sah mir in die Augen.
그는 나의 눈을 보고 있었다.
Seines Elendes jammerte mich.
그의 비참한 상황이 나는 안타까웠다.
Das Schwert, ich ließ es fallen!
칼, 나는 칼을 놓아 버렸다!
Die Morold schlug, die Wunde,
sie heilt' ich, dass er gesunde,
모롤트를 친 칼 말이다, 나는 그를
치료해 주었고 건강을 회복시켰다,
und heim nach Hause kehre.
그리고 다시 집으로 돌려보낸 것이다.
Mit dem Blick mich nicht mehr beschwere!
더 이상 그런 눈빛으로 나의 마음을 짓누르지 않도록!

(브란게네)

O Wunder! Wo hatt' ich die Augen?
어머나! 내 눈이 어디에 있었던 거지요?
Der Gast, den einst ich pflegen half?
내가 한때 돌보았던 그 손님 말인가요?

(이졸데)

Sein Lob hörtest du eben:
"Hei! Unser Held Tristan."
방금 전 네가 들은 것이다.
"우리의 영웅 트리스탄!"
Der war jener traur'ge Mann.
그가 바로 슬픔에 빠져 있던 남자였다.
Er schwur mit tausend Eiden
mir ew'gen Dank und Treue!
그는 평생의 감사와 의리를
내게 천 번이나 맹세했었다!
Nun hör', wie ein Held Eide hält!
저 봐라, 영웅이 맹세한 것을 어떻게 지키는지!
Den als Tantris unerkannt ich entlassen,

탄트리스로 내가 아무도 모르게 보내 주었고,
als Tristan kehrt er kühn zurück.
트리스탄으로 그는 담대히 돌아온 것이다.
Auf stolzem Schiff, von hohem Bord.
위풍당당하게 배를 타며, 높은 갑판에서.
Irlands Erbin begehrt' er zur Eh'
für Kornwalls müden König,
그는 아일랜드의 상속녀를
콘월의 지친 왕과 혼인시키려는 것이다,
für Marke, seinen Ohm.
자신의 삼촌인 마르케를 위하여.
Da Morold lebte, wer hätt' es gewagt,
모롤트가 사는 동안에, 누가 감히 이리 했겠느냐,
uns je solche Schmach zu bieten?
우리에게 이 같은 치욕을 안겨 주는 것을?
Für den zinspflicht'gen Kornenfürsten
um Irlands Krone zu werben!
조공을 내는 콘월 귀족이
아일랜드 왕관을 넘보다니!
Ach, wehe mir! Ich ja war's,
아, 슬프다! 그래 나였어,
die heimlich selbst die Schmach sich schuf!
나 스스로 이런 수치심을 유발하게 한거야!
Das rächende Schwert,
statt es zu schwingen,
보복의 칼을
휘둘기는커녕,
machtlos ließ ich's fallen!
힘없이 주저했었지!
Nun dien' ich dem Vasallen!
이로써 내가 신하를
섬겨야만 한다!

(브란게네)

Da Friede, Sühn' und Freundschaft
von allen ward beschworen,
모두가 평화와 화해,
우정을 맹세하였기에,
Wir freuten uns all' des Tags;
우리는 그 날을 모두 기뻐했었죠.
wie ahnte mir da,
dass dir es Kummer schüf'?
그때 어찌 알았겠습니까,
그것이 마님에게 고난이 될 줄이야?

(이졸데)

O blinde Augen! Blöde Herzen!
오 먼 눈! 바보 같은 마음!
Zahmer Mut, verzagtes Schweigen!
온순해진 용기, 겁에 질린 침묵!

Wie anders prahlte Tristan aus,
어째서 트리스탄은 다 떠벌렸을까,
was ich verschlossen hielt!
나는 감춘 것을!
Die schweigend ihm das Leben gab,
나는 침묵하며 그에게 삶을 주었건만,
vor Feindes Rache ihn schweigend barg.
복수대신 침묵으로 그를 숨겨 주었건만.
Was stumm ihr Schutz zum Heil ihm schuf,
그녀의 침묵이 그를 구원했던 것,
mit ihr gab er es preis.
그것을 그는 그녀와 함께 포기했다.
Wie siegprangend heil und hehr,
laut und hell wies er auf mich:
그가 승리의 영광과 거룩함을 자랑하며,
크고 밝은 목소리로 나를 가리켰다.
Das wär' ein Schatz,
mein Herr und Ohm!
그녀는 보물과 같습니다,
나의 주군, 삼촌이시여!
Wie dünkt euch die zur Eh'?
그녀와 혼인하는 것을
어떻게 생각하십니까?
Die schmucke Irin hol' ich her.
저 아름다운 아일랜드 여성을
제가 데리고 오겠습니다.
Mit Steg' und Wegen wohlbekannt,
ein Wink, ich flieg' nach Irenland;
길과 경로를 잘 아니, 손짓만 하시면,
전 아일랜드로 향하겠습니다,
Isolde, die ist euer!
이졸데, 그녀는 당신의 것입니다!
Mir lacht das Abenteuer!"
저는 모험을 즐깁니다!
Fluch dir Verruchter!
저주받아라, 사악한 자여!
Fluch deinem Haupt!
저주받아라, 너의 얼굴이여!
Rache! Tod!
Tod uns beiden!
복수! 죽음!
우리 둘에게 죽음을!

(브랑게네)

O Süße! Traute! Teure! Holde!
오 사랑스럽고! 신실하며! 귀하신 님이시여!
Gold'ne Herrin! Lieb' Isolde!
금과 같은 주인님! 사랑하는 이졸데!
Hör' mich! Komme! Setz' dich her!
제 얘기 좀 들어 보세요! 이리로 와 앉으세요!

Welcher Wahn! Welch eitles Zürnen!
무슨 망상인가요! 무슨 헛된 분노인가요!
Wie magst du dich betören,
nicht hell zu sehen noch hören?
어찌 스스로를 속이며, 바로 보고
듣지도 않을 수 있습니까?
Was je Herr Tristan dir verdankte,
트리스탄 님이 마님에게 진 빚을,
sag', konnt' er's höher lohnen,
als mit der herrlichsten der Kronen?
가장 찬란한 왕관보다 더
큰 것으로 갚을 수 있을까요?
So dient er treu dem edlen Ohm.
이로써 그는 고귀한 삼촌에게 의리를 지키고.
Dir gab er der Welt begehrlichsten Lohn.
마님에게 이 세상 최고의
보답을 준 것입니다.
Dem eig'nen Erbe, echt und edel, entsagt' er,
진심으로 고귀하게
자신의 유산을 버리고,
zu deinen Füßen,
als Königin dich zu grüßen!
여왕이신 당신 발 앞에
인사하는 것입니다!
Und warb er Marke dir zum Gemahl,
그리고 마르케를 남편으로 맺어 준 것을,
wie wolltest du die Wahl doch schelten,
muss er nicht wert dir gelten?
어찌 그 선택을 비난하시겠습니까,
마님에게 그는 가치가 없지 않습니까?
Von edler Art und mildem Mut,
고귀한 성품과 온화한 용기,
wer gliche dem Mann an Macht und Glanz?
누가 그의 권력과 영광과 비교가 됩니까?
Dem ein hehrster Held so treulich dient,
숭고한 영웅이 충성을 다해 섬기는데,
wer möchte sein Glück nicht teilen,
als Gattin bei ihm weilen?
누가 그의 행복을 아내로서
함께 나누고 싶지 않겠습니까?

(이졸데)

Ungeminnt den hehrsten Mann
stets mir nah zu sehen!
사랑받지 못한 채 고귀한
남자를 곁에 두고 봐야 하는!
Wie könnt' ich die Qual bestehen?
이런 고통을 어찌 견디겠느냐?

(브란게네)

Was meinst du Arge?

무슨 뜻입니까?

Ungeminnt?

사랑받지 못 한 채?

Wo lebte der Mann, der dich nicht liebte?

마님을 사랑하지 않았던 남자가 어디 있었나요?

Der Isolden säh' und

in Isolden selig nicht ganz verging?

이졸데를 보고도 이졸데에게

사로잡히지 않은 사람이 있었나요?

Doch, der dir erkoren, wär' er so kalt,

zög' ihn von dir ein Zauber ab:

마님에게 선택된 자가 그렇게 냉정하다면,

어떤 마법이 그를 멀리하게 한다면.

Den Bösen wüßt' ich bald zu binden,

그 나쁜 자를 묶을 방법을 저는 압니다,

ihn bannte der Minne Macht.

그를 묶을 사랑의 힘.

Kennst du der Mutter Künste nicht?

어머님의 마법을 모르십니까?

Wähnst du, die alles klug erwägt,

모든 것을 현명하게 숙고하시는 어머님이,

ohne Rat in fremdes Land

어떠한 조언도 없이 타국으로

hätt' sie mit dir mich entsandt?

저를 마님과 함께 보내셨겠습니까?

(이졸데)

Der Mutter Rat gemahnt mich recht;

willkommen preis' ich ihre Kunst:

어머니의 충고는 나를 바르게 하고,

나는 그분의 예술을 존경한다.

Rache für den Verrat,

Ruh' in der Not dem Herzen.

배신에 대한 복수, 곤경에

빠진 마음을 쉬게 하자.

Den Schrein dort bring mir her!

나에게 상자를 가져오너라!

(브란게네)

Er birgt was heil dir frommt.

상자 안에는 마님께 좋은 것이 있지요.

So reihte sie die Mutter,

die mächt'gen Zaubertränke.

어머님께서는 강력한 마법의

묘약들을 줄지어 놓으셨습니다.

Für Weh und Wunden Balsam hier;

고난과 상처를 치유하기 위한 묘약,

für böse Gifte Gegengift.

악한 독을 해독시키는 묘약.

Den hehrsten Trank, ich halt' ihn hier:

그중 가장 위대한 묘약, 여기 있습니다.

(이졸데)

Du irrst, ich kenn' ihn besser.

아니다, 내가 더 잘 안다.

Ein starkes Zeichen schnitt ich ihm ein.

내가 표시를 해 두었다.

Der Trank ist's, der mir taugt!

내가 지금 필요한 건 이 묘약이다!

(브랑게네)

Der Todestrank!

죽음의 묘약!

Ho! He! Ha! He!

Am Untermast die Segel ein!

호! 헤! 하! 헤!

아래 돛대에 돛을 올려라!

Ho! He! Ha! He!

호! 헤! 하! 헤!

(이졸데)

Das bedeutet schnelle Fahrt!

빨리 달리고 있다는 뜻이야!

Weh mir! Nahe das Land!

아! 큰 일이야!

점점 더 가까워지는 땅!

Vierte Szene – 4 장

(쿠르베날)

Auf! Auf! Ihr Frauen!

자! 자! 여자들이여!

Frisch und froh! Rasch gerüstet!

Fertig nun, hurtig und flink!

신나고 즐겁게! 신속히 준비하고!

용감하고 재빠르게!

Und Frau Isolden sollt' ich sagen

von Held Tristan, meinem Herrn:

이졸데 님께, 나의 영웅 트리스탄 님께서,

이렇게 전달하라 하십니다.

Am Mast der Freude Flagge,

돛대에 달린 기쁨의 깃발은,

sie wehe lustig ins Land;

흥겹게 육지 쪽으로 불고 있습니다.

in Markes Königschlosse

mach' sie ihr Nahen bekannt.

그 깃발은 마르케 왕실 성에

당신의 도착을 알리는 것이지요.

Drum Frau Isolde bät' er eilen,

fürs Land sich zu bereiten,

그러니 신속히 대륙에 도착할

준비를 하시길 바랍니다,

dass er sie könnt' geleiten.

그분이 그리로 인도해 주실 겁니다.

(이졸데)

Herrn Tristan bringe meinen Gruß
und meld' ihm was ich sage.
트리스탄 님께 나의 인사와
뜻을 전해 주거라.
Sollt' ich zur Seit' ihm gehen,
vor König Marke zu stehen,
내가 그와 함께 마르케
왕 앞에 설지라도,
nicht möcht' es nach Zucht und Fug geschehn,
규범과 이치에 맞게 행해지지는 않을 것이다,
empfing ich Sühne nicht zuvor,
만약 그 이전에 내게 용서를 구하지 않는다면,
für ungesühnte Schuld.
아직 속죄받지 못한 죄에 대해서.
Drum such' er meine Huld.
그러니 그는 나의 자비를 구하라고.
Du merke wohl und meld' es gut!
너는 반드시 기억하고 전하거라!
Nicht wollt' ich mich bereiten,
ans Land ihn zu begleiten;
나는 땅을 밟을 준비도 하지 않을 것이다.
nicht werd' ich zur Seit' ihm gehen,
나는 그에게 가지 않을 것이다,
vor König Marke zu stehen,
마르케 왕 앞에 서는 것도,
begehrte Vergessen und Vergeben
nach Zucht und Fug er nicht zuvor,
대화 후에 잊고 용서하려 했건만,
für ungebüßte Schuld,
용서받지 못한 죄에 대해서,
die böt' ihm meine Huld.
그에게 나의 자비를 베풀고자 했다.

(쿠르베날)

Sicher wisst, das sag' ich ihm;
nun harrt, wie er mich hört!
알지요, 저도 그리 말했지요,
기다려 보세요, 내 말을 듣는지!

(이졸데)

Nun leb' wohl, Brangäne!
잘 살아라, 브란게네!
Grüß' mir die Welt,
grüße mir Vater und Mutter!
세상에 내 안부를 전해다오,
아버지, 어머니에게도!

(브란게네)

Was ist? Was sinnst du?
뭐라고요? 무슨 뜻입니까?

Wolltest du fliehen?
Wohin soll ich dir folgen?
도망가시는 건가요?
제가 어디로 따라가야 합니까?

(이졸데)
Hörtest du nicht? Hier bleib ich,
내 말을 못 들었느냐?
나는 여기에 있겠다,
Tristan will ich erwarten.
트리스탄을 기다릴 것이다.
Getreu befolg' was ich befehl',
내 지시를 따르거라,
den Sühnetrank rüste schnell;
du weißt, den ich dir wies?
얼른 속죄의 묘약을 준비해라.
알고 있지, 내가 한 말을?

(브란게네)
Und welchen Trank?
어떤 묘약 말씀이십니까?

(이졸데)
Diesen Trank!
In die gold'ne Schale gieß ihn aus,
그 묘약 말이다!
금그릇에 담아라!
gefüllt fasst sie ihn ganz.
꽉 찰 것이다.

(브란게네)
Trau ich dem Sinn?
정말이십니까?

(이졸데)
Sei du mir treu!
너는 순종하거라!

(브란게네)
Der Trank für wen?
그 묘약은 누구를 위한 건가요?

(이졸데)
Wer mich betrog.
나를 배반한 자를 위한 것이다.

(브란게네)
Tristan?
트리스탄?

(이졸데)
Trinke mir Sühne!
속죄함을 마셔라!

(브란게네)

Entsetzen! Schone mich Arme!
어머 큰일이야! 나를 불쌍히 여기고 보호해 주소서!

(이졸데)

Schone du mich, untreue Magd!
네가 나를 보호해 주거라,
불충한 하녀야!
Kennst du der Mutter Künste nicht?
너는 어머니의 솜씨를
모르느냐?
Wähnst du, die alles klug erwägt,
모든 것을 지혜롭게
판단하시는 그녀가
ohne Rat in fremdes Land
hätt' sie mit dir mich entsandt?
충고도 없이 나를
너와 함께 타지로 보냈겠느냐?
Für Weh und Wunden gab sie Balsam,
상처와 고통을 위한 묘약을 주셨지,
für böse Gifte Gegengift.
독을 위해서는 해독하는 묘약도.
für tiefstes Weh,
아주 깊은 상처와
für höchstes Leid
gab sie den Todestrank.
아주 심한 고통을 위해서는
죽음의 묘약을 주셨지.
Der Tod nun sag' ihr Dank!
죽음아, 너는 그녀에게 감사하라!
O tiefstes Weh!
– Gehorchst du mir nun?
오 이런 고통이여!
– 이제 내게 순종하겠느냐?
O höchstes Leid!
– Bist du mir treu?
오 심한 고통이여!
– 순종할 것이냐?
Der Trank?
– Herr Tristan!
묘약이라?
– 트리스탄 님!
Herr Tristan trete nah.
트리스탄 님 이리로 오십시오.

Fünfte Szene – 5 장

(트리스탄)

Begehrt, Herrin, was ihr wünscht.
당신이 원하시는 대로 하십시오.

(이졸데)

Wüsstest du nicht, was ich begehre,

내가 원하는 것을 너는 모르겠다는 것이냐,
da doch die Furcht, mir's zu erfüllen,
fern meinem Blick dich hielt?
이루어지는 것이 두려워
나의 시선을 피했으면서?

(트리스탄)
Ehrfurcht hielt mich in acht.
경외심 때문에 그랬습니다.

(이졸데)
Der Ehre wenig botest du mir,
너는 내게 명예롭게 행동하지 않았으며,
mit off'nem Hohn verwehrtest du
Gehorsam meinem Gebot.
조롱하며 내 명령에
불순종하였다.

(트리스탄)
Gehorsam einzig hielt mich in Bann.
오로지 순종하느라 경계했을 뿐입니다.

(이졸데)
So dankt' ich Geringes deinem Herrn,
그래서 나는 너의 왕께 그리 고맙지 않다,
riet dir sein Dienst
Unsitte gegen sein eigen Gemahl?
그에게 순종하는 것이
그의 아내의 뜻을 거역하는 것이냐?

(트리스탄)
Sitte lehrt, wo ich gelebt:
제가 살던 곳은 이러한 예의를 가르칩니다.
Zur Brautfahrt
der Brautwerber meide fern die Braut.
신부를 데리고 올 때는
신부를 피하라.

(이졸데)
Aus welcher Sorg'?
무슨 걱정 때문이냐?

(트리스탄)
Fragt die Sitte!
이것이 예의입니다!

(이졸데)
Da du so sittsam, mein Herr Tristan,
그렇게 예의가 바르니, 트리스탄 님
auch einer Sitte sei nun gemahnt:
나도 예의범절에 대해 한마디하겠다.
Den Feind dir zu sühnen,
soll er als Freund dich rühmen.

원수와 화해하라, 그가 친구로서
너를 칭찬하게 하라.

(트리스탄)
Und welchen Feind?
어떤 원수죠?

(이졸데)
Frag deine Furcht!
너의 양심에게 물어봐라!
Blutschuld schwebt zwischen uns.
우리 사이에는 피로 인한 죄가 있다.

(트리스탄)
Die ward gesühnt.
그것은 속죄되었습니다.

(이졸데)
Nicht zwischen uns!
우리 사이는 아니다!

(트리스탄)
Im offenen Feld vor allem Volk
ward Urfehde geschworen.
시민들 앞, 열린 들판에서
평화 서약이 맹세되었습니다.

(이졸데)
Nicht da war's, wo ich Tantris barg,
wo Tristan mir verfiel.
그때가 아니다, 내가 탄트리스를 감춰 주고, 트리스탄이 내게 굴복한 때 말이다.
Da stand er herrlich, hehr und heil.
그때 그는 장엄히, 숭고하게 서 있었다.
Doch was er schwur, das schwur ich nicht.
하지만 그가 맹세한 것을, 나는 맹세하지 않았다.
Zu schweigen hatt' ich gelernt.
나는 침묵을 배웠었다.
Da in stiller Kammer krank er lag.
작은 방에 조용히 아파하며 누워 있을때,
Mit dem Schwerte stumm ich vor ihm stund:
내가 칼을 들고 말없이 그의 앞에 섰을 때.
schwieg da mein Mund,
bannt' ich meine Hand.
그때 나는 입을 다물고,
나는 내 손을 억눌렀다.
Doch was einst mit Hand
und Mund ich gelobt,
하지만 한때 손과
입으로 맹세한 것은,
das schwur ich, schweigend zu halten.

침묵하며 지키기로 맹세했다.

Nun will ich des Eides walten.

이제 내가 맹세한 것을 지키려 한다.

(트리스탄)

Was schwurt ihr, Frau?

무엇을 맹세하셨습니까?

(이졸데)

Rache für Morold!

모롤트의 복수!

(트리스탄)

Müht euch die?

그렇게 괴로우십니까?

(이졸데)

Wagst du zu höhnen?

감히 나를 조롱하는 것이냐?

Angelobt war er mir, der hehre Irenheld.

그는 나의 약혼자였다, 아일랜드의 영웅.

Seine Waffen hatt' ich geweiht.

나는 그의 무기에 축복하고

Für mich zog er zum Streit.

그는 나를 위해 싸우러 갔던 것이다.

Da er gefallen, fiel meine Ehr'.

그가 죽고 나의 명예도 함께 떨어졌다.

In des Herzens Schwere schwur ich den Eid:

가슴속 깊이 나는 맹세했다.

würd' ein Mann den Mord nicht sühnen,

누가 저 암살자를 보복하지 않는다면,

wollt' ich Magd mich des erkühnen.

나라도 나설 것이라고.

Siech und matt in meiner Macht,

내 손에 병들고 지쳐 있던 너를,

warum ich dich da nicht schlug?

왜 그때 나는 너를 쳐 죽이지 않았나?

Das sag' dir selbst mit leichtem Fug.

네 스스로 잘 생각해 봐라.

Ich pflag des Wunden,

나는 그의 상처를 치료해서,

dass den Heilgesunden

rächend schlüge der Mann,

회복된 그를 쳐 죽여

복수하게 하려했다,

der Isolden ihm abgewann.

이졸데를 얻는 자가.

Dein Los nun selber magst du dir sagen!

이제 스스로 너의 운명을 말해 봐라!

Da die Männer sich all ihm vertragen,

wer muss nun Tristan schlagen?

모든 남자들이 그와 계약을 맺었으니,

누가 트리스탄을 쳐야 하겠나?

(트리스탄)

War Morold dir so wert,
nun wieder nimm das Schwert
모롤트가 당신께 큰 의미였다면,
지금 다시 칼을 드십시오.
und führ' es sicher und fest,
그리고 아주 꽉 쥐십시오,
dass du nicht dir's entfallen lässt.
절대로 떨어뜨리지 않도록.

(이졸데)

Wie sorgt' ich schlecht um deinen Herren?
어떻게 내가 너의 왕을
근심하게 하겠느냐?
Was würde König Marke sagen,
마르케 왕이 뭐라고 하겠느냐,
erschlüg ich ihm den besten Knecht,
만일 내가 그의 최고의 신하를 죽인다면,
der Kron' und Land ihm gewann,
den allertreusten Mann?
그에게 왕관과 땅을 얻게 해 준
가장 의리 있는 사람을?
Dünkt dich so wenig, was er dir dankt,
bringst du die Irin ihm als Braut,
그의 고마움이 네게 이리 의미가 없느냐, 네가 그에게 아일랜드 소녀를 신부로 데려가는데,
dass er nicht schölte,
schlüg' ich den Werber,
만일 내가 너를 쳐 죽인다면
그가 가만히 있겠느냐,
der Urfehde Pfand
so treu ihm liefert zur Hand?
그의 손에 평화 서약의
담보를 가져다주는데?
Wahre dein Schwert!
Da einst ich's schwang,
너의 칼을 가만히 둬라!
한때 내가 휘둘렀던 칼!
als mir die Rache im Busen rang.
내 가슴속에 복수심이
있었을 때의 칼.
Als dein messender Blick
mein Bild sich stahl,
너의 시선이 내
모습을 훔쳤었는데,
ob ich Herrn Marke
taug' als Gemahl?
과연 내가 마르케 왕의
신부로서 적합한가?
Das Schwert, da ließ ich's sinken.
그때, 나는 칼을 내려놓았던 것이다.
Nun lass uns Sühne trinken!

이제 우리는 속죄함을
마시도록 하자!
Ho he ha he! Ho he ha he ha! He ha!
Am Obermast die Segel ein!
호헤하헤! 호헤하헤! 헤하!
돛대 꼭대기에서 돛을 거둬라!
Wo sind wir?
– Hart am Ziel!
우린 어디에 있나?
– 목적지!
Tristan, gewinn ich Sühne?
Was hast du mir zu sagen?
트리스탄, 내게 속죄 할 것인가?
내게 할 말이 있는가?

(트리스탄)

Des Schweigens Herrin
heißt mich schweigen:
침묵의 주인님이
제게 침묵하라 하십니다.
Fass ich, was sie verschwieg,
verschweig' ich, …
그녀가 말하지 않았던 것을,
나도 말하지 않겠습니다 …
was sie nicht fasst.
그녀가 이해 못한 것을.

(이졸데)

Dein Schweigen fass ich,
weichst du mir aus?
침묵하는구나,
나를 피하는 거냐?
Ho he ha he! Ha!
– Weigerst du die Sühne mir?
호헤하헤! 하!
– 용서 구하는 것을 거부하는 것이냐?
Du hörst den Ruf? Wir sind am Ziel.
소리를 들었나? 우리는 도착했다.
In kurzer Frist
stehn wir vor König Marke.
이제 곧 우리는 마르케 왕
앞에 서 있을 것이다.
Geleitest du mich,
dünkt dich's nicht lieb,
나를 바래다주는 것이 싫다면,
darfst du so ihm sagen:
그에게 이렇게 말하거라.
„Mein Herr und Ohm, sieh die dir an:
ein sanft'res Weib gewännst du nie.
나의 주인, 삼촌이시여, 이보다 더
부드러운 여성을 얻을 수 없을겁니다.
Ihren Angelobten erschlug ich ihr einst,
sein Haupt sandt' ich ihr heim.
난 그녀의 약혼자를 죽이고, 그의 머리를

그녀의 고향으로 보냈습니다.
Die Wunde, die seine Wehr mir schuf,
그가 저항하다 내게 입힌 상처를,
die hat sie hold geheilt.
그녀가 다정하게 치료해 줬습니다.
Mein Leben lag in ihrer Macht.
내 삶이 그녀의 손에 있었습니다.
Das schenkte mir die milde Magd.
부드러운 그녀는 내게 이러한 선물을 줬지요.
Und ihres Landes Schand' und Schmach,
그녀의 고향에게 창피함과 수치심을,
die gab sie mit darein,
dein Eh'gemahl zu sein.
주게 되었습니다, 당신의
신부가 됨으로써.
So guter Gaben holden Dank …
마음씨가 좋아 다행이지요 …
schuf mir ein süßer Sühnetrank
그녀가 내게 달콤한 속죄의
묘약을 만들어 주었습니다.
Den bot mir ihre Huld …
은혜로운 그녀가 …
zu sühnen alle Schuld."
내게 모든 죄를 속죄하라고.
Auf das Tau! Anker ab!
밧줄을 잡아라! 닻을 내려라!

(트리스탄)
Los den Anker! Das Steuer dem Strom!
닻을 내려라! 물결과 함께!
Den Winden Segel und Mast!
바람에 돛과 돛대를 맡겨라!
Wohl kenn' ich Irlands Königin
und ihrer Künste Wunderkraft.
나도 아일랜드 여왕을 잘 알죠.
그녀의 마법과 같은 능력도.
Den Balsam nützt' ich, den sie bot.
그녀가 준 묘약을 마셨죠.
Den Becher nehm' ich nun,
지금 이 잔도 들 것입니다,
dass ganz ich heut' genese.
오늘 내가 완전히 회복하도록.
Und achte auch des Sühneeids,
den ich zum Dank dir sage!
그리고 제가 감사해서 말하는
속죄의 맹세도 들으십시오!
Tristans Ehre: höchste Treu!
Tristans Elend: kühnster Trotz!
트리스탄의 명예, 가장 높은 신뢰!
트리스탄의 비참함, 가장 대담한 용기!
Trug des Herzens!
마음의 기만!
Traum der Ahnung!
예감의 꿈!

Ew'ger Trauer einz'ger Trost:
영원한 슬픔 오로지
한 가지의 위로:
Vergessens güt'ger Trank,
dich trink' ich sonder Wank!
망각의 자비로운 묘약,
망설임 없이 마시겠다!

(이졸데)
Betrug auch hier? Mein die Hälfte!
여기서도 속임수인가?
반은 내 것!
Verräter! Ich trink' sie dir.
배신자! 내가 마시고 말겠다.
Tristan!
– Isolde!
트리스탄!
– 이졸데!

(이졸데)
Treuloser Holder!
신의 없는 자상한 자여!

(트리스탄)
Seligste Frau!
가장 축복 받은 여인이여!
Heil!
König Marke Heil!
만세!
마르케 왕 만세!

(브란게네)
Wehe! Weh!
Unabwendbar ew'ge Not für kurzen Tod!
아! 짧은 죽음을 위한
피할 수 없는 영원한 고통이여!
Tör'ger Treue trugvolles Werk
blüht nun jammernd empor!
어리석은 충성의 기만적인 일이
슬프게도 피어오른다!

(트리스탄)
Was träumte mir von Tristans Ehre?
트리스탄의 명예에 대해
나는 무엇을 꿈꿨나?

(이졸데)
Was träumte mir von Isoldes Schmach?
이졸데의 치욕에 대해
나는 무엇을 꿈꿨나?
Du mir verloren?
– Du mich verstoßen?
내가 잃어버린 자여?

– 나를 버린 자여?
Trügenden Zaubers tückische List!
– Törichten Zürnens eitles Dräu'n!
속이는 마법의 교활한 책략!
– 어리석은 분노, 헛된 위협!
Isolde!
– Tristan!
이졸데!
– 트리스탄!
Süßeste Maid!
– Trautester Mann!
아름다운 여인!
– 가장 고귀한 자!
Wie sich die Herzen wogend erheben,
wie alle Sinne wonnig erbeben!
마음이 물결치듯 일어나고,
모든 감각이 황홀하게 떨리는 것처럼!
Sehnender Minne schwellendes Blühen,
schmachtender Liebe seliges Glühen!
그리움의 사랑이 부풀어 피어오르며,
갈망하는 사랑이 환희에 차 타오른다!
Jach in der Brust
jauchzende Lust!
마음속 깊은 기쁨!
환희로 가득 찬 즐거움!
Isolde!
– Tristan!
이졸데!
– 트리스탄!
Welten entronnen,
du mir gewonnen, Tristan!
세상을 벗어나,
당신을 얻었네, 트리스탄!
Isolde! – Du mir gewonnen,
du mir einzig bewusst.
이졸데! – 당신을 얻었다,
당신만이 나의 의미.
höchste Liebeslust!
최고의 사랑의 기쁨!

(브랑게네)
Schnell den Mantel,
den Königsschmuck!
빨리 왕실의 옷과 보석을!
Unsel'ge! Auf! Hört, wo wir sind!
불행한 분들이여! 어서,
들어 봐요! 어딘지!
Heil! König Marke Heil!
Heil! Heil dem König!
만세! 마르케 왕 만세!
만세! 마르케 왕 만세!

(쿠르베날)

Heil, Tristan! Glücklicher Held!

– Heil König Marke!

만세, 트리스탄! 행복한 영웅이여!

– 만세, 마르케 왕!

Mit reichem Hofgesinde,

dort auf Nachen naht Herr Marke.

화려한 신하들과 함께 저기

배를 타고 마르케 님이 오십니다.

Hei! Wie die Fahrt ihn freut,

만세! 그가 어찌나

기뻐하시던지요,

dass er die Braut sich freit!

그가 신부를 아내로

맞이하게 돼서요!

(트리스탄)

Wer naht?

– Der König!

누가 오는가?

– 왕께서요!

Welcher König?

왕 누구 말이냐?

Heil!

König Marke Heil!

만세!

마르케 왕 만세!

(이졸데)

Was ist, Brangäne? Welcher Ruf!

– Isolde! Herrin! Fassung nur heut'!

어떻게 된 거냐, 브란게네? 무슨 소리야!

– 이졸데! 주인님! 부디 오늘 평정심으로!

Wo bin ich? Leb' ich? Ha! Welcher Trank?

– Der Liebestrank!

어디냐? 내가 살았나? 무슨 묘약이지?

– 사랑의 묘약입니다!

Tristan! – Isolde!

– Muss ich leben?

트리스탄! – 이졸데!

– 나는 살아야 하는가?

Helft der Herrin!

마님을 도우십시오!

(트리스탄)

O Wonne voller Tücke!

O truggeweihtes Glücke!

오 거짓스러운 기쁨이여!

오 기만으로 바쳐진 행복이여!

Kornwall Heil!

콘월 만세!

Zweiter Aufzug – 2 막

Erste Szene – 1 장

(이졸데)

Hörst du sie noch?

Mir schwand schon fern der Klang.

아직 들리니? 내겐 이제

소리가 사라졌구나.

(브란게네)

Noch sind sie nah'.

아직은 너무 가깝습니다.

Deutlich tönt's daher.

저기 큰 소리로 들립니다.

(이졸데)

Sorgende Furcht beirrt dein Ohr.

걱정과 두려움이 너의 귀를 착각에 빠뜨리는거야.

Dich täuscht des Laubes säuselnd Getön,

das lachend schüttelt der Wind.

웃듯이 부는 바람에 휘날리는

나뭇잎 소리인데 네가 착각하는 거야.

(브란게네)

Dich täuscht des Wunsches Ungestüm,

zu vernehmen, was du wähnst.

마님의 욕망으로 인해 마음이

원하는 대로 들리는 겁니다.

Ich höre der Hörner Schall.

저는 호른 소리가 들립니다.

(이졸데)

Nicht Hörnerschall tönt so hold;

호른 소리는 절대 이리

부드럽게 들리지 않아.

des Quelles sanft rieselnde Welle

rauscht so wonnig daher;

계곡에 살살 흐르는 소리가

이토록 사랑스럽게 들리네.

wie hört' ich sie,

tosten noch Hörner?

그래, 방금 나도 들었어,

아직도 호른 소리가 울리니?

Im Schweigen der Nacht

nur lacht mir der Quell.

고요한 밤에는

샘물만이 웃고 있는 거야.

Der meiner harrt

in schweigender Nacht,

이 고요한 밤에

그는 나를 기다리고 있어,
als ob Hörner noch nah dir schallten,
willst du ihn fern mir halten?
호른 소리가 네 가까이서 들린다고,
내게서 그를 멀리 두려는 거니?

(브란게네)

Der deiner harrt, o hör' mein Flehen,
des harren Späher zur Nacht!
마님을 기다리고 있는 자, 오 제발,
밤에 망을 보는 저의 간절함을 들어주세요!
Weil du erblindet, wähnst du den Blick
der Welt erblödet für euch?
마님께서 눈이 멀었다고 세상이
다 바보같이 눈이 멀었다고 생각하시나요?
Als dort an Schiffes Bord,
von Tristans bebender Hand,
배에서 트리스탄의
떨리는 손을 잡았을 때,
die bleiche Braut, kaum ihrer mächtig,
König Marke empfing.
힘없이 창백한 신부를
마르케 왕이 맞이 했었을 때.
Als alles verwirrt
auf die Wankende sah,
모두가 놀라 흔들리며 걷는
그녀를 보고 있었을 때,
der güt'ge König, mild besorgt,
자비로운 왕은 걱정하며,
die Mühen der langen Fahrt,
die du littest, laut beklagt':
오랜 여행이 힘들지 않았나,
크게 안타까워했었을 때.
Ein Einziger war's, ich achtet' es wohl,
오로지 한 사람을, 제가 분명히 봤습니다,
der nur Tristan fasst' ins Auge.
그는 트리스탄의 눈을 보고 있었죠.
Mit böslicher List, lauerndem Blick ...
악랄하게 살피는 눈빛으로 …
sucht' er in seiner Miene
zu finden, was ihm diene.
그는 자기에게 이득이
될 것을 찾고 있었습니다.
Tückisch lauschend treff' ich ihn oft.
그가 몰래 숨어서 엿듣는 것도 봤습니다.
der heimlich euch umgarnt,
vor Melot seid gewarnt!
몰래 당신들을 묶으려는
멜로트를 조심하십시오!

(이졸데)

Meinst du Herrn Melot?

너 멜로트 님 말이니?

O, wie du dich trügst!

Ist er nicht Tristans treuester Freund?

오, 절대 그럴 리 없어!

그는 트리스탄의 절친이지 않니?

Muss mein Trauter mich meiden,

dann weilt er bei Melot allein.

나의 애인이 나를 피해야 할 때는,

멜로트랑 있잖아.

(브란게네)

Was mir ihn verdächtig, …

나는 그것이 의심스러운데 …

macht dir ihn teuer!

그것이 마님에게는 믿음이 간다니요!

Von Tristan zu Marke ist Melots Weg;

Dort sät er üble Saat.

트리스탄에서 마르케까지의 길에,

메로트는 나쁜 씨를 뿌리는 겁니다.

Die heut' im Rat dies nächtliche Jagen

so eilig schnell beschlossen,

오늘도 야간 사냥을 이리

급히 결정하는 걸로 봐서는,

einem edleren Wild,

als dein Wähnen meint,

상상하시는 것보다 더

고귀한 사냥감을,

gilt ihre Jägerslist.

노리고 있는 것입니다.

(이졸데)

Dem Freund zulieb' erfand diese List,

aus Mitleid, Melot, der Freund.

친구를 위해서 동정심으로

그러는 거야, 멜로트, 이 친구는.

Nun willst du den Treuen schelten?

Besser als du sorgt er für mich.

넌 믿을 만한 친구를 비난하는 거니?

그는 너보다도 나를 더 잘 챙긴다.

Ihm öffnet er, was mir du sperrst.

너는 내게 막는 것을 그는 열게 하잖아.

O spare mir des Zögerns Not!

그만 나를 망설이게 해!

Das Zeichen, Brangäne!

O gib das Zeichen!

저기 신호, 브란게네!

저기 신호를 보여 줘!

Lösche des Lichtes letzten Schein!

마지막 불을 끄도록 해!

Dass ganz sie sich neige,

winke der Nacht!

불이 완전히 꺼지고

밤에게 손을 흔들도록!
Schon goss sie ihr Schweigen
durch Hain und Haus.
밤은 고요함을 숲과
집에 쏟아부었어.
Schon füllt sie das Herz
mit wonnigem Graus.
밤은 환희의 전율로
마음을 채우지.
O lösche das Licht nun aus!
오 이제 불을 꺼!
Lösche den scheuchenden Schein!
Lass meinen Liebsten ein!
쫓아내는 불을 꺼!
나의 애인이 이리 오도록!

(브란게네)
O lass die warnende Zünde,
lass die Gefahr sie dir zeigen!
경고가 되는 불을 놔두세요,
위기를 막도록 불을 놔두세요!
O wehe! Wehe! Ach mir Armen!
오 맙소사! 아!
불쌍해서 어떻게!
Des unseligen Trankes!
불행을 초래하는 묘약이여!
Dass ich untreu
einmal nur der Herrin Willen trog!
딱 한번 말을 듣지 않고
주인 뜻을 거역하고 속였는데!
Gehorcht' ich taub und blind,
dein Werk war dann der Tod.
귀 막고 눈 감고 순종했더라면,
주인의 뜻은 죽음이었는데.
Doch deine Schmach,
deine schmählichste Not,
주인의 수치, 가장
수치스러운 사태,
mein Werk muss ich Schuld'ge es wissen!
죄인인 저의 책임입니다!

(이졸데)
Dein Werk? O tör'ge Magd!
너의 책임?
오 바보같은 시녀야!
Frau Minne kenntest du nicht?
너는 사랑을 모르니?
Nicht ihres Zaubers Macht?
사랑의 힘 말이야?
Des kühnsten Mutes Königin,
대담한 용기의 여왕,
des Weltenwerdens Walterin,
이 세상을 다스리는 힘,

Leben und Tod sind Untertan ihr,
삶과 죽음은 사랑에 달려 있어,
die sie webt aus Lust und Leid,
in Liebe wandelnd den Neid.
쾌락과 고통으로부터
시기심을 사랑으로 변하게 하지.
Des Todes Werk,
nahm ich's vermessen zur Hand,
나는 죽음을 무모하게
손에 쥐고 있었지만,
Frau Minne hat es meiner Macht entwandt.
사랑이 그것을 나의 손에서 빼어 갔어.
Die Todgeweihte nahm sie als Pfand,
fasste das Werk in ihre Hand.
죽을 운명이었던 나를
담보로, 일하기 시작했어.
Wie sie es wendet, wie sie es endet,
was sie mir küre, wohin mich führe,
어떤 식으로 돌리고, 끝낼지라도,
어떤 선택을 내리고, 나를 보낼지라도,
ihr ward ich zu eigen:
Nun lass mich Gehorsam zeigen!
나는 사랑의 노예가 되었어.
그러니 내가 순종하겠다!

(브란게네)

Und musste der Minne tückischer Trank
des Sinnes Licht dir verlöschen.
꼭 사랑의 묘약이 주인에게
현실 감각의 빛을 꺼야만 했었나요.
Darfst du nicht sehen,
wenn ich dich warne:
당신은 볼 수 없는 겁니까,
내가 당신에게 경고 할 때.
Nur heute hör', o hör' mein Flehen!
제발 오늘만, 저의
간절함을 들어 주세요!
Der Gefahr leuchtendes Licht,
위험을 밝혀 주는 빛,
nur heute, heut'!
Die Fackel dort lösche nicht!
오늘, 오늘만! 저 횃불을
끄지 말아 주십시오!

(이졸데)

Die im Busen mir die Glut entfacht,
내 가슴속에 불꽃을 피우는,
die mir das Herze brennen macht,
내 마음속을 불태우는,
die mir als Tag der Seele lacht,
나에게 미소 짓는
영혼의 낮처럼,

Frau Minne will, es werde Nacht,
사랑은 밤이 되기를 기다린다,
dass hell sie dorten leuchte,
바로 밝게 빛날 수 있도록,
wo sie dein Licht verscheuchte.
불빛을 끈 자리에서.
Zur Warte du! Dort wache treu!
저기 가서 기다려라!
Die Leuchte,
이 불이
und wär's meines Lebens Licht,
내 삶의 불빛일지라도,
lachend sie zu löschen zag' ich nicht!
나는 겁내지 않고 웃으며 끌 것이다!

Zweite Szene – 2 장

Isolde!
– Tristan!
이졸데!
– 트리스탄!
Geliebter!
– Geliebte!
사랑하는 자여!
– 사랑하는 자여!
Bist du mein?
– Hab' ich dich wieder?
그대는 내것인가?
– 다시 내것인가?
Darf ich dich fassen?
– Kann ich mir trauen?
그대를 만질 수 있나?
– 나를 믿을 수 있나?
Endlich! Endlich!
– An meiner Brust!
드디어! 드디어!
– 내 품속에!
Fühl' ich dich wirklich?
– Seh' ich dich selber?
정말 그대를 느끼는 걸까?
– 정말 그대를 보고 있는게 맞나?
Dies deine Augen?
– Dies dein Mund?
그대의 눈?
– 그대의 입?
Hier deine Hand?
– Hier dein Herz?
그대의 손?
– 그대의 마음?
Bin ich's? – Bist du's? Halt' ich dich fest?
– Bist du's? Ist es kein Trug?
이게 난가? – 당신인가? 당신을 잡고 있나?

– 그대여? 다 가짜는 아닌가?

Ist es kein Traum?

꿈이 아닌가?

O Wonne der Seele!

오 영혼의 기쁨이여!

O süße, hehrste, kühnste,

schönste, seligste Lust,

오 사랑스럽고, 고귀하고, 용감하고,

가장 아름답고, 황홀한 욕망,

ohnegleiche, – überreiche,

– überselige, – ewig,

비교할 수 없는, – 풍요로운,

– 행복을 넘어, – 영원한,

ungeahnte, nie gekannte,

모르고 있던, 지금까지 알지 못한,

überschwänglich hocherhabene!

엄청나게 위대한!

Freudejauchzen! – Lustentzücken!

– Himmelhöchstes Weltentrücken!

기쁨의 환호! – 황홀한 환희!

– 천상 세계의 무아경!

Mein! Tristan mein! – Mein! Isolde mein!

나의 트리스탄이여!

– 나의 이졸데여!

Mein und dein! – Dein und mein!

– Ewig!

나의, 당신의! – 당신의, 나의!

– 영원히!

Tristan! Isolde!

– Ewig ein!

트리스탄! 이졸데!

– 영원히!

Wie lange fern! Wie fern so lang!

– Wie weit so nah! So nah wie weit!

얼마나 멀리! 언제까지 이리 멀리!

– 멀고 가까운지! 가깝고 먼 자여!

O Freundesfeindin, böse Ferne!

Träger Zeiten zögernde Länge!

오 친구의 적이여, 사악한 거리감이여!

더딘 시간이여, 주저하는 길이여!

O Weit' und Nähe! Hart entzweite!

Holde Nähe! Öde Weite!

오 멀고도 가까움이여! 아주 다른 둘이여!

사랑스러운 친밀함이여! 황량한 거리감이여!

(이졸데)

Im Dunkel du, im Lichte ich!

어둠 속에는 당신이,

밝은 곳에는 내가!

(트리스탄)

Das Licht! Das Licht! O dieses Licht!

불빛이여! 불빛이여!
오 이 불빛이여!
Wie lang verlosch es nicht.
Die Sonne sank, der Tag verging,
얼마나 오랫동안 꺼지지 않았는지.
해가 지고, 날이 지나도,
doch seinen Neid erstickt' er nicht:
Sein scheuchend Zeichen zündet er an …
그는 질투를 억누르지 못하네.
내게 피하라는 신호로 빛나며 …
und steckt's an der Liebsten Türe,
그녀의 방문 앞에
꽂힌 불빛이여,
dass nicht ich zu ihr führe.
내가 그녀에게
가지 못하도록.

(이졸데)

Doch der Liebsten Hand
löschte das Licht;
그러나 사랑하는 손으로
그 불빛을 껐습니다.
wes die Magd sich wehrte,
scheut' ich mich nicht.
하녀가 하지 않으려던 것을,
나는 망설이지 않고.
In Frau Minnes Macht und Schutz
bot ich dem Tage Trutz!
사랑의 힘과 보호로
나는 낮에 저항했습니다!

(트리스탄)

Dem Tage! Dem Tage!
Dem tückischen Tage,
낮이여! 낮이여!
심술궂은 낮이여,
dem härtesten Feinde Hass und Klage!
최고의 적에게
증오와 탄식을!
Wie du das Licht,
당신이 불빛을 껐듯이,
o könnt' ich die Leuchte, der Liebe Leiden
zu rächen, dem frechen Tage verlöschen!
나도, 사랑의 고통에 복수하기 위하여,
오만한 낮의 불빛을 끌 수만 있다면!
Gibt's eine Not, gibt's eine Pein,
하나의 괴로움이 있는가,
하나의 고통이 있는가,
die er nicht weckt mit seinem Schein?
빛으로 낮이 깨우지 않는
괴로움과 고통이 있는가?
Selbst in der Nacht dämmernder Pracht,

hegt ihn Liebchen am Haus,
희미하게 빛나는 밤에도,
사랑스런 여인은 낮을 집에 품고,
streckt mir drohend ihn aus.
내게 위협적으로
낮을 내민다.

(이졸데)
Hegt ihn die Liebste am eig'nen Haus,
가장 사랑하는 이가 자신의
집에서 낮을 품으며,
im eig'nen Herzen hell und kraus
hegt' ihn trotzig einst mein Trauter:
복잡한 마음 상태로 나의
소중한 이는 한때 낮을 품었다.
Tristan, der mich betrog.
트리스탄,
나를 배신한 자여.
War's nicht der Tag, der aus ihm log,
als er nach Irland werbend zog,
낮의 거짓으로 인해,
아일랜드로 온 것인가요,
für Marke mich zu frei'n,
dem Tod die Treue zu weihen?
마르케 왕에게 나를 맺어 주기 위해,
죽음에게 충성을 바치며?

(트리스탄)
Der Tag!
Der Tag, der dich umgliß,
낮이여! 당신을 감싸며,
dahin, wo sie der Sonne glich,
in höchster Ehren Glanz und Licht,
태양과 같이 최고의 영광과
빛이 나는 곳으로 향한 낮이여,
Isolden mir entrückt!
내게서 멀어진 이졸데여!
Was mir das Auge so entzückt',
das Herze tief zur Erde drückt':
내 눈을 매혹시켜, 내 가슴속을
땅속 깊이 무겁게 누르는,
In lichtem Tages Schein,
wie war Isolde mein?
그런 이졸데가 어찌 밝은 햇빛
속에서 내 것일 수 있겠습니까?

(이졸데)
War sie nicht dein, die dich erkor?
당신을 선택한 그녀는
당신 것이 아니었나요?
Was log der böse Tag dir vor,
dass die für dich beschieden,
못된 낮이 그대에게 어떤 거짓말을 해서,
그대에게 정해진 그녀를,

die Traute du verrietest?
친밀한 그녀를 당신이
배신했었나요?

(트리스탄)
Was dich umgliß mit hehrster Pracht,
당신을 감싼
고귀한 화려함,
der Ehre Glanz, des Ruhmes Macht,
빛나는 명예와,
영광의 힘,
an sie mein Herz zu hangen,
hielt mich der Wahn gefangen.
그런 그녀를 내 품속에 두는 것은,
망상에 사로잡혀 하지 못했소.
Die mit des Schimmers hellstem Schein
mir Haupt und Scheitel licht beschien,
가장 밝은 빛으로
내 머리를 비춘,
der Weltenehren Tages Sonne,
mit ihrer Strahlen eitler Wonne,
이 세상 속 명예로운 태양이,
헛된 기쁨의 광선으로,
durch Haupt und Scheitel drang mir ein,
bis in des Herzens tiefsten Schrein.
내 머리와 정수리를 통해, 내 마음속
깊은 곳까지도 비추며 스며들었소.
Was dort in keuscher Nacht
dunkel verschlossen wacht',
순결한 밤 속에서, 어둡고
닫힌 채 깨어 있던 것,
was ohne Wiß' und Wahn
ich dämmernd dort empfah'n:
나도 모르게 희미하던
나의 감정이여.
Ein Bild, das meine Augen zu schau'n
sich nicht getrauten.
나의 두 눈이 볼 용기가
없었던 모습.
Von des Tages Schein betroffen
lag mir's da schimmernd offen.
낮의 햇빛에 비추어
환하게 내게 펼쳐진.
Was mir so rühmlich schien und hehr,
내게 그렇게 명예롭고 숭고하게 보였던 것을,
das rühmt' ich hell vor allem Heer,
나는 모든 군중 앞에서 크게 찬양했죠,
vor allem Volke pries ich laut
der Erde schönste Königsbraut.
모든 백성 앞에서 내가 찬양했죠
이 세상 가장 아름다운 왕의 신부라고.
Dem Neid, den mir der Tag erweckt',
낮이 나에게 깨워 준 질투심,

dem Eifer, der mein Glücke schreckt'.
내 행복을 해치는 열정이여.
Der Missgunst, die mir Ehren
und Ruhm begann zu schweren,
내게 명예와 영광을 짓누르는 질투여,
denen bot ich Trotz und treu beschloss,
그대들에게 저항하고 의리로 결심했죠,
um Ehr' und Ruhm mir zu wahren,
nach Irland ich zu fahren.
명예와 영광을 지키기 위해서
나는 아일랜드로 가겠다고,

(이졸데)
O eitler Tagesknecht!
오 허영심 많은
낮의 노예여!
Getäuscht von ihm, der dich getäuscht,
wie musst' ich liebend um dich leiden.
그에게 속은 나는, 나를 속인 그로 인해,
얼마나 사랑으로 인한 고통을 겪어야 했던가.
Den in des Tages falschem Prangen,
von seines Gleißens Trug befangen,
낮의 거짓스러운 화려함 속에서,
그 빛의 속임수에 사로잡혀,
dort, wo ihn Liebe heiß umfasste,
im tiefsten Herzen hell ich hasste!
사랑이 그를 뜨겁게 감쌌던, 마음속
깊이 나는 그를 얼마나 미워했는가!
Ach, in des Herzens Grunde,
wie schmerzte tief die Wunde!
아, 가슴속 깊이 나의 상처는,
얼마나 아팠는가!
Den dort ich heimlich barg,
wie dünkt' er mich so arg!
내가 몰래 숨겨 준 이가,
그가 어찌나 밉던지!
wenn in des Tages Scheine
der treu gehegte Eine,
빛나는 낮에,
친밀한 줄 알았던 그가,
der Liebe Blicken schwand,
als Feind nun vor mir stand!
사랑의 눈빛을 잃고,
원수로 내 앞에 서 있는데!
Das als Verräter dich mir wies,
dem Licht des Tages wollt' ich entfliehen,
당신이 배신자로 내게 들어난 순간,
나는 낮의 빛에서 도피하고 싶었죠,
dorthin in die Nacht dich mit mir ziehen.
당신과 함께 밤 속으로 말이죠.
Wo der Täuschung Ende
mein Herz mir verhieß.
내가 속았다는 것을

내 마음이 알아차렸을 때.
Wo des Trugs geahnter Wahn zerrinne,
dort dir zu trinken ew'ge Minne.
당신과 영원한 사랑을
할 것이라는 환상이 깨졌을 때.
Mit mir dich im Verein
wollt' ich dem Tode weihen.
그때 당신과 함께 하나되어
죽음을 선택했던 것입니다.

(트리스탄)
In deiner Hand den süßen Tod,
당신의 손에 아름다운 죽음을,
als ich ihn erkannt, den sie mir bot;
나는 알아챘죠.
als mir die Ahnung hehr und gewiss
zeigte, was mir die Sühne verhieß:
나의 속죄함으로 인해
이루어질 것을 확실히 예감했을 때.
Da erdämmerte mild erhab'ner Macht
im Busen mir die Nacht.
그때 숭고한 힘으로 내 가슴속에서
밤이 밝아 오기 시작했기에.
Mein Tag war da vollbracht.
나의 낮이 그때
완성되었죠.

(이졸데)
Doch ach, dich täuschte der falsche Trank,
dass dir von neuem die Nacht versank.
그러나, 잘못된 묘약이 당신을 속인 것이죠,
또다시 밤이 떠내려간 것이죠.
Dem einzig am Tode lag,
den gab er wieder dem Tag!
죽음만을 원했던 이에게, 묘약이
다시 낮을 허락해 줬던 거죠!

(트리스탄)
O Heil dem Tranke! Heil seinem Saft!
오 만세 묘약이여! 만세!
Heil seines Zaubers hehre Kraft!
만세 마법과 같은 그의 힘!
Durch des Todes Tor,
죽음의 문을 통해,
wo er mir floss,
weit und offen er mir erschloss,
내 안에 흘러 들어와,
활짝 넓게 열어 준 것이죠,
darin ich sonst nur träumend gewacht,
das Wunderreich der Nacht.
꿈만 꾸며 있었을 내게,
밤의 경이로운 세상을 말이죠.

Von dem Bild in des Herzens
bergendem Schrein
빛으로부터 숨어 있는
그녀를 향한 내 마음
scheucht' er des Tages
täuschenden Schein,
낮의 속이는
빛을 몰아내고,
dass nachtsichtig mein Auge
wahr es zu sehen tauge.
눈으로 너그럽게 진실을
볼 수 있게 했죠.

(이졸데)
Doch es rächte sich der verscheuchte
Tag.
Mit deinen Sünden Rats er pflag:
그러나 쫓겨난 낮은 보복을 하였습니다.
너의 죄에 대해서 이렇게 조언하죠.
Was dir gezeigt die dämmernde Nacht,
an des Tagesgestirnes Königsmacht,
밝아 오는 밤이 너에게 보여 준 것을,
태양이 빛나는 낮에는 왕에게,
musstest du's übergeben,
넘겨야 하는 것이다,
um einsam in öder Pracht
schimmernd dort zu leben.
혼자서 황량한 화려함 속에서
빛나며 살기 위하여.
Wie ertrug ich's nur
내가 어떻게 이걸
감당했나?
Wie ertrag ich's noch?
어찌 아직까지 감당하나?

(트리스탄)
O nun waren wir Nachtgeweihte!
Der tückische Tag, der Neidbereite,
오 우리는 밤에 속한 자들이여!
교활한 낮이여, 질투로 가득찬,
trennen konnt' uns sein Trug,
doch nicht mehr täuschen sein Lug!
우리를 갈라놓을 수는 있었지만,
우리를 거짓으로 속일 수는 없다!
Seine eitle Pracht,
seinen prahlenden Schein …
허영심 가득한 화려함,
찬란한 빛을 …
verlacht, wem die Nacht
den Blick geweiht:
비웃는다, 밤을 바라보는 자들은.
Seines flackernden Lichtes
flüchtige Blitze blenden uns nicht
mehr.

깜빡 거리는 빛의 번쩍임들은 우리를
더 이상 눈부시게 하지 않는다.
Wer des Todes Nacht liebend erschaut,
죽음의 밤을 사랑의 눈으로 보는 자는,
wem sie ihr tief Geheimnis vertraut,
이 비밀을 공유하는 자에게는,
des Tages Lügen, Ruhm und Ehr',
Macht und Gewinn, so schimmernd hehr,
낮의 거짓과, 영광과 명예,
권력과 이득, 빛나는 것들은,
wie eitler Staub der Sonnen
sind sie vor dem zersponnen.
태양의 헛된 먼지처럼
산산조각이 날 것이다.
In des Tages eitlem Wähnen
bleibt ihm ein einzig Sehnen,
낮의 망상 속에는 한 가지
그리움만이 남는다,
das Sehnen hin zur heil'gen Nacht,
거룩한 밤에 대한
그리움뿐,
wo urewig, einzig wahr,
거기는 영원히, 오로지 한 가지 진리인,
Liebeswonne ihm lacht!
사랑의 행복이 웃음을 자아낸다!

(트리스탄, 이졸데)
O sink' hernieder, Nacht der Liebe,
gib Vergessen, dass ich lebe.
오 내려와 다오, 사랑의 밤이여,
내가 산다는 것을 잊게 해 주오.
Nimm mich auf in deinen Schoß,
löse von der Welt mich los.
그대 품속에 안아 주소서,
나를 세상에서 풀어 주소서.
Verloschen nun die letzte Leuchte.
마지막 등이 꺼지고.
Was wir dachten, was uns deuchte.
우리가 생각했던 것,
우리가 믿었던 것.
All Gedenken,
– All Gemahnen,
모든 기억
– 모든 연상,
heil'ger Dämm'rung hehres Ahnen
밝아 오는 새벽과 함께 고귀한 예감이
löscht des Wähnens Graus
헛된 망상의 공포를 끊어 내며
welterlösend aus.
자유롭게 해 줄 것이다.
Barg im Busen uns sich die Sonne,
leuchten lachend Sterne der Wonne.
우리의 가슴속에 태양이 숨고,

행복하게 별들이 웃으며 빛나고.
Von deinem Zauber sanft umsponnen,
vor deinen Augen süß zerronnen;
너의 마법에 부드럽게 감싸이고,
네가 보는 앞에서 아름답게 녹으며,
Herz an Herz dir, Mund an Mund.
마음에 마음, 입술에 입술.
Eines Atems ein'ger Bund.
하나의 언약의 숨결.
Bricht mein Blick, sieh wonn'erblindet,
erbleicht die Welt mit ihrem Blenden,
내 시선이 꺾여, 기쁨에 눈이 멀면,
세상이 그의 눈부심과 함께 창백해진다,
die uns der Tag trügend erhellt,
낮이 우리에게 거짓으로 밝게 비춰 주는 세상,
zu täuschendem Wahn
entgegengestellt,
기만적인 망상과
마주할 때,
selbst dann bin ich die Welt.
그때가 나 스스로
세계인 것이다.
Wonne–hehrstes Weben,
환희–가장 고귀한 조직,
Liebe–heiligstes Leben,
사랑이여 거룩한 삶,
Nie–wieder–Erwachens wahnlos …
다시는 깨어나지 않기를 바라는 …
… holdbewusster Wunsch.
… 확고한 소원이여.

(브란게네)

Einsam wachend in der Nacht,
나 혼자서 지키는 밤,
wem der Traum der Liebe lacht,
누구에게 사랑의 꿈은 웃어 주는가,
hab' der Einen Ruf in acht,
오로지 한 사람의 부름에 귀 기울여라,
die den Schläfern Schlimmes ahnt,
자고 있는 이들에 대하여 안 좋은 예감을 직감한 나,
bange zum Erwachen mahnt!
걱정 근심으로 일어나라고 충고하는 나!
Habet acht!
Bald entweicht die Nacht!
조심하십시오!
이제 곧 밤이 밝아집니다!

(이졸데)

Lausch, Geliebter!
들으소서, 사랑하는 자여!

(트리스탄)

Lass mich sterben!

나를 죽게 내버려두오!

Neid'sche Wache!

– Nie erwachen!

질투하며 지키는 자여!

– 다시는 깨어나지 않으리라!

Doch der Tag muss Tristan wecken?

낮이 트리스탄을 깨워야 하나요?

(트리스탄)

Lass den Tag dem Tode weichen!

죽음으로부터 낮을 물러가게 하라!

(이졸데)

Tag und Tod, mit gleichen Streichen,

낮과 죽음이, 같은 힘에서,

sollten unsre Lieb' erreichen?

우리의 사랑에 닿아야 하지 않을까요?

(트리스탄)

Unsre Liebe? Tristans Liebe?

우리 사랑? 트리스탄의 사랑?

Dein' und mein', Isoldes Liebe?

당신의, 나의, 이졸데의 사랑?

Welches Todes Streichen

könnte je sie weichen?

어떤 죽음의 힘이 그녀를

물러나게 할 수 있을까요?

Stünd' er vor mir, der mächt'ge Tod,

wie er mir Leib und Leben bedroht,

위대한 죽음이, 내 앞에 서서

내 몸과 생명을 위협한다 해도,

die ich so willig der Liebe lasse,

내가 기꺼이 사랑에 바친이 몸과 생명,

wie wäre seinen Streichen

die Liebe selbst zu erreichen?

죽음의 순간 사랑 그 자체에

다다를 수 있을까?

Stürb' ich nun ihr,

der so gern ich sterbe,

내가 그녀를 위해 죽는다면,

기꺼이 그녀를 위해 죽는다면,

wie könnte die Liebe mit mir sterben,

어찌 사랑이 나와 함께

죽을 수 있을까,

die ewig lebende mit mir enden?

영원한 사랑이 어찌

나와 끝납니까?

Doch stürbe nie seine Liebe,

그의 사랑은 절대

끝이 없을 겁니다,

wie stürbe dann Tristan seiner Liebe?

아니면 어찌 트리스탄이

사랑을 위해 죽겠습니까?

(이졸데)
Doch unsre Liebe,
heißt sie nicht "Tristan und Isolde?"
우리의 사랑은
"트리스탄과 이졸데?"
Dies süße Wörtlein "und",
너무 아름다운 단어 "그리고"
was es bindet der Liebe Bund,
그것은 사랑의 끈을 묶는 것과 같죠,
wenn Tristan stürb',
zerstört' es nicht der Tod?
트리스탄이 죽는다면, 죽음이
그것을 파괴하지 않을까요?

(트리스탄)
Was stürbe dem Tod, als was uns stört,
was Tristan wehrt,
무엇이 죽는 것인가, 우리를
방해하는 것, 트리스탄을 막는것,
Isolde immer zu lieben,
항상 이졸데를 사랑하는 것,
ewig ihr nur zu leben?
영원히 그녀를 위해 사는 것?

(이졸데)
Doch dieses Wörtlein "und",
wär' es zerstört,
그러나 이 귀중한 단어
"그리고"가 파괴된다면,
wie anders als mit Isoldes
eig'nem Leben
이졸데의 삶과는 어떻게 다를까,
wär' Tristan der Tod gegeben?
트리스탄에게 죽음이 주어진다면?

(트리스탄)
So stürben wir, um ungetrennt,
ewig einig, ohne End',
우리의 죽음은, 끊어지지 않고,
영원히 하나, 끝없이,
ohn' Erwachen, ohn' Erbangen,
깨어나지 않으며, 걱정하지 않으며,
namenlos in Lieb' umfangen,
이름도 없이 사랑에 감싸여,
ganz uns selbst gegeben,
der Liebe nur zu leben!
오직 우리에게 주어진,
사랑만을 위한 삶이여!

(이졸데)
So stürben wir, um ungetrennt,
우리의 죽음은, 끊어지지 않고,

(트리스탄)

ewig einig, ohne End',

영원히 하나, 끝없이,

ohn' Erwachen,

– ohn' Erbangen,

깨어나지 않고,

– 걱정하지 않으며,

namenlos in Lieb' umfangen,

이름도 없이

사랑에 감싸여,

ganz uns selbst gegeben,

오직 우리에게 주어진,

der Liebe nur zu leben!

사랑만을 위한 삶이여!

(브란게네)

Habet acht!

Schon weicht dem Tag die Nacht!

조심하십시오!

벌써 날이 밝아옵니다!

(트리스탄)

Soll ich lauschen?

귀를 기울여 볼까?

(이졸데)

Lass mich sterben!

나를 죽게 내버려두오!

(트리스탄)

Muß ich wachen?

내가 깨어나야 하나?

(이졸데)

Nie erwachen!

깨어나지 않을 거야!

(트리스탄)

Soll der Tag noch Tristan wecken?

아직 낮이 트리스탄을 깨우나?

(이졸데)

Lass den Tag dem Tode weichen!

죽음이 낮을 물러나게 두오!

(트리스탄)

Des dräuenden Tages nun trotzen wir so?

우리를 위협하는 낮에게 이리 저항하는 겁니까?

(이졸데)

Seinem Trug ewig zu fliehn!

그의 거짓에서 영원히 도피하도록!

(트리스탄)

Sein dämmernder Schein
verscheuchte uns nie?
밝아 오는 빛은 우리를 피하게
한 적이 없지 않았나?

(이졸데)

Ewig währ' uns die Nacht!
우리에게는 영원한 밤이기를!

(이졸데, 트리스탄)

O ew'ge Nacht, süße Nacht!
Hehr …
오 영원한 밤이여, 아름다운
밤이여! 고귀하고 …
erhab'ne Liebesnacht!
숭고한 사랑의 밤!
Wen du umfangen,
– wem du gelacht,
당신이 안았던 이가,
– 당신이 웃었던 이가,
wie wär' ohne Bangen
aus dir er je erwacht?
걱정 없이 깨어난 적이 있다면?
Nun banne das Bangen, holder Tod,
sehnend verlangter Liebestod!
자 이제 두려움을 없애 주오, 죽음이여,
그토록 원했던 사랑의 죽음!
In deinen Armen dir geweiht,
당신의 품에서 당신께 바쳐진,
urheilig Erwarmen
von Erwachens Not befreit!
근원적 신성한 따뜻함은 깨어나는
괴로움으로부터 자유로워진다!
Wie es lassen, wie sie fassen,
어떻게 놓지, 어떻게 붙잡지,
diese Wonne, fern der Sonne,
fern der Tage Trennungsklage!
이러한 행복이여, 태양과 저 멀리,
낮과 저멀리 이별의 한탄이여!
Ohne Wähnen,
– sanftes Sehnen,
망상 없이,
– 부드러운 그리움이여,
ohne Bangen,
걱정 없이,
süß Verlangen;
ohne Wehen hehr Vergehen;
달콤한 갈망이여,
고통없이 물러나며,
ohne Schmachten hold Umnachten;
애원하지 않는 사랑스러운 밤이여,
ohne Meiden, ohne Scheiden,
traut allein, ewig heim,

피하지 않고, 헤어지지 않으며,
오직 신뢰하는, 영원한 집에서,
in ungemess'nen Räumen
übersel'ges Träumen:
끝없는 공간에서 넘쳐 나는
행복한 꿈들을 꾸며,
Du Isolde, Tristan ich, nicht mehr Isolde!
– Tristan du, ich Isolde, nicht mehr Tristan!
당신은 이졸데, 나는 트리스탄, 더 이상 이졸데가 아닌!
– 당신이 트리스탄, 내가 이졸데, 더 이상 트리스탄이 아닌!
Ohne Nennen, ohne Trennen,
neu' Erkennen, neu' Entbrennen,
더 이상 부르지 않고, 헤어지지 않으며,
다시 알아보고, 다시 불타는,
endlos ewig einbewusst:
영원히 하나된 의식.
Heiß erglühter Brust,
뜨겁게 불타오르는 가슴,
höchste Liebeslust!
최고의 사랑의 열망이여!

Dritte Szene – 3 장

(쿠르베날)
Rette dich, Tristan!
도망치십시오, 트리스탄!

(트리스탄)
Der öde Tag zum letzten Mal.
마지막으로 이 험난한 날.

(멜로트)
Das sollst du, Herr, mir sagen,
ob ich ihn recht verklagt?
왕이여, 제게 말씀해 보십시오,
제가 그를 제대로 고발한 거지요?
Das dir zum Pfand ich gab,
ob ich mein Haupt gewahrt?
제가 저의 머리를
담보로 걸지 않았습니까?
Ich zeigt' ihn dir in off'ner Tat.
그를 현장에서 목격할 것이라고.
Namen und Ehr' hab' ich getreu
vor Schande dir bewahrt.
이름과 명예를 생각하여 제가
수치심으로부터 당신을 지켜드린 겁니다.

(마르케 왕)

Tatest du's wirklich? Wähnst du das?

네가 정말 그랬나? 정말인가?

Sieh ihn dort,

저기를 봐,

den treusten aller Treuen.

의리 있는 자들 중에서

가장 의리 있는 자를.

Blick auf ihn,

den freundlichsten der Freunde.

그를 보라, 친구들 중에서

가장 친한 친구를.

Seiner Treue freiste Tat

traf mein Herz mit feindlichstem Verrat!

그의 의리 없는 행동이 그의 배신이

내 가슴속 깊은 상처로 꽂혔다!

Trog mich Tristan, sollt' ich hoffen,

트리스탄 마저 나를 배신했는데, 희망을 가져야 하나,

was sein Trügen mir getroffen,

내가 당한 그의 배신,

sei durch Melots Rat

redlich mir bewahrt?

그것이 정말 멜로트의 조언으로

내가 지켜진 것인가?

(트리스탄)

Tagsgespenster, Morgenträume,

täuschend und wüst, entschwebt,

entweicht!

헛것 같은 귀신들이여, 새벽의 꿈이여,

어서 물러나거라!

(마르케)

Mir dies? Dies, Tristan, mir?

어떻게 나에게? 어떻게

트리스탄 네가 나한테?

Wohin nun Treue,

da Tristan mich betrog?

트리스탄마저 나를 배신했는데

신의는 어디에 있는가?

Wohin nun Ehr' und echte Art,

da aller Ehren Hort,

명예와 참된 본성은 어디에 있는가,

모든 명예의 자리는 어디에 있는가,

da Tristan …

트리스탄마저 …

sie verlor?

…그것을 잃었구나?

Die Tristan sich zum Schild erkor,

wohin ist Tugend nun entflohn,

트리스탄이 자기 방패로 선택한,

미덕은 지금 어디로 갔나?

da meinen Freund sie flieht,
da Tristan …
미덕이 내 친구를 버리고 갔는데,
트리스탄마저 …
mich verriet?
나를 배반했는데?
Wozu die Dienste ohne Zahl,
der Ehren Ruhm, der Größe Macht,
뭐 하러 그리 많은 업무들과,
명예로운 영광과 힘과 권력을,
die Marken du gewannst?
마르케를 위해 넌 얻었느냐?
Musst' Ehr' und Ruhm, Größ' und Macht,
그 명예와 영광, 힘과 권력,
musste die Dienste ohne Zahl
dir Markes Schmach bezahlen?
수많은 업무들을 너는 마르케의
수치심으로 돌려받아야만 했던 것인가?
Dünkte zu wenig dich sein Dank,
그의 고마움이 네게 너무 적었던 것인가,
dass, was du ihm erworben,
Ruhm und Reich,
네가 얻은, 명성과 부,
er zu Erb' und Eigen dir gab?
그가 네게 유산과 소유로 준 것들이 너무 적었던 것인가?
Da kinderlos einst schwand sein Weib,
그의 아내가 아이 없이 떠났을 때,
so liebt' er dich, dass nie auf's Neu'
sich Marke wollt' vermählen.
너를 너무 사랑해서, 마르케는
재혼을 하지 않으려 했었는데.
Da alles Volk zu Hof und Land
백성과 신하들이 모두
mit Bitt' und Dräuen in ihn drang,
간절하게 애원해서 관철시켰지,
die Königin dem Lande,
이 나라의 왕비를,
die Gattin sich zu kiesen;
아내를 선택할 것을.
da selber du den Ohm beschworst,
너 스스로 삼촌에게 맹세하라 하지 않았느냐,
des Hofes Wunsch, des Landes Willen
gütlich zu erfüllen.
신하들의 소원과 이 나라의
소원을 호의적으로 들어주라고.
In Wehr wider Hof und Land,
나는 신하들과 나라의 뜻에 맞섰고,
in Wehr selbst gegen dich,
mit List und Güte weigerte er sich.
너의 뜻에도 맞서면서까지, 그는
여러 방법으로 거절했었다.
Bis Tristan, du, ihm drohtest:

Für immer zu meiden Hof und Land,
트리스탄, 네가, 그를 협박하기 전까지는.
평생 동안 궁정과 이 나라에서 물러나겠다고,
würdest du selber nicht entsandt,
너를 직접 보내지 않는다면,
dem König die Braut zu frei'n.
왕의 신부를 데리고 오도록.
Da ließ er's denn so sein.
그래서 그냥 내버려둔 것이다.
Dies wundervolle Weib,
이 아름다운 여인을,
das mir dein Mut gewann,
너의 용기가 나에게 그녀를 얻게 했지,
wer durft' es sehen,
누가 그녀를 볼 수 있었나,
wer es kennen,
누가 그녀를 알 수 있었나,
wer mit Stolze sein es nennen,
누가 자신 있게 그녀를 자신의 사람이라 부를 수 있었나,
ohne selig sich zu preisen?
축복받음을 찬미하는 것 없이?
Der mein Wille nicht zu nahen wagte,
내 의지에 감히 (그녀에게) 가까이 하지 못했던 나,
der mein Wunsch ehrfurchtscheu entsagte.
나의 뜻에 경외감으로 (그녀를) 포기했던 나.
Die so herrlich, hold, erhaben
찬란하고 사랑스럽고
숭고한 그녀가
mir die Seele musste laben.
내 영혼을 회복하게 해야 했었지.
Trotz Feind und Gefahr,
die fürstliche Braut brachtest du mir dar.
적과 위험에도 불구하고,
왕족의 신부를 너는 내게 데려왔었다.
Nun, da durch solchen Besitz
mein Herz du fühlsamer schufst …
이런 것을 통해서 너는 내 마음을
더욱 더 부드럽게 만들어 놓았고
als sonst dem Schmerz,
거기를 더 아프게,
dort, wo am weichsten,
zart und offen, würd' ich getroffen,
가장 약하고 부드럽고 열린
부분을 콕 찔렀다,
nie zu hoffen,
dass je ich könnte gesunden.
내가 다시 회복을 바랄 수
없을 만큼 깊이.
Warum so sehrend, Unseliger,

dort nun mich verwunden?
왜 하필 거기, 불행한 자여,
내게 상처를 입혔느냐?
Dort mit der Waffe quälendem Gift,
거기를 고통스러운 독이 있는 무기로,
dass Sinn und Hirn
mir sengend versehrt,
내 마음과 정신에
상처를 주고,
dass mir dem Freund
die Treue verwehrt,
내 친구가 나를 배신하여,
mein off'nes Herz erfüllt mit Verdacht,
dass ich nun heimlich in dunkler Nacht
내 열려 있던 마음을 의심으로
가득 채우고,어두캄캄한 밤에 몰래
den Freund lauschend beschleiche,
내 친구를 엿듣고 몰래 쫓아와,
meiner Ehren Ende erreiche.
내 명예의 끝을 만나는 구나.
Die kein Himmel erlöst,
warum mir diese Hölle?
하늘이 구해 주지 않는,
왜 하필 내게 이런 지옥을?
Die kein Elend sühnt,
어떤 비참함도
속죄하지 않는,
warum mir diese Schmach?
왜 내게 이런 치욕감을?
Den unerforschlich tief
geheimnisvollen Grund,
정말 이해할 수 없는 깊고
비밀로 가득찬 이유를,
wer macht der Welt ihn kund?
누가 이 세상에 그것을
알리겠는가?

(트리스탄)

O König, das kann ich dir nicht sagen;
오 왕이시어, 제가 답할 수 없습니다.
und was du frägst,
das kannst du nie erfahren.
그리고 질문하신 답은 결코 알 수 없습니다.
Wohin nun Tristan scheidet,
트리스탄이 지금 어디로 떠나든지,
willst du, Isold' ihm folgen?
이졸데, 당신은 그를 따르겠는가?
Dem Land, das Tristan meint,
der Sonne Licht nicht scheint.
트리스탄이 말하는 그곳은,
해가 나지 않는 곳.
Es ist das dunkelnächt'ge Land,
daraus die Mutter mich entsandt,

바로 어두캄캄한 밤의 나라,
거기서 어머니가 나를 보내셨지,
als, den im Tode sie empfangen,
im Tod sie ließ an das Licht gelangen.
그때, 죽음 속에서 나를 낳아 주시고,
죽음 속에서 빛으로 보냈다.
Was, da sie mich gebar,
ihr Liebesberge war,
그녀가 나를 낳았을 때, 그것은
그녀의 사랑의 산이었지,
das Wunderreich der Nacht,
aus der ich einst erwacht:
밤의 기적 같은 왕국,
거기서 난 깨어난 것이다.
Das bietet dir Tristan,
dahin geht er voran.
트리스탄이 네게 제안하는 곳,
그곳으로 그는 갈 것이다.
Ob sie ihm folge, treu und hold,
그를 따를 것인지,
의리와 사랑으로,
das sag' ihm nun Isold'!
그것은 이졸데가 답하시오!

(이졸데)

Als für ein fremdes Land
der Freund sie einstens warb,
친구가 그녀를 타국으로
보냈을 때,
dem Unholden treu und hold,
그 불미스러운 자에게
충실하고 사랑스럽게,
musst' Isolde folgen.
이졸데는 따라 가야만 했죠.
Nun führst du in dein Eigen,
dein Erbe mir zu zeigen;
이제는 당신의 운명을 내게
보여 주는군요.
wie flöh' ich wohl das Land,
das alle Welt umspannt?
온 세계를 감싼 나라를
내가 어떻게 피할 수 있겠나요?
Wo Tristans Haus und Heim,
da kehr' Isolde ein:
트리스탄의 집과 고향이 있는,
거기로 이졸데는 갈 것입니다.
auf dem sie folge treu und hold,
den Weg …
충실히 사랑으로 따를 것입니다, 그 길을 …
nun zeig' Isold'!
이졸데에게 보여 주세요!

(멜로트)

Verräter! Ha! Zur Rache, König!
Duldest du diese Schmach?
배신자여! 보복을 위하여, 왕이시여!
어찌 이런 수치심을 견디십니까?

(트리스탄)

Wer wagt sein Leben an das meine?
누가 감히 자신의 삶을 내게 거느냐?
Mein Freund war der,
er minnte mich hoch und teuer.
한때 저 자는 내 친구였다,
나를 아끼고 사랑하던.
Um Ehr' und Ruhm
mir war er besorgt wie keiner.
내 명예와 영광에 대해서 다른
이보다도 더 걱정을 많이 했었지.
Zum Übermut trieb er mein Herz;
그는 내 마음을 오만하게 했다.
die Schar führt' er, die mich gedrängt,
Ehr' und Ruhm mir zu mehren,
그가 무리 지어 내게 와 다그친 것이다,
내 명예와 영광을 넓힐 것과,
dem König dich zu vermählen!
당신을 왕과 결혼시키라고!
Dein Blick, Isolde, blendet' auch ihn.
너의 눈빛, 이졸데,
그의 눈도 멀게 한다.
Aus Eifer verriet mich der Freund …
욕심 때문에 나를
배신한 친구 …
dem König, den ich verriet!
내가 배신한 왕에게!
Wehr' dich! Melot!
싸워라! 멜로트!

Dritter Aufzug – 3 막

Erste Szene – 1 장

(목동 Hirt)

Kurwenal! He!
쿠르베날! 헤!
Sag', Kurwenal!
Hör' doch, Freund, wacht er noch nicht?
말해 봐, 쿠르베날! 들어 봐,
친구, 아직 그가 안 일어났나?

(쿠르베날)

Erwachte er, wär's doch nur,
um für immer zu verscheiden.
만일 그가 깨어나면, 작별 인사를

하기 위해서겠지.
Erschien zuvor die Ärztin nicht,
die einz'ge, die uns hilft.
치료자인 이졸데가 아직
나타나지 않았나, 우리의 유일한 도움.
Sahst du noch nichts?
Kein Schiff noch auf der See?
자넨 아직 아무것도 못 봤나?
바다에 배가 없던가?

(목동)
Eine andre Weise hörtest du dann,
so lustig als ich sie nur kann.
자네는 내가 할 수 있는 한 가장 즐겁게
하는 선율을 들을 거야. (배가 보이면)
Nun sag' auch ehrlich, alter Freund:
was hat's mit unsrem Herrn?
솔직히 말해 봐, 오랜 친구여.
우리 주인님은 어찌 되신 건가?

(쿠르베날)
Lass die Frage.
묻지마.
Du kannst's doch nie erfahren.
어차피 너는 알 수
없는 거야.
Eifrig späh und siehst du ein Schiff,
so spiele lustig und hell!
배가 오는지 열심히
지켜보고 감시해!

(목동)
Öd' und leer das Meer!
황량하고 텅 빈 바다여!

(트리스탄)
Die alte Weise,
was weckt sie mich?
옛날에 듣던 선율인데,
나를 깨우는 것은 뭔가?
Wo bin ich?
어디냐?

(쿠르베날)
Ha! Diese Stimme! Seine Stimme!
하! 이 목소리!
그의 목소리!
Tristan! Herre! Mein Held!
Mein Tristan!
트리스탄! 주인님! 나의 영웅!
나의 트리스탄이여!
Wer ruft mich?– Endlich! Endlich!
Leben, o Leben! Süßes Leben,
누가 나를 부르는가? – 드디어! 드디어!

생명, 오 생명이여! 달콤한 생명이여!
meinem Tristan neu gegeben!
나의 트리스탄에게
새로 주소서!

(트리스탄)

Kurwenal, du?
쿠르베날, 넌가?
Wo war ich? Wo bin ich?
어디였지? 지금은 어딘가?

(쿠르베날)

Wo du bist?
In Frieden, sicher und frei!
어디냐면요?
안전하고 자유로운 곳!
Kareol, Herr.
Kennst du die Burg der Väter nicht?
카레올, 주인님! 조상들의
성을 못 알아보십니까?
Meiner Väter?
– Sieh dich nur um!
나의 조상들이라?
– 보십시오!
Was erklang mir?
무슨 소리를 들었던 거지?
Des Hirten Weise hörtest du wieder.
목자의 선율을 들으신 겁니다.
Am Hügel ab hütet er deine Herde.
그는 언덕에서 주인님의 양 떼를 지키고 있습니다.
Meine Herde?
나의 양 떼라고?
Herr, das meine ich!
Dein das Haus, Hof und Burg!
그렇습니다, 주인님!
당신의 집, 그리고 성!
Das Volk, getreu dem trauten Herrn,
백성들이 충성을 다해,
so gut es konnt',
hat's Haus und Hof gepflegt,
최선을 다해, 집과
성을 잘 돌봐줬습니다.
das einst mein Held zu Erb' und eigen
an Leut' und Volk verschenkt,
우리 영웅께서 백성들에게
선물로 주시지 않았습니까,
als alles er verließ,
in fremde Land' zu ziehn.
타국으로 저 멀리
떠나셨을 때 말입니다.
In welches Land?
어느 나라로 말이냐?
Hei! Nach Kornwall:
하! 콘월로요.

Gütig und wonnig,
자비롭고 사랑으로 가득한,
was sich da Glanzes, Glückes und Ehren,
Tristan, mein Held, hehr ertrotzt.
찬란함과 행복과 명예를, 트리스탄,
나의 영웅이시여, 얻어 냈지요.
Bin ich in Kornwall?
– Nicht doch: in Kareol!
지금 콘월이냐?
– 아니. 카레올입니다!
Wie kam ich her?
어떻게 온 것이냐?
Hei, nun! Wie du kamst?
하, 그러니까!
어떻게 오신 거냐면?
Zu Ross rittest du nicht.
Ein Schifflein führte dich her.
말 타고 오시지 않고.
작은 배를 타고 이리 모셨습니다.
Doch zu dem Schifflein hier
auf den Schultern trug ich dich.
제가 어깨 위로 들어
배로 모셨습니다.
Die sind breit,
제가 어깨가 넓습니다,
die trugen dich dort zum Strand.
저기 해변으로 모셨습니다.
Nun bist du daheim,
daheim zu Land: Im echten Land,
이제 집에 도착하셨습니다,
진정한 집과 땅,
im Heimatland! Auf eig'ner Weid'
und Wonne, im Schein der alten Sonne,
고향이여! 행복하고
빛나는 햇빛 속에,
darin von Tod und Wunden
du selig sollst gesunden.
여기서 죽음의 상처를 얼른
치료받고 회복하시기를.

(트리스탄)
Dünkt dich das? Ich weiß es anders,
네게는 그리 보이나? 아니라는 것을 나는 알아,
doch kann ich's dir nicht sagen.
정확히 네게 말할 수는 없지만.
Wo ich erwacht, weilt' ich nicht.
내가 깬 곳이, 머물렀던 곳이 아니다.
Doch, wo ich weilte,
das kann ich dir nicht sagen.
하지만 내가 머물렀던 곳,
그곳을 네게 말할 수 없지만.
Die Sonne sah ich nicht,
noch sah ich Land und Leute.

해가 보이지 않고,
땅도 사람도 보이지 않았다.
Doch, was ich sah,
das kann ich dir nicht sagen.
그러나 내가 보았던 걸,
너에게 말할 수 없다.
Ich war, wo ich von je gewesen,
wohin auf je ich geh':
내가 있던 곳은 원래 내가 있던 곳,
나는 다시 그리로 돌아갈 것이다.
Im weiten Reich der Weltennacht.
저 먼 밤의 세계로.
Nur ein Wissen dort uns eigen,
그곳은 우리가 아는 한 가지,
göttlich ew'ges Urvergessen!
신성하고 영원한 완전한 망각!
Wie schwand mir seine Ahnung?
Sehnsücht'ge Mahnung,
어찌 내게 그의 예감이 사라졌는가?
그리움의 부름이라고,
nenn' ich dich, die neu dem Licht …
나는 그대를 부르리라,
새로운 낮의 빛으로 …
des Tags mich zugetrieben.
나를 이끌어 준 부름이여.
Was einzig mir geblieben,
ein heiß-inbrünstig Lieben,
내게 남은 것은 오로지,
불타는 열렬한 사랑뿐,
aus Todes-Wonne-Grauen jagt's
mich, das Licht zu schauen,
죽음의 황홀 속 공포에서,
나를 몰아치는 빛,
das trügend hell und golden
noch dir, Isolden, scheint!
그 빛이 여전히 이졸데의 품에서
거짓처럼 밝고 황금처럼 빛나는 것을!
Isolde noch im Reich der Sonne!
Im Tagesschimmer noch Isolde!
이졸데는 여전히 태양의 세상에서!
낮의 빛에 있는 이졸데!
Welches Sehnen!
얼마나 그리운가!
Welches Bangen!
Sie zu sehen, welch Verlangen!
얼마나 두려운가!
그녀를 간절하게 보고 싶구나!
Krachend hört' ich hinter mir
schon des Todes Tor sich schließen:
이미 큰 소리로 죽음의 문이
내 뒤에 닫히는 것을 들었다.
Weit nun steht es wieder offen.
지금 또다시 열려 있다.
Der Sonne Strahlen sprengt' es auf,

태양의 빛이 열어 준 것이다,
mit hellerschlossenen Augen
muss ich der Nacht enttauchen.
밝아서 눈을 감고 나는
밤으로부터 벗어나야 한다.
Sie zu suchen, sie zu sehen, sie zu finden, in ihr einzig zu vergehen,
그녀를 찾아, 보고, 만나서,
오직 그녀 품에서 사라지는 것,
zu entschwinden Tristan ist vergönnt.
트리스탄이 사라지는 것이 허락되었다.
Weh, nun wächst, bleich und bang,
mir des Tages wilder Drang.
아, 창백하고 두려움 속에
낮의 열정이 강력해진다.
Grell und täuschend sein Gestirn
weckt zu Trug und Wahn mir das Hirn!
현란하고 거짓스러운 것이 내 뇌를
착각과 망상으로 몰아간다!
Verfluchter Tag, mit deinem Schein!
저주받은 낮이여,
너의 불빛과 함께!
Wachst du ewig meiner Pein?
나의 고통을 영원히 목격하는가?
Brennt sie ewig, diese Leuchte,
이 빛은 영원히 타는가,
die selbst nachts von ihr
mich scheuchte?
밤에도 나를 그녀에게서
쫓아냈던 빛?
Ach, Isolde, süße Holde!
아, 이졸데여,
달콤한 님이여!
Wann endlich, wann, ach wann
löschest du die Zünde,
언제, 아 언제쯤
이 등불을 끌 것이오,
dass sie mein Glück mir künde?
내게 행복을 다시 알리며?
Das Licht, wann löscht es aus?
불, 도대체 언제 꺼지는 건가?
Wann wird es Nacht im Haus?
언제쯤 나의 내면에 밤이 깃들까?

(쿠르베날)

Der einst ich trotzt', aus Treu' zu dir,
mit dir nach ihr nun muss ich mich sehnen.
한때 난 주인님의 신뢰를 위해 저항했으나,
지금은 그녀를 그리워해야만 하는군요.
Glaub' meinem Wort:
du sollst sie sehen, hier und heut'.
제 말을 믿으십시오. 오늘 그녀를
만나게 되실 겁니다, 오늘 여기에.

Den Trost kann ich dir geben,
ist sie nur selbst noch am Leben.
그리 제가 위로해 드릴 수 있습니다,
만약에 그녀가 아직 살아있다면.

(트리스탄)
Noch losch das Licht nicht aus,
아직 등이 꺼지지 않았고,
noch ward's nicht Nacht im Haus.
아직 내겐 밤이 오지 않았다.
Isolde lebt und wacht;
이졸데가 살아 있고 기다리고 있다.
sie rief mich aus der Nacht.
그녀가 나를 밤으로부터 불러냈다.

(쿠르베날)
Lebt sie denn,
so lass dir Hoffnung lachen!
그녀가 살아있거든,
희망을 갖고 웃읍시다!
Muss Kurwenal dumm dir gelten,
heut' sollst du ihn nicht schelten.
쿠르베날이 오늘 바보같아도,
꾸짖지 마십시오.
Wie tot lagst du seit dem Tag, da Melot,
der Verruchte, dir eine Wunde schlug.
며칠동안 죽은 자처럼 누워 계셨지요, 멜로트, 그 놈이 큰 상처를 입힌 날부터요.
Die böse Wunde, wie sie heilen?
이 심한 상처를 어떻게 치료하죠?
Mir tör'gem Manne dünkt' es da,
wer einst dir Morolds Wunde schloss,
어리석은 저에게 갑자기 생각이 났어요,
모롤트가 입힌 상처를 치유해 준 그녀라면,
der heilte leicht die Plagen,
von Melots Wehr geschlagen.
이번에도 쉽게 치료할 수 있지 않을까요,
멜로트가 입힌 상처를요.
Die beste Ärztin bald ich fand;
nach Kornwall hab' ich ausgesandt:
급하게 최고의 의사인 그녀를 찾아,
콘월로 사람을 보냈습니다.
Ein treuer Mann wohl übers Meer
bringt dir Isolden her.
충실한 신하가 바다를 건너
이졸데를 데리고 올 겁니다!

(트리스탄)
Isolde kommt!
이졸데가 온다고!
Isolde naht!
이졸데가 가까이 온다!
O Treue!

Hehre, holde Treue!
오 충실한 자여!
고귀하고 아름다운 신의여!
Mein Kurwenal, du trauter Freund!
나의 쿠르베날이여,
나의 친한 친구여!
Du Treuer ohne Wanken,
wie soll dir Tristan danken?
흔들림 없이 충실한 네게, 트리스탄이
어떻게 고마워 해야하나?
Mein Schild, mein Schirm
in Kampf und Streit,
나의 방패막, 나의 보호막
싸우고 맞설 때든,
zu Lust und Leid mir stets bereit:
기쁨과 고통의 순간
늘 내 곁에 있는 자여.
Wen ich gehasst,
내가 증오한 자를,
den hasstest du.
너도 증오했고.
Wen ich geminnt, den minntest du.
내가 사랑한 자를
너도 사랑했고.
Dem guten Marke, dient' ich ihm hold,
wie warst du ihm treuer als Gold!
내가 마르케에게 충실했을 때, 너도
그에게 금보다도 더 귀중히 충실했었지!
Musst' ich verraten den edlen Herrn,
내가 그를 배반할 수밖에 없었을 때,
wie betrogst du ihn da so gern!
너도 어떻게 그를 기꺼이 배반했었을까!
Dir nicht eigen, einzig mein.
너 자신보다도, 내가 더 중요한 듯.
Mitleidest du, wenn ich leide.
내가 고통을 느끼면, 함께 고통을 느끼는 자여.
Nur was ich leide,
das kannst du nicht leiden!
하지만 지금 내가 겪는 고통은,
네가 겪을 수 없다!
Dies furchtbare Sehnen, das mich sehrt;
나를 집어삼키는 이 무시무시한 그리움이여,
dies schmachtende Brennen,
das mich zehrt.
나를 불태우는
갈망의 불길이여.
Wollt' ich dir's nennen,
könntest du's kennen:
내가 말해 봤자, 네가 어찌
그것을 알 수 있겠나.
Nicht hier würdest du weilen,
안다면 네가 여기서 기다리지 않고,

zur Warte müsstest du eilen.
전망대로 서둘러 가겠지.
Mit allen Sinnen sehnend von hinnen,
nach dorten trachten und spähen,
온 마음이 여기서부터 저기로 향해,
간절한 눈빛으로 유심히 바라보겠지,
wo ihre Segel sich blähen,
wo vor den Winden, mich zu finden,
그녀가 탄 배의 돛이 부풀고,
바람이 부는 가운데서 나를 보고,
von der Liebe Drang befeuert,
Isolde zu mir steuert!
사랑의 간절함에 사로잡혀,
이졸데가 내게 향하는지!
Es naht! Es naht mit hurtiger Hast!
온다! 빨리 온다!
Sie weht, sie weht die Flagge am Mast.
휘날린다, 깃발이 돛대에 휘날린다.
Das Schiff! Das Schiff!
Dort streicht es am Riff!
저기 배! 저기 배! 저기 암초를
스치며 지나가는!
Siehst du es nicht?
안 보이나?
Kurwenal, siehst du es nicht?
쿠르베날,
아직 안 보이나?

(쿠르베날)
Noch ist kein Schiff zu sehen!
아직은 배가
보이지 않습니다!

(트리스탄)
Muss ich dich so verstehn,
du alte, ernste Weise,
널 이렇게 이해해야 하나,
예전처럼,
mit deiner Klage Klang?
너의 한탄하는 소리로?
Durch Abendwehen drang sie bang,
저녁의 고통이 그녀를
두려움으로 밀어 넣었지.
als einst dem Kind
des Vaters Tod verkündet.
소년에게 아버지의 죽음이
전달되었을 때.
Durch Morgengrauen bang und bänger,
새벽이 밝아 올 때 걱정과 근심 속에서,
als der Sohn der Mutter Los vernahm.
아들이 어머니의 운명을 들었지.
Da er mich zeugt' und starb,
그는 나를 만들어 주었고 죽었어.
sie sterbend mich gebar,
그녀는 죽어 가며 나를 낳아 주셨어.

die alte Weise sehnsuchtsbang
zu ihnen wohl auch klagend drang.
예전에도 그리움과 근심이 그들에게도
한탄하는 소리로 닿았겠지.
Die einst mich frug und jetzt mich frägt:
예전에도 물었고 지금도 묻고 싶은 것은,
Zu welchem Los erkoren
ich damals wohl geboren?
나는 어떤 운명을 감당하기 위해
그때 태어난 것인가?
Zu welchem Los?
나의 운명은 무엇인가?
Die alte Weise sagt mir's wieder:
예전에도 내게 이렇게 답해 주었다.
Mich sehnen …
나는 그리워하고 …
… und sterben.
… 그리고 죽는다!
Nein! Ach nein! So heißt sie nicht!
Sehnen! Sehnen!
아니! 아니야! 그게 아니야!
그리움! 그리움이여!
Im Sterben mich zu sehnen,
vor Sehnsucht nicht zu sterben!
죽어 가며 그리워하고,
그리움 때문에 죽지 못하는!
Die nie erstirbt, sehnend nun ruft
um Sterbens Ruh' sie der fernen
Ärztin zu.
끝이 없는 그리움, 죽음의 평온을 위해
저 멀리 의사를 부른다.
Sterbend lag ich stumm im Kahn,
der Wunde Gift dem Herzen nah.
죽어 가며 작은 배에 조용히 누워 있을 때,
독이 내 상처를 통해 심장에 가까이 올 때,
Sehnsucht klagend klang die Weise.
예전처럼 그리움이
큰 소리로 울부짖었다.
die Segel blähte der Wind
hin zu Irlands Kind.
바람이 돛을 아일랜드의
아이에게로 불어 보냈다.
Die Wunde, die sie heilend schloss,
riss mit dem Schwert sie wieder los.
그녀는 내 상처를 아물게 치료하였고
칼을 든 순간 상처를 다시 찢었다.
Das Schwert dann aber ließ sie sinken;
den Gifttrank gab sie mir zu trinken.
그녀는 칼을 다시 놓아 버렸지만,
내게 묘약을 주고 마셔라 했지.
Wie ich da hoffte ganz zu genesen,
da ward der sehrendste Zauber erlesen.
그때 얼마나 완전한 회복을 갈망했는지,
그때 강렬한 마법의 효력이 보이기 시

작했다.

Dass nie ich sollte sterben,
mich ew'ger Qual vererben!
나는 죽지 못하고, 평생 동안
고통에 시달리리라!
Der Trank! Der Trank!
Der furchtbare Trank!
묘약! 묘약이여!
끔찍한 묘약이여!
Wie vom Herz zum Hirn
er wütend mir drang!
심장부터 뇌까지 분통을
터트리며 내 안에 퍼진 묘약!
Kein Heil nun kann,
kein süßer Tod je mich befreien …
어떤 치료도, 어떤 달콤한 죽음도
나를 자유롭게 할 수 없게 된 것이다 …
von der Sehnsucht Not.
그리워하는 고통으로부터.
Nirgends, ach nirgends find' ich Ruh'.
어디에서, 어디에서도
평화를 찾지 못하는 나.
Mich wirft die Nacht dem Tage zu,
밤이 낮에게 나를 던지며,
um ewig an meinen Leiden
der Sonne Auge zu weiden.
나를 영원히 태양을 보는
고통에 빠지게 한다.
O dieser Sonne sengender Strahl,
오 태양의 뜨거운 빛이여,
wie brennt mir das Hirn
seine glühende Qual!
어찌나 내 머리를 뜨겁게 하고
내게 불타는 고통을 주는지!
Für dieser Hitze heißes Verschmachten,
ach, keines Schattens kühlend Umnachten!
이 불타오르는 그리움,
그늘처럼 시원한 밤은 없다!
Für dieser Schmerzen schreckliche Pein,
이러한 고통과 끔찍한 고난을,
welcher Balsam sollte mir
Lind'rung verleihen?
어떠한 약이 나를
치료할 수 있겠는가?
Den furchtbaren Trank,
끔찍한 묘약,
der der Qual mich vertraut,
ich selbst, ich hab' ihn gebraut,
고통에게 나를 맡긴 묘약을,
내가 스스로 만든 것이야,
aus Vaters Not und Mutter-Weh,
아버지의 고난과
어머니의 고통으로,

aus Liebestränen eh und je.
사랑의 눈물로부터.
Aus Lachen und Weinen,
Wonnen und Wunden
웃음과 눈물,
행복과 상처로
hab' ich des Trankes Gifte gefunden!
내가 이 묘약의 독을 찾은 것이다!
Den ich gebraut, der mir geflossen,
내가 만들고, 내 안에 퍼지고,
Den Wonne schlürfend je ich genossen,
기쁨을 만끽하며 즐겼지만,
verflucht sei furchtbarer Trank,
끔찍한 묘약이여, 저주받아라,
verflucht, wer dich gebraut.
저주받아라, 너를 만든 자여.

(쿠르베날)
Mein Herre! Tristan!
Schrecklicher Zauber!
나의 주인님! 트리스탄이여!
끔찍한 마법이여!
O Minnetrug! O Liebeszwang!
오 사랑의 망각!
오 사랑의 강박!
Der Welt holdester Wahn!
이 세상에 가장
아름다운 망각이여!
Wie ist's um dich getan!
이제 당신을 어쩝니까!
Hier liegt er nun,
여기 그가 누워 있군요,
der wonnige Mann,
der wie keiner geliebt und geminnt.
기쁨에 찼던 남자, 누구보다도
사랑을 받고 사랑을 한 자여.
Nun seht, was von ihm sie Dankes gewann, was je Minne sich gewinnt.
자 보세요, 사랑해서 얻은 것이 무엇입니까, 사랑해서 얻은 것이 있습니까.
Bist du nun tot? Lebst du noch?
당신은 죽은 자 입니까? 아직 산 자 입니까?
Hat dich der Fluch entführt?
저주가 당신을 납치했습니까?
O Wonne! Nein! Er regt sich, er lebt!
Wie sanft er die Lippen rührt!
오 기쁨이여! 아니! 그가 움직이고
살아 있다! 부드럽게 입술이 움직인다!

(트리스탄)
Das Schiff!
저기 배!

Siehst du's noch nicht?
아직 안 보이나?

(쿠르베날)
Das Schiff? Gewiss, es naht noch heut',
es kann nicht lang mehr säumen.
배요? 확실히 오늘 올 것입니다,
이제 멀지 않습니다.

(트리스탄)
Und drauf Isolde, wie sie winkt,
그 위에서 이졸데가, 손을 흔들고,
wie sie hold mir Sühne trinkt.
그녀는 사랑스럽게 나를 위해서 속죄의 잔을 마신다.
Siehst du sie?
Siehst du sie noch nicht?
보이나?
아직 안 보이나?
Wie sie selig, hehr und milde
wandelt durch des Meeres Gefilde?
아름답고 찬란하고 부드럽게
바다를 건너고 있는 그녀가?
Auf wonniger Blumen lichten Wogen
kommt sie sanft ans Land gezogen.
아름다운 꽃들 사이에
부드럽게 땅을 밟는다.
Sie lächelt mir Trost und süße Ruh',
sie führt mir letzte Labung zu.
내게 위로와 사랑의 평안을
웃으며, 마지막 위로를 해 준다.
Ach, Isolde! Isolde!
아, 이졸데! 이졸데여!
Wie schön bist du!
그대는 얼마나 아름다운지!
Und Kurwenal, wie, du sähst sie nicht?
Hinauf, zur Warte, du blöder Wicht!
쿠르베날, 어때, 그녀가 안 보인다고?
올라가, 전망대로, 바보같은 놈아!
Was so hell und licht ich sehe,
dass das dir nicht entgehe!
내게 이리 밝고 환하게 보이는
것이, 너는 보이지 않는다니!
Hörst du mich nicht? Zur Warte schnell!
내 말을 못 들었나? 얼른 전망대로 가거라!
Eilig zur Warte! Bist du zur Stell'?
서둘러 전망대로! 다 올라갔나?
Das Schiff! Das Schiff!
Isoldens Schiff?
저기 배! 저기 배!
이졸데의 배인가?
Du musst es sehen! Musst es sehen!
넌 봐야 돼! 봐야만 돼!

Das Schiff!
Sähst du's noch nicht?
배! 아직 안 보이는 거냐?

(쿠르베날)
O Wonne! Freude!
오 기쁨이여! 행복이여!
Ha! Das Schiff!
Von Norden seh' ich's nahen.
하! 저기 배! 북쪽에서
오는 것이 보입니다.

(트리스탄)
Wusst' ich's nicht! Sagt' ich's nicht!
Dass sie noch lebt, noch Leben mir webt!
나는 알지 않았더냐! 말하지 않았더냐!
그녀가 아직 살아 있다고, 내게도 생명을 짜 준다고!
Die mir Isolde einzig enthält,
wie wär' Isolde mir aus der Welt?
오로지 이졸데만이 나를 붙잡는다,
이졸데는 세상에서 내게 어떤 존재인가?

(쿠르베날)
Heiha! Wie es mutig steuert!
하이하! 얼마나 용감하게 조종 중인지!
Wie stark der Segel sich bläht!
Wie es jagt, wie es fliegt!
얼마나 강하게 돛이 부풀어 오르는가!
그것이 사냥하고, 날고 있듯이!

(트리스탄)
Die Flagge? Die Flagge?
깃발은? 깃발은?

(쿠르베날)
Der Freude Flagge am Wimpel,
lustig und hell!
기쁨의 깃발이 달려 있습니다,
재미나고 환하게!

(트리스탄)
Hahei! Freude! Hell am Tage
zu mir Isolde! Isolde zu mir!
하하! 기쁨이여! 이 밝은 대낮에
내게로 이졸데여! 이졸데는 내게로!
Siehst du sie selbst?
그녀가 보이느냐?
Jetzt schwand das Schiff hinter dem Fels.
– Hinter dem Riff? Bringt es Gefahr?
지금 배가 바위 뒤로 사라졌습니다.
– 암초 뒤에 말이냐? 위험한 상황이냐?
Dort wütet die Brandung,

거기서 파도가 거세게 친다,
scheitern die Schiffe!
Das Steuer, wer führt's?
배가 가라 앉느냐?
누가 조종하느냐?
Der sicherste Seemann.
가장 실력 좋은 선장입니다.
Verriet er mich?
나를 배신했던 놈인가?
Wär' er Melots Genoss?
– Trau ihm wie mir!
혹시 멜로트 아니냐?
– 저처럼 그를 믿으십시오!
Verräter auch du! Unsel'ger!
너도 배신자야! 불행한 자야!
Siehst du sie wieder?
그들이 다시 보이느냐?
Noch nicht.
아직입니다.
Verloren!
없어졌나!
Heiha! Heiha–ha–ha!
Vorbei! Vorbei! Glücklich vorbei!
하하! 하하하하! 지났습니다! 지났습니다!
무사히 잘 지났습니다!
Heiha–ha–ha! Kurwenal,
trautester Freund!
하하하! 쿠르베날!
나의 가장 귀중한 친구야!
All mein Hab und Gut vererb' ich noch heute.
오늘이 지나기전 내가 소유한 모든 것을 너에게 주노라.
Sie nahen im Flug.
– Siehst du sie endlich? Siehst du Isolde?
그들이 빠른 속도로 오고 있습니다.
– 그녀가 보이느냐? 이졸데가 보이느냐?
Sie ist's! Sie winkt!
그녀가 확실합니다!
손을 흔들고 있습니다!
O seligstes Weib!
오 복된 여인이여!

(쿠르베날)

Im Hafen der Kiel! Isolde, ha!
항구에 도착했다! 이졸데, 하!
Mit einem Sprung
springt sie vom Bord an Land.
한 발자국이면 배에서 육지로
그녀가 뛰어내릴 수 있습니다.

(트리스탄)

Hinab von der Warte, müßiger Gaffer!

전망대에서 내려와라, 게으름뱅이야!
Hinab! Hinab an den Strand!
Hilf ihr! Hilf meiner Frau!
내려와라! 어서 해변으로 가거라!
돕거라! 내 여인을 돕거라!

(쿠르베날)
Sie trag ich herauf: Trau meinen Armen!
Doch du, Tristan, …
제가 이리로 모시겠습니다.
저의 팔을 믿으십시오! 그러나 트리스탄 …
bleibe mir treulich am Bett!
꼭 침대에 계십시오!

Zweite Szene – 2 장

(트리스탄)
O diese Sonne! Ha, dieser Tag!
Ha, dieser Wonne sonnigster Tag!
오 이 태양이여! 하, 이 날이여!
이 행복하게 빛나는 날이여!
Jagendes Blut, jauchzender Mut!
Lust ohne Maßen, freudiges Rasen!
솟아오르는 피, 환희에 찬 용기!
끝없는 욕망, 기쁨에 뛰는 마음!
Auf des Lagers Bann,
wie sie ertragen?
나는 누워 있는데 그녀가
어떻게 감당할 수 있을까?
Wohlauf und daran,
wo die Herzen schlagen!
심장이 뛰는 곳으로 향하자!
Tristan der Held, in jubelnder Kraft,
hat sich vom Tod emporgerafft.
트리스탄 저 영웅, 환호의 힘으로,
죽음에서 일어난 자.
Mit blutender Wunde
bekämpft' ich einst Morolden.
한때는 상처에 피가 흘러도
모롤트와 싸웠던 나다.
Mit blutender Wunde
erjag' ich mir heut' Isolden!
상처에서 피가 나도 오늘
나는 이졸데에게 간다!
Heia, mein Blut! Lustig nun fließe!
하이아, 내 피여! 즐겁게 흘러라!
Die mir die Wunde ewig schließe,
내 상처를 영원히 아물게 하고,
sie naht wie ein Held,
sie naht mir zum Heil!
그녀가 영웅처럼 다가온다,
나의 회복을 위해 다가온다!

Vergeh' die Welt meiner jauchzenden Eil!'
세상이여 사라져라, 나의 환희에 찬 질주 속에서!

(이졸데)
Tristan! Geliebter!
트리스탄! 내 사랑!

(트리스탄)
Wie, hör' ich das Licht?
Die Leuchte, ha!
어떻게, 내가 등불을 듣지?
등불, 하!
Die Leuchte verlischt. Zu ihr! Zu ihr!
등불이 꺼진다.
그녀에게로! 그녀에게!
Tristan! Ha!
트리스탄! 하!
Isolde!
이졸데!

(이졸데)
Ha! Ich bin's, ich bin's,
süßester Freund!
하! 나예요, 나예요,
가장 사랑스러운 그대여!
Auf, noch einmal hör meinen Ruf!
자, 한 번만 더 나의 부름을 들으세요!
Isolde ruft, Isolde kam,
이졸데가 부르고, 이졸데가 옵니다,
mit Tristan treu zu sterben.
트리스탄과 함께 죽기 위하여.
Bleibst du mir stumm?
Nur eine Stunde,
아무 말도 안 할 건가요?
딱 한 시간만,
nur eine Stunde bleibe mir wach!
딱 한 시간만 나를 위해 깨어 있어 주세요!
So bange Tage wachte sie sehnend,
um eine Stunde mit dir noch zu wachen:
두렵고 떨며 며칠을 고대했어요,
딱 한 시간만이라도 당신과 함께하기 위해서.
Betrügt Isolden, betrügt sie Tristan …
이졸데의 허상, 트리스탄의 허상인가요
um dieses einzige, ewig kurze,
letzte Weltenglück?
이 한 번, 영원히 짧고,
마지막인 세상의 행복?
Die Wunde, wo?
Lass sie mich heilen!
상처는, 어디?
내가 치료하게 해 주세요!

Dass wonnig und hehr

die Nacht wir teilen.

우리는 황홀하고 숭고한

밤을 나눠요.

Nicht an der Wunde,

an der Wunde stirb mir nicht!

제발 그 상처로, 그 상처로

죽지 마세요!

Uns beiden vereint

erlösche das Lebenslicht!

우리는 하나가 되어

생명의 불을 꺼요!

Gebrochen der Blick.

시선은 끊어지고.

Still das Herz.

심장은 고요하게.

Nicht eines Atems flücht'ges Wehen.

작은 숨소리조차 없게.

Muss sie nun jammernd vor dir stehn,

그녀가 울고불고 당신

앞에 서 있어야 합니까,

die sich wonnig dir zu vermählen

mutig kam übers Meer?

당신과 행복하게 결혼하기 위해서

용감하게 바다를 건너온 그녀가?

Zu spät! Trotziger Mann!

Strafst du mich so mit härtestem Bann?

너무 늦었어! 고집센 남자여! 이렇게

가장 잔인한 벌을 내리는 건가요?

Ganz ohne Huld meiner Leidens Schuld?

나의 고통스러운 죄책감에 정말

자비심을 베풀 수 없는 건가요?

Nicht meine Klage darf ich dir sagen?

나의 비탄함을 그대에게 말할 수 없는

건가요?

Nur einmal …

딱 한 번만 …

ach! Nur einmal noch!

제발! 딱 한 번만!

Tristan!

트리스탄!

Ha!

하!

Horch!

들어 주세요!

Er wacht!

깼어!

Geliebter!

내 사랑!

Dritter Szene – 3 장

(목동)

Kurwenal! Hör'!

Ein zweites Schiff!
쿠르베날! 들어 봐!
두 번째 배가 와!

(쿠르베날)
Tod und Hölle!
죽음과 지옥이여!
Alles zur Hand!
Marke und Melot hab ich erkannt.
모든 것이 손안에! 마르케와 멜로트가 보입니다.
Waffen und Steine!
Hierher! Ans Tor!
무기와 돌들!
이리로! 성문으로!

(항해사)
Marke mir nach mit Mann und Volk.
마르케 나를 따르시오 사람들과 민중들과 함께.

(쿠르베날)
Vergeb'ne Wehr! Bewältigt sind wir.
Stell dich und hilf!
헛된 저항이야! 우리가 패배했어.
맞서고 도와라!

(브란게네)
So lang ich lebe, lugt mir keiner herein!
Isolde! Herrin!
내가 사는 동안, 아무도 이리로 못들어 온다!
이졸데! 주인님!
Brangänens Ruf? Was suchst du hier?
– Schließ nicht, Kurwenal! Wo ist Isolde?
브란게네가 부르는가? 여기서 뭘 찾나?
– 닫지 마십시오, 쿠르베날! 이졸데는 어딨습니까?
Verräterin auch du? Weh' dir, Verruchte?
너마저 배신자냐? 맙소사, 사악한 자야?

(멜로트)
– Zurück, du Tor!
– 물러나라, 이 바보야!
Stemm dich nicht dort!
고집 피우지 말아라!

(쿠르베날)
Hei–a–ha–ha!
Dem Tag, an dem ich dich treffe!
하이아하하!
너를 만나는 날이 오다니!
Stirb, schändlicher Wicht!

죽어라, 수치스러운 놈아!

(멜로트)

Weh mir! Tristan!

슬프다! 트리스탄이여!

(브란게네)

Kurwenal! Wütender! Hör', du betrügst dich!

쿠르베날! 화여! 스스로에게 거짓말하는 자여!

(쿠르베날)

Treulose Magd! Drauf! Mir nach!

충실하지 못한 하녀! 자! 나를 따르라!

Werft sie zurück!

저들을 막아라!

(마르케 왕)

Halte, Rasender! Bist du von Sinnen?

그만, 분노하는 자여! 정신이 나갔나?

(쿠르베날)

Hier wütet der Tod!

여기는 죽음이 날뛰고 있다!

Nichts andres, König, ist hier zu holen;

willst du ihn kiesen, so komm!

왕이시여, 여기서 다른 것은 찾을 수 없습니다. 죽음을 원하시거든, 오십시오!

(마르케 왕)

Zurück! Wahnsinniger!

물러나! 미친놈아!

(브란게네)

Isolde! Herrin! Glück und Heil!

이졸데! 주인님! 행복과 치유여!

Was seh' ich! Ha! Lebst du? Isolde!

내가 무엇을 본 거지! 하! 살아 계시죠? 이졸데!

(마르케 왕)

O Trug und Wahn!

Tristan! Wo bist du?

오 거짓과 망상이여!

트리스탄! 어디에 있나?

(쿠르베날)

Da liegt er, hier, wo ich liege.

여기, 내가 누운 곳에 그도 누워 있습니다.

(마르케 왕)

Tristan! Isolde! Weh'!

트리스탄! 이졸데! 고통!

(쿠르베날)

Tristan! Trauter! Schilt mich nicht,

dass der Treue auch mitkommt!

트리스탄! 귀한 자여! 꾸짖지 마십시오,

신실한 내가 당신을 따라오는 것을!

(마르케 왕)

Tot denn alles! Alles tot!

Mein Held, mein Tristan!

모두의 죽음이여! 모두가 죽는구나!

나의 영웅, 나의 트리스탄!

Trautester Freund, auch heute noch

musst du den Freund verraten?

가장 신뢰하는 친구여, 오늘조차 너는

친구를 배반해야만 하는가?

Heut, wo er kommt,

dir höchste Treue zu bewähren?

오늘, 최고의 신의를 보이려 온 그를?

Erwache! Erwache!

일어나라! 일어나라!

Erwache meinem Jammer!

일어나라 나를 슬프게 하는 자여!

Du treulos treuster Freund!

너 의리 없는 가장 충실한 친구여!

(브란게네)

Sie wacht, sie lebt!

깨어 있어, 그녀가 살아 있어!

Isolde! Hör' mich,

이졸데! 들어 주세요,

vernimm meine Sühne:

Des Trankes Geheimnis …

저의 죄를 용서해 주세요!

묘약의 비밀을 …

entdeckt' ich dem König.

제가 왕에게 털어놨기에,

Mit sorgender Eil' stach er in See,

dich zu erreichen,

그가 걱정하며 서둘러서

오신 것입니다,

dir zu entsagen,

dir zuzuführen den Freund.

당신을 포기하고,

친구에게 보내 주기 위해서.

(마르케 왕)

Warum, Isolde, warum mir das?

왜, 이졸데, 왜 내게 이런 짓을?

Da hell mir enthüllt,

was zuvor ich nicht fassen konnt'.

이제야 내가 전에 이해하지

못했던 것을 알게 되었는데,

Wie selig, dass den Freund

ich frei von Schuld da fand!

그래서 친구에게 죄가 없음을
확인하고 기뻐했는데!
Dem holden Mann dich zu vermählen,
사랑스러운 그대에게 이졸데를 혼인시
키려,
mit vollen Segeln flog ich dir nach.
돛을 활짝 펴고 너를 쫓아온 것인데.
Doch Unglückes Ungestüm,
wie erreicht es, wer Frieden bringt?
아 불행의 격렬함이여, 어찌 평화를
가져오는 자에게 다다른 것입니까?
Die Ernte mehrt' ich dem Tod.
죽음의 수확을 나는 더했구나.
Der Wahn häufte die Not!
망상은 고통을 쌓는구나!

(브란게네)

Hörst du uns nicht? Isolde! Traute!
Vernimmst du die Treue nicht?
우리가 안 들리나요? 귀하신 이졸데!
신실한 저를 듣지 못하는 겁니까?

(이졸데)

Mild und leise, wie er lächelt,
부드럽고 조용히, 웃는 저 모습,
wie das Auge hold er öffnet!
눈을 어찌나 사랑스럽게 뜨는지!
Seht ihr's Freunde? Säht ihr's nicht?
보이나요 친구들이여? 안 보이나요?
Immer lichter, wie er leuchtet!
점점 더 밝게, 그가 빛나는 걸요!
Sternumstrahlet hoch sich hebt?
별에 감싸여 높이 올라가는 걸요?
Seht ihr's nicht?
안 보이나요?
Wie das Herz ihm mutig schwillt,
voll und hehr im Busen ihm quillt?
얼마나 용감하게 그의 심장이 부풀어,
가슴속에서 가득히 넘쳐 나는지요?
Wie den Lippen wonnig mild
süßer Atem sanft entweht.
얼마나 황홀히 부드러운 입술에서
달콤한 숨을 잔잔하게 쉬는지요.
Freunde! Seht!
Fühlt und seht ihr's nicht?
친구들이여! 보세요!
느껴지고 보이지 않나요?
Höre ich nur diese Weise,
die so wundervoll und leise,
제겐 이렇게 들려요,
이처럼 아름답고 조용히,
Wonne-klagend, alles sagend,
기쁨의 탄식, 모든 것을 말하듯이,
mild versöhnend aus ihm tönend,

부드럽게 화해하듯이 그로부터의 소리는,
in mich dringet, auf sich schwinget,
내게 스며들어, 위로 올리고,
hold erhallend um mich klinget?
사랑스럽게 울리며 내 주위를 감싸는 소리?
Heller schallend, um mich wallend,
더 밝게 울리며,
내 주위에 물결치듯이,
sind es Wellen sanfter Lüfte?
잔잔한 숨의 물결인가요?
Sind es Wogen wonniger Düfte?
황홀한 향기의 파도인가요?
Wie sie schwellen, um mich rauschen,
soll ich atmen, soll ich lauschen?
얼마나 그것들이 움직여, 내 주위를 맴도는지,
제가 호흡해도 될까요, 조용히 들어 볼까요?
Soll ich schlürfen, untertauchen?
Süß in Düften mich verhauchen?
제가 마셔 버리고, 물속으로 들어갈까요?
달콤한 향기 속으로 내가 들어갈까요?
In dem wogenden Schwall,
in dem tönenden Schall,
출렁이는 큰 물결 속으로,
울려 퍼지는 소리 속으로,
in des Welt-Atems wehendem All,
세상의 숨결이 불어오는 우주 속으로,
ertrinken, versinken,
빠지고, 가라앉으며,
unbewusst, höchste Lust!
의식을 잃는, 최고의 기쁨이여!

|부록 2|

『의지와 표상으로서의 세계』 (약칭: 의표세)에 대한 해설

[1] 의.표.세.

https://www.youtube.com/watch?v=idK-Qlp7jF4

쇼펜하우어의 철학은 임마누엘 칸트[1]의 철학에 이어받았다. 칸트(1724)는 경험주의 철학과 합리주의 철학을 한데 묶은 철학자인데, 경험주의[2]의 대표 주자는 베이컨(1561), 로크(1632), 흄(1711)이 있고, 합리주의[3] 철학자로는 '나는 생각한다, 고로 존재한다' 란 말로 유명한 데카르트(1596), 스피노자(1632), 라이프니츠(1646)가 있다. 칸트라는 큰 저수지로부터 이어받은 한 물줄기가 이상주의라고도 말할 수 있는 관념론자인 헤겔(1770)[4]이다. 헤겔과 어깨를 나란히 한 또 다른 물줄기가 바로 쇼펜하우어(1788)인 것이다. 쇼펜하우어의 철학을 이어받은 철학자가 니체(1844)[5]이다. 이것이 현재까지 이어진 것을 실존주의 철학[6]이라고 부른다.

쇼펜하우어의『의지와 표상으로서의 세계』책을 이해하기 위하여, 플라톤의 '이데아', 칸트의 '물자체', 쇼펜하우어의 '의지'와 각각의 상대개념인 플라톤의 '모사', 칸트의 '현상', 쇼펜하우어의 '표상'[7]을 줄여서 '이. 물. 의', '표. 현. 모.'라고 칭하기로 하자.

여러 종교들에서 세계를 이생의 세계와 죽은 후의 세계로 보듯이, 플라톤, 칸트, 쇼펜하우어, 세 명의 철학자들도 세계를 이원론[8]으로 보았다. 플라톤은 영원히 변하지 않는 본질의 세계를 '이데아'로 보았으며, 우리가 살고 있는 세계는 이데아를 흉내낸 '모사'[9]로 봤다. 칸트는 본질의 세계를 우리가 감히 알 수 없는 신의 영역이기에 단지 '물자체'로만 인식할 수 있고, 이 세계를 그것이 나타나는 ’현상‘ 내지 ’현상세계‘[10]로 보았다. 반면 쇼펜하우어는 세계의 본질이 무엇인지 우리는 모른다는 칸트의 물자체의 개념이 아닌, 우리는 세계의 본질이 무엇인지 알 수 있다고 하면서 그것을 바로 '의지'라고 설명한다. 즉 세계의 본질은 보이지 않는 의지이며 우리가 살고 있는 이 세계는 그 의지가 나타난 '표상'의 세계라는 것이다. 표상은 독일어로 'Vorstellung'인데 '앞'이라는 뜻의 'vor'와 '세움'이라는 뜻의 'stellung'이 합해져서 '앞에 세운다'는 뜻이다. 오페라 등의 공연을 말할 때에나 눈 앞에 펼쳐지는 공연을 말할 때 쓰인다. 자신을 소개할 때에도 자신을 앞에 세우는 것이기 때문에 자기소개의 의미로도 쓰이며, '상상'도 눈앞에 있다고 떠올리는 것이기 때문에 Vorstellung을 쓴다. '표상'이라는 단어는 실제 생활에서는 잘 사용하지 않으나 어떤 형상이 구체적으로 나타나게 되었다는 의미에서 쇼펜하우어 철학에서는 '표상'으로 통상 번역된다. 다시 말해서 플라톤, 칸트, 쇼펜하우어는 세계의 본질은 이데아, 물자체, 의지이고, 이 본질로부터 나타난 세계가 모사, 현상, 표상이라는 것이다. 그래서 '이. 물. 의.' 와 '표. 현. 모.'로 기억하면 다음을 이해하기가 용이하다.

[2] 의.표.세.

https://www.youtube.com/watch?v=jOpjnhmxPX8

충족근거율 또는 충족이유율[11]이란 용어의 사용은 플라톤, 아리스토텔레스 등 이미 고대 그리스 철학자들이 사용했으나, 철학계에서 본격적으로 논의한 철학자는 라이프니츠이다. 사물, 사건, 진리 등 무엇인가가 존재하기 위해서는 충분한 근거가 있어야 한다는 라이프니츠의 개념을 쇼펜하우어가 더욱 발전시키게 된다. 쇼펜하우어는 「충족근거율의 네 겹의 뿌리에 관하여」[12]라는 논문으로, 예나 대학에서 리하르트 바그너가 태어난 해인 1813년도 25세의 나이로 박사학위를 받았다.

근거율[13]에는 다음의 4 가지가 있다.

1. 생성근거율 – 인과관계, 즉 원인과 결과의 인과율
2. 존재근거율 – 시간과 공간
3. 인식근거율
4. 행위근거율

개별화의 원리[14]는 말 그대로 개개인이 되는 원리로 내가 다른 누구보다도 더 중요하다고 느끼게 되는 이기주의와 이기심을 유발하는 원리라고 설명할 수 있다. 쇼펜하우어는 「의지와 표상으로서의 세계」에서 '스콜라철학에서 빌려온 표현으로 시간과 공간을 개별화의 원리라고 부른다.'[15]라고 하고, '다수는 시간과 공간에 의해서 제약되며 개별화의 원리라고 부른다.'[16] 즉, 시간과 공간 안에서 우리 모두는 각각의 개인들이 모인 다수의 존재가 된다는 것이다. '시간과 공간을 충족근거율의 형태로 인식하며 물자체의 특성은 아니다.'[17] 즉, 시간과 공간이란 것은 사물 내지 존재 그 자체인 물자체는 아니고 물자체가 존재하는 데에 있어 필요한 근거라는 것이다. 즉, 존재근거율이라는 것이다.

쇼펜하우어는 1818년 30세 때 드레스덴에서 「의지와 표상으로서의 세계」의 초판을 출간하였고, 1844년 56세 때 프랑크푸르트에서 개정하여 2판을 냈으며, 1859년 71세 때 다시 개정 증보판으로 3판을 발간함으로써, 전 생애 걸쳐 총 세 번에 걸친 작업으로 자신의 평생의 역작을 완성하였다.

[3] 의.표.세.

https://www.youtube.com/watch?v=-k9O_AbFY4c

제1권.
표상으로서의 세계의 첫 번째 고찰:
충족근거율의 지배하에 있는 표상: 경험과 학문의 대상.[18]

충족근거율의 지배를 받는다는 것은 '표상'이 되었다는 것을 의미한다. 위에서 설명한 4가지 근거율을 통해서 표상이 되었다고 설명할 수 있는데 반해서, 본질의 세계인 '의지'는 시간과 공간의 개념인 존재근거율 등 충족근거율의 제약을 받지 않는다는 것이 전제되어 있다. 반복해서 말하자면, 충족근거율의 지배를 받지 않는 의지로부터 나온 모든 표상이 된 세계는 충족근거율의 지배하에 있다는 것이다.

"세계는 나의 표상이다. 이 모든 세계는 표상이다. 세상은 한편으론 표상이지만 다른 한편으론 의지이다."[19]

이 문장의 의미는 주관, 즉 내가 인식하는 것이 세계라는 것이다. 이전까지의 철학은 대상 그 자체인 객관 내지 객체를 연구하는 것이었다면, 칸트는 인식이 외부에서 내부로 전환됨으로써, 어떻게 사물을 인식하는가의 주관 내지 주체를 연구하는 사고의 대변혁, 즉 '코페르니쿠스적 전환'[20]을 하였다. 그것을 쇼펜하우어가 계승한 것이다. 내가 인식하는 이 모든 것은 눈에 보이는 표상이 된 세계이지만, 다른 한편으로는 눈에는 보이지 않는, 드러나지 않은 의지로부터 온 것이라는 것이다.

"주관은 모든 것을 인식하고, 어떤 것으로도 인식되지 않는 것이다. 객관(대상)은 단지 주관과 관련되어 존재하는 것이다. 직관하는 자의 직관, 한마디로 표상이다." [21]

이 문장은 주관이 있는 곳에 객관이 따라온다는 의미이다. 주관은 선험적인 것이고 객관은 후험적인 것이다. '나'라는 외면이 아닌 내면의 내 머릿속의 '나'라는 존재는 어느 누구도 인식할 수 없으며, 보여지는 사물들은 '나'라는 주관이 인식할 때에 내게 존재하는 것이다. 우리가 무엇인가를 인식했다면 그것은 바로 표상이 된 사물이라는 것이다. 이렇게 우리가 무엇인가를 인식할 때에 객관화된 사물이라는 존재를 알게 되는 것이기에, 우리의 주관이 먼저 앞에 있고, 그 주관이 무엇인가를 인식하게 되니까, 다시 말해서 경험을 통해서 후에 인식하게 되는 것이기에 후험적이다.

"육체는 객관이다. 육체는 모든 인식의 틀인 시간과 공간 안에 놓여 있으며, 그것들을 통해서 다수가 있는 것이다." [22]

이와 같이 개별화의 원리를 설명한다. 즉 사람이든지 동물이든지 모든 육체는 눈에 보여지는 객관화된 존재라는 것이다. 이렇듯이 하나의 존재뿐만 아니라 모든 다수의 육체, 존재들도 시간과 공간하에서 존재하게 되는데, 이런 인식의 틀을 통해서 우리는 여러 개개인들이 있다는 것이다.

[4] 의.표.세.

https://www.youtube.com/watch?v=2bDDxa_fx14

"결핍은 갖고 싶으나 갖고 있지 않음 이고 여기에서 고통이 생겨난다. 우리 스스로의 의지로부터 내면의 만족이나 불만족이 나온다."[23]

이 문장은 쇼펜하우어가 가르쳐 주고자 하는 실천 철학에 있어서 근본이 되는 문장이다. 즉 우리 모두는 우리가 원하는 것, 우리의 의지가 있는데 이것이 이루어지면 만족 내지 기쁨이 오지만, 그것이 이루어지지 않을 때에는 고통(Leid)내지 불만족이 온다는 것이다. 이 앞에 나와 있는 문장은 이렇다. 갖고 싶은 마음이 없다면 본인이 갖고 있지 않아도 결핍이라고 느끼지 않기 때문에 고통을 느끼지 않지만, 본인이 갖고 있지 않은 무엇인가를 너무나도 갈망한다면 그것을 이루지 못하고 있는 시간들 가운데 어느 한계점을 넘는 순간부터 우리는 크나큰 고통을 느낀다.

제2권.
의지로서의 세계에 대한 제1고찰: 의지의 객관화.[24)]

"객관과 표상은 하나이며 동일한 것이다. 주관은 선험적이고, 객관은 후험적이다. 육체는 표상이고 의지가 객관화된 것은 표상으로 된 의지이다."[25)]

눈에 보여지게 된, 즉 객관화된 것과 드러나게 된 것, 나타나게 된 것, 현상 내지 표상이라는 것은 모두 단어만 다를 뿐이지 동일한 의미이다. 우리의 주관이 무엇인가를 인식했다면 그것은 바로 표상이 된 것이다. 이렇게 우리가 무엇인가를 인식할 때에 객관화된 것이라는 존재를 알게 되는 것이기에, 우리의 주관은 앞에 있어서 선험적인 것이고, 그 주관이 무엇인가를 인식하게 된 후 눈에 보여지는 것들, 즉 객관은 경험을 통해서 나중에 인식하게 되는 것이기에 후험적인 것이다. 인간은 자신의 의지가 표상이 되지 못하는 불일치에서 고통이 온다. 우리의 의지가 이루어지지 않을때 고통이 오고, 우리의 의지가 뜻대로 이루어지면 기쁨과 즐거움이 온다.

현상을 독일어로 쓰면 '나타나다'는 뜻의 'erscheinen'의 명사형 'Erscheinung'이다. 표상(Vorstellung)과 같은 뜻으로 보면 된다. 칸트가 말하는 현상(Erscheinung)내지 현상세계(Erscheinungswelt)와 쇼펜하우어가 말하는 표상(Vorstellung)은 동일한 것이다. 덧붙이자면, 표상이 된 것들은 근거율에 따라서 존재하는 것들이고, 의지 자체는 눈에 보이지 않는, 나타나지 않은 존재로서 근거율과는 상관이 없는 것, 즉 '지배하에 있지 않다'는 문장으로 쇼펜하우어는 설명하고 있다.

"고통은 의지에 거슬리는 것이다. 유쾌와 쾌락은 의지에 맞는 것이다. 의지의 현상은 충족근거율의 지배하에 있고, 의지 자체는 지배하에 있지 않다."[26]

"육체는 가시적 나의 의지이다. 육체 자체는 의지의 현상이고, 가시적으로 된 것이고 의지의 객관화이다."[27]

쇼펜하우어는 위와 같은 문장들로 의지와 표상의 철학을 설명하고 있으며 아래의 문장들도 의지와 표상의 개념을 구체화해서 설명하는 것이다.

"치아, 식도, 장은 객관화된 굶주림이다. 생식기는 객관화된 성욕이다. 모든 표상은 모든 객관이며 현상이다. 물자체만이 홀로 의지이다. 모든 객관은 현상이다. 의지로부터 모든 표상과 모든 객관과 현상과 보여지는 것과 객관화가 있는 것이다."[28]

배고픔, 먹고 싶은 의지가 치아와 식도와 장과 같은 기관들을 존재하게 했으며 성적관계를 하고픈 의지가 우리의 생식기를 만들어 냈다고 설명하면서 칸트가 말하는 '현상'과 쇼펜하우어가 말하는 '표상'이 같은 것이라고 한다. 의지가 모든 객관화가 된 것들, 즉 보여지게 된 것, 모든 객관(대상), 나타나게 된 것의 원인이다. 다시 말해, 의지가 칸트의 현상과 쇼펜하우어가 말하는 표상을 존재하도록 한 원인이다.

"의지는 모든 사물의 존재 자체이며 모든 현상의 유일한 핵심이다. 표상은 현상 속에서, 객관 속에서, 시간, 공간, 인과성의 제약하에 있다. 즉, 표상은 다수와 인과 법칙에 따라서, 표상의 틀 안에 있으며 본질 자신은 아닌 것이다."[29]

본질의 세계, 그 자체가 의지라는 것이고 나타나게 되는 모든 것들의 그 근본에는 이 의지가 있다. 보여지게 된 것, 나타나게 된 것 즉 현상, 객관화가 된 것 등 이 모든 것들은 한마디로 표상이다. 이 표상이라는 것은 시간과 공간의 존재근거율과 원인과 결과의 인과관계하의 생성근거율에 따라서 존재하게 되며, 표상은 본질 자체가 아니고, 본질인 의지로부터 나온 것이 표상이다. 다른 표현으로 말하면 의지로부터 객관화가 된 것, 보여지게 된 것이 표상이다. 쇼펜하우어가 얘기하는 의지와 칸트의 물자체는 둘 다 본질의 세계로서 동일한 것이지만 차이점은 이렇다. 쇼펜하우어가 얘기한 의지는 우리가 알 수 있는 세계의 본질이고, 칸트가 얘기한 물자체는 우리는 감히 알수 없는 본질이다.

"물자체는 시간, 공간, 인과관계에 의한 제약 없이 직접적으로 현상하는 것이다. 물자체는 의지와 비슷한 개념인 본질적인 것이기 때문에 시간과 공간의 제약을 받지 않는다."[30]

표상은 시간과 공간의 제약을 받는 것, 의지로부터 나타난 것, 보여지게 된 것, 객관화된 것이고 또 다른 표현으로는 '의지의 거울'이라고도 한다.

[5] 의.표.세.

https://www.youtube.com/watch?v=YRBjkEfufeU

'의지의 거울'을 통해서 보이지 않는 나의 모습이 나 스스로에게 보여지게 된다. 의지의 거울을 통해서 우리는 나와 다른 사람들을 보게 된다. 독일의 시사 주간 잡지 이름이 '거울'이라는 뜻인 슈피겔(Der Spiegel)이다. 이 이름이 거울을 통해서 세계를 보여 준다는 쇼펜하우어의 철학에서 따왔을 수 있겠다. '의지의 객관화'와 '의지의 거울'은 동일한 뜻[31]이라고 보면 된다. 의지가 드러나게, 나타나게, 보여지게 된 것, 즉 객관화가 된 것이 표상이다.

본질의 세계는 플라톤의 이데아, 칸트의 물자체, 쇼펜하우어의 의지이고, 본질로부터 나타난 객관화가 된 세계는 플라톤의 모사, 칸트의 현상, 쇼펜하우어의 표상이다. 즉, 본질의 세계 '이. 물. 의.'는 본질로부터 나타난 세계 '표. 현. 모.'와 대칭을 이룬다. 본질로부터 나타난 세계를 우리는 거울을 통해서 볼 수 있다. 세계는 나의 표상이다. 이 문장을 포괄하는 것이 바로 우주이다.[32]

'자연의 힘'과 플라톤의 '이데아'와 쇼펜하우어의 '의지'가 '표상'이 되는 세계를 설명하는 데 있어서 우주는 중요하다.[33] 1642년생인 아이작 뉴턴은 1687년에 그의 저작 『자연철학의 수학적 원리』 줄여서 프린키피아(라틴어: Principia)라고 불리기도 한 그의 세 권짜리 저작에서, 만유인력의 법칙을 발표하여 자연의 법칙을 세상에 알려 주었다.[34] 중력을 설명하면서 중력은 무한한 공간에서 휴식도 목표도 없이 끝없이 움직이게 하는 만유인력에 의해 계속 앞으로 움직이게 한다고 설명한다.[35]

칸트는 본질의 세계를 우리가 감히 알 수 없는 '물자체'로만 인식하였지만, 쇼펜하우어는 세계의 본질을 우리가 알 수 있다. 그것은 바로 '의지'이다. 세계를 있게 만든 가장 근원이 바로 의지라는 것이다. 그 의지로부터 이 세계의 모든 것이 나왔다. 즉 그 의지로부터 모든 것이 표상이 되었다는 것이다. 그래서 그의 책 제목이 「의지와 표상으로서의 세계」가 되었다. 그 의지라는 것이 의지의 객관화[36]를 통해서 나타나게 되는데, 그중에서 의지의 객관화의 가장 낮은 단계로서 '자연의 힘'과 플라톤의 '이데아'를 설명한다.[37]

쇼펜하우어는 객관화(Objektität와 Objektivation)[38]가 되는 여러 단계를 설명하면서 '단계'라는 개념으로 설명한다. 의지의 객관화의 단계라는 가장 근원에 의지가 있으며 그 의지가 보여지고 나타나게 되는 것, 즉 객관화가 된다. 그것들이 의지가 객관화가 되는 여러 단계들을 거쳐서 '표상'이 된다는 것이다.[39]

"의지의 객관화의 여러 단계는 플라톤의 이데아와 다르지 않다."[40]

눈에는 보이지 않는 중력이나 전기나 여러 화학 작용과 같은 자연의 힘은 의지가 객관화가 되는 데 있어서, 의지에 속하는 것도 아니고 그렇다고 완전히 표상이 된 것도 아니다. 객관화의 단계들 가운데 가장 아래 있는 것으로서, 눈에 보이지 않으며 아직 나타나게 된 것도 아닌 것이다. 존재하는 자연의 힘을 설명하는 데 있어서, 쇼펜하우어는 우리가 알고 있는 중력, 물리와 화학 작용으로 자연의 힘을 설명하고 있다. 자연의 힘이 객관화의 단계들을 거치는 데 따라 광물, 행성, 식물, 동물들이 나타나며, 의지가 객관화가 되는 데에 있어서 최고의 등급은 바로 인간이다.

"이것들은 피라미드를 형성하고, 피라미드의 최정점에 인간이 있다."[41]

그는 음악에 대해서도 의지의 객관화의 여러 단계와 마찬가지로 설명한다. 자연의 힘과 같은 가장 낮은 저음이 있고 그 위에 광물, 식물, 동물들이 있듯이, 3도, 5도 등을 쌓아 가며 의지의 객관화에 인간이 가장 위에 있듯이 멜로디가 가장 위에서 자유롭게 움직이는 것으로 설명한다.

플라톤의 이데아라는 것은 영원 불변하는 본질의 세계라는 것이고 그 완전한 본질의 세계를 흉내 낸 모사가 이 세계라는 것이다. 다시 말해서 플라톤이 말하는 이데아는 영원불변하는 것이고, 이 세계는 영원히 변하지 않는 것이 없는 단지 이데아를 모사한 것이기에, 플라톤은 예술을 모사의 모사로서 본질을 변질시키는 안 좋은 것으로 보았다.[42] 반면 그의 제자 아리스토텔레스는 예술을 삶에 긍정적인 역할을 하는 중요한 요소로 봤다.

쇼펜하우어의 이론철학에서 세계의 본질이란 것은 보이지는 않지만 모든 것을 존재하게 하는 '의지'이다. 이 같은 의지를 직접적으로 모사[43]한 것이 바로 음악이라고 쇼펜하우어는 설명하는데, 이와 같은 쇼펜하우어의 철학에 큰 영향을 받은 작곡가가 바로 리하르트 바그너이다.

[6] 의.표.세.

https://www.youtube.com/watch?v=e5DTFldKbX4

의지의 객관화의 가장 낮은 단계[44]에 중력, 전기, 화학 작용 등의 자연의 힘이 보이지는 않지만, 존재하는 힘들로서 의지의 객관화의 가장 낮은 단계에 있다. 의지가 가장 아래 있고, 그 의지로부터 나타난 의지의 객관화의 가장 낮은 단계에 자연의 힘이 있고, 그리고 그 위에 광물, 식물, 동물 등이 있으며 의지의 객관화의 가장 높은 단계[45]에 인간이 있다고 설명한다. 그러면서 쇼펜하우어는 단계들 가운데 서로 간의 투쟁이 있고, 동물세계에서의 일반적인 투쟁으로 세계를 설명한다.[46] 동물과 인간의 차이를 설명하면서 동물들은 직관적 표상인 존재이고 개념이나 반성은 없는 직관적 표상인 존재라고 설명한다.[47] 다시 말해, 동물은 직관력만 있고, 인간은 직관력뿐만 아니라 개념과 반성을 갖고 있는 고등한 존재라는 것이다. 그는 인간을 의지가 가장 높은 정도에 도달한 존재로 본다.[48]

인간은 직관적 인식에 있어서 동물보다 더 높은 능력을 갖고 있으며 반성과 추상적 개념도 갖고 있다.[49] 이 반성과 추상적 개념을 갖고 있는 것이 바로 인간과 동물의 큰 차이점이다. 동물들도 직관력을 갖고 있기 때문에, 예컨대 코끼리가 냇물 사이에 걸쳐져 있는 쓰러진 나무가 자신의 몸무게를 지탱하지 못할 것 같으면 건너려고 하지 않는다. 그 이유는 코끼리도 직관력을 가지고 있기 때문이다.

그는 직관력의 우수성은 예술적 작업에 나타나게 되는데, 창조적이며 뛰어난 천재들의 예술적 작업에는 개념의 영역이 아닌 이런 직관[50]이 굉장히 중요한 능력이라고 강조하고 있다. 다시 말해서 추상적 개념은 학문의 영역에 필요한 것이고, 예술적 작업에는 직관력이 매우 중요하다.

"의지의 객관화의 여러 단계들은 플라톤의 이데아와 다르지 않다."[51]

"모든 일반적이고 근본적인 자연의 힘은 그의 내적 본질에서 의지의 객관화의 낮은 단계이다."[52]

"플라톤의 의미에서 우리는 각각의 이 같은 단계를 영원한 이데아라고 부른다."[53]

쇼펜하우어는 플라톤의 이데아와 의지가 다르지 않다고 얘기했으나, 이 마지막 문장을 보면 의지와 이데아를 다른 것이라고 설명하는 것 같아 보여 혼돈스러울 수 있다. 그런데 여기에서의 의미를 다시 살펴보면 플라톤의 이데아는 의지와 동일한 것이 아니고, 의지가 객관화가 되는 데에 있어서 가장 낮은 단계인 자연의 힘과 비슷한 것이라는 것이다. 그러면서 가장 낮은 단계에 있는 중력과 같은 자연의 힘에

압력과 저항도 있다고 아래 문장에서 설명한다.

"의지의 객관화로서 무엇보다도 가장 낮은 단계에는 압력과 저항도 있다."[54)]

"이 세계는 완전히 의지이고 물자체이며 의지 안에서 세계의 내적 존재가 있고 동시에 완전히 표상이다."[55)]

"표상은 객관과 주관이라는 형식을 전제한다.[56)] 이 세계는 완전히 의지이기도 하고 완전히 표상이기도 하다."

이 문장들에서 세계의 본질, 세계의 시작은 의지이고 그 의지가 나타나는 데에 있어서, 객관화가 되는 가장 낮은 단계에 자연의 힘, 그리고 그와 같은 수준인 물자체가 있으며 그로부터 결국에는 완전한 표상이 나타나게 된다. 그 표상에는 '나'라는 주관이 있게 되고 그 주관이 인식하는 객관들이 나타난 표상들이 존재하게 되는데 그 근본 시작은 의지에서 시작된다는 의미임을 알 수 있다.

"대우주인 이 우주에서 우리 모두는 소우주이며 이런 세계는 결국에는 아무것도 남지 않는다."[57)]

인도철학 「우파니샤드」와 쇼펜하우어 철학은 비슷한 설명을 하고 있다. 즉, 「우파니샤드」에서 대우주를 가리키는 브라만은 모든 존재의 근원이며 변하지 않는 존재이고, 소우주를 가리키는 아트만은 소우주인 우리가 우주와 연결되어 있으며 우주와 하나가 된다는 것을 가르치고 있다.

"무엇인가를 바라고 노력할 것이 남아 있다면 충분히 행복하다. 소원으로부터 충족으로, 그리고 새로운 소원으로의 빠른 진행은 행복이고, 이런 패턴이 느리게 진행되는 것은 고통이다."[58)]

이 문장은 인생의 지루함이 주는 고통의 반대 개념으로 무엇인가 이루어야 할 과제, 할 일이 있는 삶이 우리에게 얼마나 행복한 삶인지를 다시 한번 일깨워 주고 있다.

"근원적 자연의 힘들, 그 자체는 의지의 직접적 객관화로서 그것은 물자체로서 충족근거율의 지배를 받지 않는다."[59]

이 문장은 다시 쇼펜하우어의 이론철학 문장으로 의지로부터 시작해서, 의지가 바로 직접적으로 객관화가 되는 단계인 자연의 힘 내지 칸트가 말하는 물자체의 수준을 말하고 있다. 이것들은 아직 근거율의 지배를 받는 표상의 단계, 다른 말로 아직 완전한 객관화 내지 칸트가 말하는 현상에 도달하지는 않은 단계, 즉 자연의 힘의 단계를 설명하고 있다.

의지로부터 나타난 표상, 즉 객관화가 된 것들은 기본적으로 충족근거율에 따라서 존재하게 된다. 즉 근거율의 지배를 받아서 존재한다는 것이다. 다시 말해서 완전한 표상 내지 현상이 된 것을 말한다. 자연의 힘은 보이지 않는 에너지, 힘으로서 의지의 객관화의 가장 낮은 단계에 있는 것이고, 이 단계는 아직은 충족근거율의 지배를 받지 않는다는 것이다. 다시 말해서 아직은 완전한 표상 내지 현상이 되지는 않았다는 것이다. 이와 같은 자연의 힘을 칸트의 개념에서는 물자체와 같은 것으로 본다.

"의지는 내적 본질이고 세계 자체이다. 즉 의지의 현상으로서의 모든 물체라는 것이다."[60]

이 세계의 본질은 의지이다. 그 의지라는 세계 자체에서 모든 물체로 나타난다. 즉 칸트가 말하는 현상이 되었든, 쇼펜하우어가 말하는 표상 내지 객관이 되었든, 무슨 표현을 썼든지 간에 중요한 것은 가시적으로 보이게 되는 것들로 나타난다.

"천체, 구형들인 별들은 가만히 있을 수 없고, 인력의 앞 방향으로, 무한한 공간 속에서, 휴식과 목표 없이 움직임을 갖는다는 것이다."[61]

"물리학과 화학은 자연의 힘을 연구하고, 그들의 법칙들을 알아 가는 것이다. 표상으로서의 세계는 모든 그들의 형태로, 객관, 주관, 시간, 공간, 다수 그리고 인과관계에 의해서 나타난다. 의지는 물자체이고, 플라톤의 이데아는 의지이고, 객관은 현상이다."[62]

의지라는 근원으로부터 중력과 같은 자연의 힘들의 끊임없는 움직으로 결국에는 표상, 현상, 객관이라는 눈에 보이는 것들이 나타나게 된다는 것을 설명하고 있다. 물론 플라톤과 칸트와 쇼펜하우어 사이에 조금씩 주장하는 바에 있어서 차이는 있지만, 큰 개념에서는 쇼펜하우어의 의지와 칸트의 물자체와 플라톤의 이데아는 다 같은 본질이라는 것이고, 객관은 본질로부터 나타나게 된 것으로 쇼펜하우어가 말하는 표상이고 칸트가 말하는 현상이고 플라톤이 말하는 모사라는 것이다.

쇼펜하우어는 자연의 힘을 표상이 되는 의지의 객관화의 가장 낮은 단계로서, 의지 자체는 아닌 것으로 봤으나, 칸트의 개념에서는 자연의 힘은 나타나게 된 현상이 아닌 본질인 물자체로 본다. 그러나 쇼펜하우어와 칸트의 자연의 힘은 둘 다 근거율의 지배를 받지 않는다.

이상의 내용을 아래 세 개의 쇼펜하우어의 문장으로 요약할 수 있다.

"이 세계는 한편으로는 완전히 의지이다. 물자체는 의지 안에서 세계의 내적 본질이 있고, 다른 한편으로는 완전히 표상이다. 표상은 객관과 주관의 형식으로 나타난다."[63]

"누구나 스스로 전 세계이며 소우주이다. 전 세계의 본질과 대우주의 본질은 완전히 의지이고 완전히 표상이며 결국에는 어떤 것도 남지 않는다."[64]

"바라고 노력할 것이 있다는 것은 행복한 것이고 소원으로부터 충족이 되고 새로운 소원의 빠른 진행은 행복이고, 느린 진행은 고통이다."[65]

[7] 의.표.세.

https://www.youtube.com/watch?v=0NenzTulUhw

제3권.
표상으로서의 세계에 대한 제2고찰:
충족근거율에 근거하지 않는 표상:
플라톤의 이데아:
예술의 대상.[66]

위에서 계속 언급한 바와 같이 플라톤의 이데아와 칸트의 물자체와 쇼펜하우어의 의지는 본질의 세계라는 큰 맥락에서는 동일한 것이다. 쇼펜하우어의 의지와 칸트의 물자체의 차이점은 칸트는 본질이 무엇인지 우리는 모른다고 이야기하고, 반대로 쇼펜하우어는 무엇인지 알 수 있다고 한다는 점이다. 여기서는 칸트의 물자체와 플라톤의 이데아의 차이점을 설명한다.

"칸트와 플라톤 사이에서 목적의 동일성에서, 세계관에 관해서 모든 내적으로 일치하는 면이 있지만, 그럼에도 불구하고 이데아와 물자체는 완전히 하나도 아니고 같은 것도 아니다."[67]

"플라톤의 이데아는 물자체의 직접적 적절한 객관화이고 객관(대상)이며 인식된 것이고 표상이다."[68]

"물자체는 의지가 아직 객관화되지 않은 것, 아직 표상이 되지 않은 것이다."[69]

"이데아는 모든 관계로부터 독립적으로 존재하는 것, 홀로 세계의 참된 본질적인 것, 현상의 진정한 내용, 변하지 않는 것, 모든 시간에 동일한 것, 그것이 이데아이다."[70]

앞서 언급했듯이, 이데아는 의지의 객관화의 가장 낮은 단계로서 의지의 세계가 아닌 그 의지로부터 나타나게 된, 객관화가 된, 자연의 힘과 같은 등급이다.

"천재는 이데아 자체를 인식한다."[71)]

"음악은 세계 그 자체인 것처럼 그리고 이데아인 것처럼 직접적 객관화된 것이고, 완전한 의지의 모사이다. 다른 예술들은 단지 그림자에 대해 얘기하지만, 음악은 본질에 대해 얘기한다."[72)]

쇼펜하우어는 음악에 대하여 의지의 직접적인 모사라고 극찬하였다. 음악 자체는 의지가 직접적으로 객관화가 된 것, 바로 표상이 된 것, 나타나게 된 것은 물론이고, 세계를 있게 한 그 근본인 의지가 무엇인지를 설명해 주는 것이며, 의지를 직접적으로 모사한 것이 바로 음악이기 때문이다. '직접적으로'라는 의미의 독일어 'unmittelbar'는 중간 단계 없이 곧바로라는 뜻으로서, 즉 음악은 의지가 중간 단계 없이 바로 객관화가 된 것이라는, 다시 말해서 아주 가깝다는 뜻으로 해석된다. 시나 미술 등 다른 예술들은 표상이 된 것들을 표현하고 해석하는 것이라 거리가 더 멀지만, 음악은 그것이 존재하게 된 바로 그 의지를 표현한다는 것이다.

"충족의 부재는 고통이고, 새로운 소원의 부재는 공허한 동경이고, 무기력함이고, 지루함이다."[73)]

"음악은 내면의 본질과 모든 현상 자체와 의지 자체를 표현한다. 음악은 직접적 의지 자체의 모사이다."[74)]

제4권.
의지로서의 세계에 대한 제2고찰:
자기인식에 다다른 경우에 있어 삶에 대한 의지의 긍정과 부정.[75)]

"의지는 자유롭고, 전능하며, 그의 행위를 나타내고, 그의 세계를 나타낸다. 의지는 참으로 자율적인 것이다."[76)]

“의지는 표상의 세계이고, 이 세계는 삶이고, 보이는 세계이고, 의지의 거울이며, 의지의 객관화이다.”[77]

“의지는 물자체이고, 내적 내용이며, 세계의 본질이다. 의지의 거울은 삶이고, 보여지는 세계이며 현상이다.”[78]

[8] 의.표.세.

https://www.youtube.com/watch?v=Rri8yUENHsw

“죽음에 대한 공포는 착각이다.”[79]

떴다가 지는 태양이 우리의 시각에서는 없어지고 몰락하는 것처럼 보이나 태양은 계속 타오르며 빛을 내고 있다. 이처럼 우리의 죽음 이후에도 우리는 없어지는 것이 아니기에, 죽음을 두려워할 필요가 없다고 강조한다. 쇼펜하우어는 이 문장을 처음 썼는데, 자신이 존경한 괴테가 본인의 작품 어딘가에서 이 문장을 인용했기 때문에 자신이 처음 썼다는 자부심을 갖고 있었다. 이 문장과 관련된 쇼펜하우어의 문장들을 아래에 소개한다.

“지금 있는 그대로의 삶에 만족하는 사람은 삶을 어떤 방식으로든 긍정하는 사람이고 그는 확신을 갖고 삶을 끝이 없는 것으로 볼 수 있으며 죽음의 공포를 속임수로 여겨서 쫓아낼 수 있다.”[80]

“자살은 우리에게 헛된 것, 어리석은 행동으로 보여 준다.”[81]

“결핍은 현재에 관한 것이고, 포기는 미래와 관련된 것이다.”[82]

“한계의 앎은 만족에 도달하고 의지의 억제는 고통이다.”[83]

“성취는 행복이고, 삶이란 고통과 지루함 사이의 시계추이다.[84]

“삶은 의욕과 성취 사이이다. 인간이란 존재는 의욕과 욕망이다.”[85]

“죽음의 공포 때문에 인간은 고통스러운 투쟁을 견딘다.”[86]

“가장 행복한 삶의 순환은 적당한 간격에서 소망과 충족이 채워지는 것이다.”[87]

“삶 전체는 비극이고 하나하나는 희극이다.”[88]

“남의 괴로움은 나의 만족이고, 허영이며 공이고 무이다.”[89]

“괴롭히는 자와 괴롭힘을 당하는 자는 하나이다: 둘 다 같은 의지에서 나오는 고통을 겪는다. 복수는 나의 것이다, 내가 보복하리라, 주가 말씀하시니라. 로마서 12:19.”[90]

“의지의 부정과 무의지성(無의지성)에서 만족과 세계의 구원이 나온다. 악인은 자신의 의지의 긍정이고 다른 개인들의 의지의 부정이고, 고도의 이기심이다.”[91]

의지의 긍정은 악[92]이라고 쇼펜하우어는 말하고 있다. 악한 사람들은 자신들의 의지만이 중요하고 자기 자신의 의지를 부정하는 것이 아니라 다른 사람들의 의지를 부정하는 극도의 이기심을 갖고 있는 자들이라고 설명한다.

쇼펜하우어의 영향을 받은 니체는 자기 자신의 의지의 긍정이 아니라 삶의 긍정을 강조하고 있다. 이 삶의 긍정을 통해서 우리 모두는 위버멘쉬가 되어야 한다고 한다. 위버멘쉬는 나약하고 못난 존재를 뛰어넘는 사람이 되자는 의미이다.[93] 니체의 영원 회귀와 삶의 긍정 사상에 영향을 준 쇼펜하우어의 문장들은 다음과 같다.

“ 많은 의욕은 강렬하고, 많은 고통을 의미한다.”[94]

“진정한 사랑은 함께 아파하는 것, 동정(연민)이다. 삶은 고통이다. 만족은 고통이 없는 것이다.”[95]

"우리는 다른 사람들의 고통의 인식을 함께 느낌으로 인해서 선행과 자선사업[96]을 하게 된다."

"동정이 아닌 사랑은 이기심이다. 이기심은 에로스이다. 동정심은 아가페이다."[97]

"진정한 우정은 이기심과 동정의 혼합이다, 이탈리아에서 동정과 진정한 사랑은 피에타이다."[98]

"물자체 본질의 인식은 우리에게 의욕의 진정제 역할을 하여 삶에 있어서 단념, 체념, 평정, 무의지를 하게 한다. 복음서에서 자기부정은 십자가를 짊어짐이며, 이것에서 수도원 제도가 나왔으나 위선과 추행이 벌어진다."[99]

"악인은 의욕의 격렬이고 내적 고통이 심하고 자기 의지의 갈증이 심하고, 다른 사람의 고통을 보는 것을 즐긴다."[100]

"의지의 부정은 내적 기쁨, 천국의 평안, 체념, 신성함을 가져온다. 의지가 격렬할수록, 고통은 더 크다. 고통과 불행은 신성한 힘이고 경외감이다."[101]

"자살은 의지의 강한 긍정이고, 고통을 거부하는 것이다. 고통은 의지의 진정제이며 구원이다."[102]

"아담은 의지의 긍정이고, 의지의 부정은 예수 그리스도 안에서 구원이다."[103]

"표상의 세계는 의지의 객관화이고, 의지의 거울이다. 의지와 세계는 우리 자신이다.[104] 세계는 표상이고, 의지의 포기는 세계의 포기이다. 우리의 매우 현실의 이 세계는 모든 그들의 태양들과 은하계들과 함께 – 무이다(Nichts)."[105]

1막: 쇼펜하우어

1) Erster Aufzug
2) Arthur Schopenhauer 1788 - 1860
3) Erste Szene
4) Frankfurt am Main
5) Wilhelm Gwinner 1825 - 1917, Jurist und Literaturwissenschaftler 법률가이자 문학가
6) Guten Tag.
7) Atman: 인도사상에서 대우주를 가리키는 브라만의 상대개념 das Korrelat인 소우주, 즉 자아의 본체를 뜻한다.
8) Johann Wolfgang Goethe 1749 - 1832, 독일의 대문호
9) Immanuel Kant 1724 - 1804, 독일의 대철학자
10) Christoph Martin Wieland 1733 - 1813, 바이마르 고전주의 Weimarer Klassik의 선구자
11) 붓다는 산스크리트어 Buddha를 음역한 단어로 '깨달은 자'라는 의미을 가지고 있다.
12) Die Welt als Wille und Vorstellung
13) Zweite Szene

14) Königreich Preußen
15) Friedrich Schiller 1759 - 1805
16) Weimarer Klassik

17) Dritte Szene
18) die praktische Philosophie
19) Das Römische Reich - Imperium Romanum
20) 고대 로마 황제 Constantinus I, 306 - 337 재위
21) Edictum Mediolanense, Edikt von Mailand, Edict of Milan
22) Das Fränkische Reich 또는 Frankenreich. 843년 베르됭 조약은 카롤루스 제국을 동, 서, 중 프랑크 왕국으로 3분할한 조약이고, 870년 메르센 조약은 이 가운데 중 프랑크 왕국이 분할되면서 형성된 두 왕국(동, 서 프랑크)의 국경을 확정한 조약이다. 베르됭 조약과 메르센 조약, 이 두 조약은 프랑크 왕국의 분열을 확정짓고 오늘날 프랑스, 독일, 이탈리아의 기본 틀을 마련하였다.

23) Heiliges Römisches Reich
24) Muhammad 570 - 632
25) Otto der Große
26) Castello di Canossa
27) Kreuzzug 1095 - 1291
28) Das Osmanische Reich
29) Martin Luther, 1483 - 1546
30) Dreißigjähriger Krieg
31) Westfälischer Friede
32) Preußen, 1525년 프로이센 공국이 시작되어 1701년 왕국으로 승격되었다.
33) Königsberg
34) Die Französische Revolution 1789 - 1799
35) Napoleon Bonaparte, 1769 - 1821
36) Der Wiener Kongress
37) Ludwig van Beethoven 1770 - 1827
38) Sinfonia Eroica 1804년 초연
39) Ueber die vierfache Wurzel des Satzes vom zureichenden Grunde
40) Franz Peter Schubert 1797 - 1828
41) Richard Wagner 1813 - 1883
42) Die Upanishaden, 힌두교 철학 문헌들을 모은 책
43) Isaac Newton 1643 - 1727
44) Georg Wilhelm Friedrich Hegel, 1770 - 1831 독일의 관념론 Idealismus 철학자 헤겔
45) Johann Gottlieb Fichte 1762 - 1814, 1806년에 나폴레옹과의 전쟁에서 패한 프로이센에게 「독일 국민에게 고함」 Reden an die deutsche Nation을 써서 1808년에 발표하였다.
46) Parerga und Paralipomena
47) Aphorismen zur Lebensweisheit
48) Der Ring des Nibelungen
49) Französische Revolution, French Revolution, 1789, 1830, 1848년
50) Industrielle Revolution, Industrial Revolution, 1780 - 1840
51) Philosophiae Naturalis Principia Mathematica
52) Newtonsches Gravitationsgesetz, law of universal gravity
53) Befreiungskriege
54) 1862년에 비스마르크(Otto von Bismarck, 1815-1898)는 재상 Ministerpräsident이 되었다. 그 후 1867년 북 독일 연방의 수상 Bundeskanzler des Norddeutschen Bundes, 1871년 독일 제국의 수상 Reichskanzler des Deutschen Reiches이 되었다. 그는 프로이센 왕국 Königreich Preußen에서 1871년에 독일 제국 Deutsches Kaiserreich으로 독일을 통일시키는 데 결정적

역할을 하였다.

55) Caroline Luise Marquet

56) der Taler, 15세기부터 19세기 유럽 각처에서 통용된 은화, 독일 화폐

57) Caroline Medon, 1802 - 1882

58) die Summe von 5000 preußischen Talern

59) Eudämonologie

60) Vierte Szene

61) Aphorismen zur Lebensweisheit 제1장 Kapitel I, 기본도입 Grundeinleitung

62) Aristoteles B.C. 384 - B.C. 322, 고대 그리스의 철학자, 플라톤의 제자, 알렉산드로스 대왕의 스승

63) Aristoteles hat die Güter des menschlichen Lebens in drei Klassen geteilt, - die äußeren, die der Seele und die des Leibes. Sie sind:

1. Was einer ist: die Persönlichkeit, Gesundheit, Kraft, Schönheit, Temperament, moralischer Charakter, Intelligenz und Ausbildung derselben begriffen.
2. Was einer hat: Eigentum und Besitz in jeglichem Sinne.
3. Was einer vorstellt: Ehre, Rang und Ruhm.

64) [1]Jeden ganz anders, und bei gleicher Umgebung lebt doch jeder in einer andern Welt.

65) [2]Das heißt jede erfüllte Gegenwart, aus zwei Hälften besteht, dem Subjekt und dem Objekt.

66) [3]Die Unterschiede des Ranges und Reichtums geben jedem seine Rolle zu spielen; aber keineswegs entspricht dieser eine innere Verschiedenheit des Glücks und Behagens, sondern auch hier steckt in jedem derselbe arme Tropf, mit seiner Not und Plage.

67) [4]So ist es auch mit dem Menschen: durch seine Individualität ist das Maß seines möglichen Glückes zum voraus bestimmt.

68) [5]Denn die höchsten, die mannigfaltigsten und die anhaltendesten Genüsse sind die geistigen.

69) [6]Das Schicksal aber kann sich bessern.

70) Besonders überwiegt die Gesundheit alle äußern Güter so sehr, daß wahrlich ein gesunder Bettler glücklicher ist, als ein kranker König.

71) Ein geistreicher Mensch hat, in gänzlicher Einsamkeit, an seinen eigenen Gedanken und Phantasien vortreffliche Unterhaltung.

72) Ein guter, gemäßigter, sanfter Charakter kann unter dürftigen Umständen zufrieden sein.

73) Ich kann niedrig sein und kann hoch sein; mir ist alles und jedes vertraut: beides, satt sein und hungern, beides, Überfluss haben und Mangel leiden.

74) ein geistreicher Mensch

75) Verneinung des Willens

76) Für unser Lebensglück ist demnach das, was wir sind, die Persönlichkeit, durchaus das erste und wesentlichste.

77) Es ist weiser, auf Erhaltung seiner Gesundheit und auf Ausbildung seiner Fähigkeiten, als auf Erwerbung von Reichtum hinzuarbeiten: was jedoch nicht dahin mißdeutet werden darf, daß man den Erwerb des Nötigen und Angemessenen vernachlässigen sollte.

78) Atman: 우파니샤드에 나오는 인간 내면에 숨겨진 참된 자아, 소우주

79) Also was einer an sich selber hat ist zu seinem Lebensglücke das Wesentlichste. Bloß weil dieses, in der Regel, so gar wenig ist, fühlen die meisten von denen, welche über den Kampf mit der Not hinaus sind, sich im Grunde ebenso unglücklich.

80) Fünfte Szene

81) Von dem, was einer ist

82) Was einem im Leben begegnet und widerfährt, als darauf, wie er es empfindet, also auf die Art und den Grad seiner Empfänglichkeit in jeder Hinsicht.

83) Nam natura perennis est, non opes. Denn die Naturanlagen sind zuverlässig, die Schätze nicht.

84) Hierauf beruht es, daß wir ein ganz und gar von außen auf uns gekommenes Unglück mit mehr Fassung ertragen, als ein selbstverschuldetes: denn das Schicksal kann sich ändern.

85) Nietzsche 1844 - 1900, 니체가 얘기한 위버멘쉬 Übermensch는 나약하고 연약한 우리 인간의 모습을 극복하자는 의미로서, 직역하면 '초인'이라고 칭할수 있다.

86) Was nun aber, von jenen allen, uns am unmittelbarsten beglückt, ist die Heiterkeit des Sinnes: denn diese gute Eigenschaft belohnt sich augenblicklich selbst.

87) Aphorismen zur Lebensweisheit

88) Folglich sollten wir vor allem bestrebt sein, uns den hohen Grad vollkommener Gesundheit zu erhalten, als dessen Blüte die Heiterkeit sich einstellt.

89) Daher sagt Aristoteles mit Recht: Das Leben besteht in der Bewegung und sein Wesen in ihr.

90) Weil nun auch das Genie durch ein Übermaß der Nervenkraft, also der Sensibilität, bedingt ist; so hat Aristoteles ganz richtig bemerkt, daß alle ausgezeichneten und überlegenen Menschen melancholisch seien.

91) Allerdings aber kann, nach Umständen, auch der gesundeste und vielleicht selbst der heiterste Mensch sich zum Selbstmord entschließen, wenn nämlich die Größe der Leiden, oder des unausweichbar herannahenden Unglücks, die Schrecken des Todes überwältigt.

92) Der allgemeinste Überblick zeigt uns, als die beiden Feinde des menschlichen Glückes, den Schmerz und die Langeweile.

93) Dies entspringt daraus, daß beide in einem doppelten Antagonismus zueinander

stehn, einem äußern, oder objektiven, und einem innern, oder subjektven.

94) Vor diesem Elend bewahrt nichts so sicher, als der innere Reichtum, der Reichtum des Geistes: denn dieser läßt, je mehr er sich der Eminenz nähert, der Langenweile immer weniger Raum.

95) Also zuerst, die Genüsse der Reproduktionskraft: sie bestehn im Essen, Trinken, Verdauen, Ruhen und Schlafen. Zweitens, die Genüsse der Irritabilität: sie bestehn im Wandern, Springen, Ringen, Tanzen, Fechten, Reiten und athletischen Spielen jeder Art. Drittens, die Genüsse der Sensiblität: sie bestehn im Beschauen, Denken, Empfinden, Dichten, Bilden, Musizieren, Lernen, Lesen, Meditieren, Erfinden, Philosophieren usw.

96) Ein solcher innerlich Reicher bedarf von außen nichts weiter, als eines negativen Geschenks, nämlich freier Muße, um seine geistigen Fähigkeiten ausbilden und entwickeln und seinen innern Reichtum genießen zu können.

97) Dem entspricht auch, daß Aristoteles das philosophische Leben für das glücklichste erklärt.

98) Das große Leiden aller Philister ist, daß Idealitäten ihnen keine Unterhaltung gewähren, sondern, sie, um der Langenweile zu entgehn, stets der Realitäten bedürfen. Diese nämlich sind teils bald erschöpft, wo sie, statt zu unterhalten, ermüden; teils führen sie Unheil jeder Art herbei; während hingegen die Idealitäten unerschöpflich und an sich unschuldig und unschädlich sind.

99) Sechste Szene

100) Von dem, was einer hat

101) Epicurus, B.C. 341 ~ B.C. 271

102) Richtig und schön hat der große Glückseligkeitslehrer Epikuros die menschlichen Bedürfnisse in drei Klassen geteilt. Erstlich, die natürlichen und die notwendigen: es sind die, welche, wenn nicht befriedigt, Schmerz verursachen. Folglich gehört hierher nur victus et amictus.- Nahrung und Kleidung - Sie sind leicht zu befriedigen. Zweitens, die natürlichen, jedoch nicht notwendigen: es ist das Bedürfnis der Geschlechtsbefriedigung. Dieses Bedürfnis zu befriedigen hält schon schwerer. Drittens, die weder natürlichen, noch notwendigen: es sind die des Luxus, der Üppigkeit, des Prunkes und Glanzes: sie sind endlos und ihre Befriedigung ist sehr schwer.

103) Der Reichtum gleicht dem Seewasser: je mehr man davon trinkt, desto durstiger wird man. - Das - selbe gilt vom Ruhm.

104) Die Quelle unserer Unzufriedenheit liegt in unsern stets erneuerten Versuchen, den Faktor der Ansprüche in die Höhe zu schieben, bei der Unbeweglichkeit des andern Faktors, die es verhindert.

105) Geld allein ist das absolut Gute: weil es nicht bloß einem Bedürfnis in concreto

begegnet, sondern dem Bedürfnis überhaupt, in abstracto. Vorhandenes Vermögen soll man betrachten als eine Schutzmauer gegen die vielen möglichen Übel und Unfälle.

106) Geben aus, in dem Maße, wie sie verdienen.

107) Siebte Szene

108) Von dem, was einer vorstellt

109) Aber auf das eigene Glück des Menschen, zunächst auf die diesem so wesentliche Gemütsruhe und Unabhängigkeit, wirkt sie mehr störend und nachteilig, als förderlich ein.

110) Demnach wird eine richtige Abschätzung des Wertes dessen, was man in und für sich selbst ist, gegen das, was man bloß in den Augen anderer ist, zu unserm Glücke viel beitragen.

111) Wie er durch Gesundheit, Temperament, Fähigkeiten, Einkommen, Weib, Kind, Freunde, Wohnort usw. bestimmt wird, für unser Glück hundertmal wichtiger ist, als was es andern beliebt aus uns zu machen.

112) Die Ehre ist das äußere Gewissen, und das Gewissen die innere Ehre. Die Ehre ist, objektiv, die Meinung anderer von unserm Wert, und subjektiv, unsere Furcht vor dieser Meinung.

113) So schwer es demnach ist, den Ruhm zu erlangen, so leicht ist es, ihn zu behalten. Auch hierin steht er im Gegensatz mit der Ehre. Denn durch eine einzige nichtswürdige Handlung geht sie unwiederbringlich verloren.

114) In eudämonologischer Hinsicht ist also der Ruhm nichts weiter, als der seltenste und köstlichste Bissen für unsern Stolz und unsere Eitelkeit.

115) So ist der Glücklichste der, welcher, gleichviel wie, es dahin gebracht hat, sich selbst aufrichtig zu bewundern.

116) Achte Szene

117) Paränesen und Maximen

118) A Allgemeine

119) Aristoteles B.C. 384 ~ B.C. 322

120) Die Nikomachäische Ethik

121) "Der Vernünftige geht auf Schmerzlosigkeit, nicht auf Genuß aus." Die Wahrheit desselben beruht darauf, daß aller Genuß und alles Glück negativer, hingegen der Schmerz positiver Natur ist.

122) Die Eudämonologie hat mit der Belehrung anzuheben, daß ihr Name selbst ein Euphemismus ist und daß unter "glücklich leben" nur zu verstehn ist "weniger unglücklich", also erträglich leben.

123) Allerdings ist das Leben nicht eigentlich da, um genossen, sondern um überstanden, abgetan zu werden. Demnach nun hat das glcklichste Los der, welcher sein Leben

ohne übergroße Schmerzen, sowohl geistige, als körperliche, hinbringt.

124) Wenn man den Zustand eines Menschen, seiner Glücklichkeit nach, abschätzen will, soll man nicht fragen nach dem, was ihn vergnügt, sondern nach dem, was ihn betrübt: denn, je geringfügiger dieses, an sich selbst genommen, ist, desto glücklicher ist der Mensch.

125) Man hüte sich, das Glück seines Lebens, mittelst vieler Erfordernisse zu demselben, auf ein breites Fundament zu bauen.

126) Vermöge welcher das Leben, vom Eingang aus gesehen, endlos, aber wenn man vom Ende der Bahn zurückblickt, sehr kurz erscheint. Freilich hat sie ihr Gutes: denn ohne sie käme schwerlich etwas Großes zustande.

127) Neunte Szene

128) Unser Verhalten gegen uns selbst betreffend

129) Denn es ist durchaus töricht, eine gute gegenwärtige Stunde von sich zu stoßen, oder sie sich mutwillig zu verderben, aus Verdruß über das Vergangene, oder Besorgnis wegen des Kommenden.

130) Zu ebendiesem Zwecke sollten wir stets eingedenk sein, daß der heutige Tag nur einmal kommt und nimmer wieder. Aber wir wähnen, er komme morgen wieder: morgen ist jedoch ein anderer Tag, der auch nur einmal kommt.

131) Alle Beschränkung beglückt. Je enger unser Gesichts-, Wirkungs- und Berührungskreis, desto glücklicher sind wir: je weiter, desto öfter fühlen wir uns gequält, oder geängstigt.

132) Ganz er selbst sein darf jeder nur solange er allein ist: wer also nicht die Einsamkeit liebt, der liebt auch nicht die Freiheit: denn nur wann allein ist, ist man frei.

133) Ein Hauptstudium der Jugend sollte sein, die Einsamkeit ertragen zu lernen; weil sie eine Quelle des Glückes, der Gemütsruhe ist.

134) Dem intellektuell hochstehenden Menschen gewährt nämlich die Einsamkeit einen zweifachen Vorteil: erstlich den, mit sich selber zu sein, und zweitens den, nicht mit andern zu sein.

135) die Geistesruhe

136) Sonach hat wer sich zeitig mit der Einsamkeit befreundet, ja, sie lieb gewinnt, eine Goldmine erworben. Aber keineswegs vermag dies jeder.

137) Alle Lumpe sind gesellig, zum Erbarmen: daß hingegen ein Mensch edlerer Art sei, zeigt sich zunächst daran, daß er kein Wohlgefallen an den übrigen hat, sondern mehr und mehr die Einsamkeit ihrer Gesellschaft vorzieht.

138) Zehnte Szene

139) Daher wer etwas Rechtes an sich selber hat es immer leichter finden wird, ohne die Menschen auszukommen, als mit ihnen.

140) Also daß er lerne, auch in der Gesellschaft, in gewissem Grade, allein zu sein, demnach was er denkt nicht sofort den andern mitzuteilen, und andererseits mit dem, was sie sagen, es nicht genau zu nehmen, vielmehr, moralisch wie intellektuell, nicht viel davon zu erwarten und daher, hinsichtlich ihrer Meinungen, diejenige Gleichgültigkeit in sich zu befestigen, die das sicherste Mittel ist, um stets eine lobenwerte Toleranz zu üben.

141) In diesem Sinne kann man auch die Gesellschaft einem Feuer vergleichen, an welchem der Kluge sich in gehöriger Entfernung wärmt, nicht aber hineingreift, wie der Tor, der dann, nachdem er sich verbrannt hat, in die Kälte der Einsamkeit flieht und jammert, daß das Feuer brennt.

142) Neid ist dem Menschen natürlich: dennoch ist er Laster und ein Unglück zugleich. Wir sollen daher ihn als den Feind unsers Glückes betrachten und als einen bösen Dämon zu ersticken suchen.

143) Also wir sollen öfter die betrachten, welche schlimmer daran sind, als wir, denn die, welche besser daran zu sein scheinen.

144) vita motu constat sagt Aristoteles, mit offenbarem Recht: und wie demnach unser physisches Leben nur in und durch eine unaufhörliche Bewegung besteht; so verlangt auch unser inneres, geistiges Leben fortwährend Beschäftigung, Beschäftigung mit irgend etwas, durch Tun oder Denken.

145) Unser Dasein nämlich ist ein wesentlich rastloses: daher wird die gänzliche Untätigkeit uns bald unerträglich, indem sie die entsetzlichste Langweile herbeiführt. Daher also ist Tätigkeit, etwas treiben, womöglich etwas machen, wenigstens aber etwas lernen, - zum Glück des Menschen unerläßlich: seine Kräfte verlangen nach ihrem Gebrauch und er möchte den Erfolg desselben irgendwie wahrnehmen. Die größte Befriedigung jedoch, in dieser Hinsicht, gewährt es etwas zu machen, zu verfertigen, sei es ein Korb, sei es ein Buch; aber daß man ein Werk unter seinen Händen täglich wachsen und endlich seine Vollendung erreichen sehe, beglückt unmittelbar.

146) Der Muskel wird durch starken Gebrauch gestärkt; der Nerv hingegen dadurch geschwächt. Also übe man seine Muskeln durch jede angemessene Anstrengung, hüte hingegen die Nerven vor jeder; also die Augen vor zu hellem, besonders reflektierem Lichte, vor jeder Anstrengung in der Dämmerung, wie auch vor anhaltendem Betrachten zu kleiner Gegenstände; ebenso die Ohren vor zu starkem Geräusch; vorzüglich aber das Gehirn vor gezwungener, zu anhaltender, oder unzeitiger Anstrengung.

147) Besonders aber gebe man dem Gehirn das zu seiner Refektion nötige, volle Maß des Schlafes; denn der Schlaf ist für den ganzen Menschen was das Aufziehen für die Uhr.

148) Elfte Szene

149) Unser Verhalten gegen andere betreffend

150) Um durch die Welt zu kommen, ist es zweckmäßig, einen großen Vorrat von Vorsicht und Nachsicht mitzunehmen: durch erstere wird man vor Schaden und Verlust, durch letztere vor Streit und Händel geschützt.

151) Darum also müssen wir, um unter Menschen leben zu können, jeden, mit seiner gegebenen Individualität, wie immer sie auch ausgefallen sein mag, bestehn und gelten lassen, und dürfen bloß darauf bedacht sein, sie so, wie ihre Art und Beschaffenheit es zuläßt, zu benutzen; aber weder auf ihre Änderung hoffen, noch sie, so wie sie ist, schlechthin verdammen. Dies ist der wahre Sinn des Spruches: 《Leben und leben lassen》. Die Aufgabe ist indessen nicht so leicht, wie sie gerecht ist; und glücklich ist zu schätzen, wer gar manche Individualitäten auf immer meiden darf.

152) Die eigentlichen großen Geister horsten, wie die Adler, in der Höhe, allein.

153) Keiner kann über sich sehn. Hiemit will ich sagen: jeder sieht am andern nur so viel, als er selbst auch ist: denn er kann ihn nur nach Maßgabe seiner eigenen Intelligenz fassen und verstehn.

154) Auch wird man einsehn, daß, Dummköpfen und Narren gegenüber, es nur einen Weg gibt, seinen Verstand an den Tag zu legen, und der ist, daß man mit ihnen nicht redet.

155) Rochefoucauld 1613 ~ 1680

156) Rochefoucauld hat treffend bemerkt, daß es schwer ist, jemanden zugleich hoch zu verehren und sehr zu lieben. Demnach hätten wir die Wahl, ob wir uns um die Liebe, oder um die Verehrung der Menschen bewerben wollen.

157) Die meisten Menschen sind so subjektiv, daß im Grunde nichts Interesse für sie hat, als ganz allein sie selbst.

158) Daher sind sie so zerstreut, so leicht verletzt, beleidigt oder gekränkt, daß man, von was es auch sei, objektiv mit ihnen redend, nicht genug sich in acht nehmen kann vor irgendwelchen möglichen, vielleicht nachteiligen Beziehungen des Gesagten zu dem werten und zarten Selbst, das man da vor sich hat.

159) Hat nun einer, mit dem wir in Verbindung, oder Umgang stehn, uns etwas Unangenehmes, oder Ärgerliches erzeugt: so haben wir uns nur zu fragen, ob er uns so viel wert sei, daß wir das nämliche, auch noch etwas verstärkt, uns nochmals und öfter von ihm wollen gefallen lassen; - oder nicht. Vergeben und Vergessen heißt gemachte kostbare Erfahrungen zum Fenster hinauswerfen. Im bejahenden Fall wird nicht viel darüber zu sagen sein, weil das Reden wenig hilft. Im verneinenden Falle hingegen haben wir sogleich und auf immer mit dem werten Freunde zu brechen. Denn unausbleiblich wird er, vorkommendenfalls, ganz dasselbe, oder das völlig Analoge, wieder tun, auch wenn er uns jetzt das Gegenteil hoch und aufrichtig beteuert.

160) Gesetzt demnach wir wollten etwan wissen, wie einer, in einer Lage, in die wir

ihn zu versetzen gedenken, handeln wird; so dürfen wir hierüber nicht auf seine Versprechungen und Beteuerungen bauen. Denn, gesetzt auch, er spräche aufrichtig; so spricht er von einer Sache, die er nicht kennt. Wir müssen also allein aus der Erwägung der Umstände, in die er zu treten hat, und des Konfliktes derselben mit seinem Charakter, sein Handeln berechnen.

161) Kein Charakter ist so, daß er sich selbst überlassen bleiben und sich ganz und gar gehn lassen dürfte; sondern jeder bedarf der Lenkung durch Begriffe und Maximen.

162) Es sei unmöglich, im Weltleben sein Benehemen nach abstrakten Regeln und Maximen zu leiten, und daher am besten, sich eben nur gehn zu lassen. Sondern es ist damit, wie mit allen theoretischen Vorschriften und Anweisungen für das Praktische: die Regel verstehn ist das erste, sie ausüben lernen ist das zweite. Jenes wird durch Vernunft auf einmal, dieses durch Übung allmählich gewonnen.

163) Dennoch lernt er es allmählich, durch Übung, unter Straucheln, Fallen und Aufstehn. Nicht anders also wird der Tölpel zum Hofmann, der Hitzkopf zum feinen Weltmann, der Offene verschlossen, der Edler ironisch.

164) Allerdings darf, wie anfangs gesagt, keiner sich unbedingt den Zügel schießen lassen und sich ganz zeigen, wie er ist; weil das viele Schlechte und Bestialische unserer Natur der Verhüllung bedarf: aber dies rechtfertigt bloß das Negative, die Dissimulation, nicht das Positive, die Simulation. - Auch soll man wissen, daß das Affektieren erkannt wird, selbst ehe klar geworden, was eigentlich einer affektiert. Und endlich hält es auf die Länge nicht Stich, sondern die Maske fällt einmal ab.

165) So bemerkt man nicht die eigenen Fehler und Laster, sondern nur die der andern. - Dafür aber hat jeder am andern einen Spiegel, in welchem er seine eigenen Laster, Fehler, Unarten und Widerlichkeiten jeder Art deutlich erblickt. Allein meistens verhält er sich dabei wie der Hund, welcher gegen den Spiegel bellt, weil er nicht weiß, daß er sich selbst sieht, sondern meint, es sei ein anderer Hund. Wer andre bekrittelt arbeitet an seiner Selbstbesserung. Also die, welche die Neigung und Gewohnheit haben, das äußerliche Benehmen, überhaupt das Tun und Lassen der andern im stillen, bei sich selbst, einer aufmerksamen und scharfen Kritik zu unterwerfen, arbeiten dadurch an ihrer eigenen Besserung und Vervollkommung: denn sie werden entweder Gerechtigkeit, oder doch Stolz und Eitelkeit genug besitzen, selbst zu vermeiden, was sie so oft strenge tadeln. Das Evangelium moralisiert recht schön über den Splitter im fremden, den Balken im eigenen Auge: aber die Natur des Auges bringt es mit sich, daß es nach außen und nicht sich selbst sieht: daher ist, zum Innewerden der eigenen Fehler, das Bemerken und Tadeln derselben an andern ein sehr geeignetes Mittel. Zu unserer Besserung bedürfen wir eines Spiegels.

166) Rochefoucauld 1613-1680, 프랑스의 귀족 출신 작가

167) Die Echtheit eines Freundes zu erproben, hat man, nächst den Fällen wo man ernstlicher Hülfe und bedeutender Opfer bedarf, die beste Gelegenheit in dem Augenblick, da man ihm ein Unglück, davon man soeben getroffen worden, berichtet. Alsdann nämlich malt sich, in seinen Zügen, entweder wahre, innige, unvermischte Betrübnis; oder aber sie bestätigen, durch ihre gefaßte Ruhe, oder einen flüchtigen Nebenzug, den bekannten Ausspruch des Rochefoucauld: Dans l'adversitè de nos meilleurs amis, nous trouvons toujours quelque chose qui ne nous déplaît pas. Die gewöhnlichen sogenannten Freunde vermögen, bei solchen Gelegenheiten, oft kaum das Zucken zu einem leisen, wohlgefälligen Lächeln zu unterdrücken. - Es gibt wenig Dinge, welche so sicher die Leute in gute Laune versetzen, wie wenn man ihnen ein beträchtliches Unglück, davon man kürzlich getroffen worden, erzählt, oder auch irgendeine persönliche Schwäche ihnen unverhohlen offenbart. - Charakteristisch! -

168) Saadi 1184-1291, 중세 페르시아의 실천도덕(實踐道德)의 시인

169) Gulistan - 사디의 문학 작품집

170) Saadi sagt im Gulistan [S. 146 der Übersetzung von Graf]: 《Man wisse, daß sich bei dem Unverständigen hundertmal mehr Widerwillen gegen den Verständigen findet, als der Verständige Abneigung gegen den Unverständigen empfindet.》

171) Höflichkeit ist Klugheit; folglich ist Unhöflichkeit Dummheit: sich mittelst ihrer unnötiger - und mutwilligerweise Feinde machen ist Raserei, wie wenn man sein Haus in Brand steckt.

172) Auch beim besten Rechte dazu, lasse man sich nicht zum Selbstlobe verführen. Denn die Eitelkeit ist eine so gewöhnliche, das Verdienst aber eine so ungewöhnliche Sache, daß, sooft wir, wenn auch nur indirekt, uns selbst zu loben scheinen, jeder hundert gegen eins wettet, das was aus uns redet die Eitelkeit sei, der es am Verstande gebricht, das Lächerliche der Sache einzusehn.

173) Wenn man argwöhnt, daß einer lüge, stelle man sich gläubig: da wird er dreist, lügt stärker und ist entlarvt.

174) Unsere sämtlichen persönlichen Angelegenheiten haben wir als Geheimnisse zu betrachten, und unsern guten Bekannten müssen wir, über das hinaus, was sie mit eigenen Augen sehn, völlig fremd bleiben. Denn ihr Wissen um die unschuldigsten Dinge kann, durch Zeit und Umstände, uns Nachteil bringen. - Überhaupt ist es geratener seinen Verstand durch das, was man verschweigt, an den Tag zu legen, als durch das, was man sagt.

175) Bloß ein paar arabischer Maximen, welche besonders eindringlich und wenig bekannt sind, will ich noch hersetzen. 《Was dein Feind nicht wissen soll, das sage deinem

Freunde nicht.》 - 《Wenn ich mein Geheimnis verschweige, ist es mein Gefangener: lasse ich es entschlüpfen, bin ich sein Gefangener.》 - 《Am Baume des Schweigens hängt seine Frucht, der Friede.》

176) Man soll, wo möglich, gegen niemanden Animosität hegen, jedoch die procédés eines jeden sich wohl merken und im Gedächtnis behalten, um dananch den Wert desselben, wenigstens hinsichtlich unserer, festzustellen und demgemäß unser Verhalten und Betragen gegen ihn zu regeln, - stets überzeugt von der Unveränderlichkeit des Charakters: einen schlechten Zug eines Menschen jemals vergessen, ist wie wenn man schwer erworbenes Geld wegwürfe. - So aber schützt man sich vor törichter Vertraulichkeit und törichter Freundschaft. -

177) Zorn, oder Haß in Worten, oder Mienen blicken zu lassen ist unnütz, ist gefährlich, ist unklug, ist lächerlich, ist gemein. Man darf also Zorn, oder Haß, nie anders zeigen, als in Taten. Letzters wird man um so vollkommener können, als man ersteres vollkommener vermeiden hat. - Die kaltblütigen Tiere allein sind die giftigen.

178) Zwölfte Szene

179) Unser Verhalten gegen den Weltlauf und das Schicksal betreffend

180) Über keinen Vorfall sollte man in großen Jubel, oder große Wehklage ausbrechen; teils wegen der Veränderlichkeit aller Dinge, die ihn jeden Augenblick umgestalten kann; teils wegen der Trüglichkeit unsers Urteils über das uns Gedeihliche, oder Nachteilige.

181) Nicht wer grimmig, sondern wer klug dareinschaut sieht furchtbar und gefährlich aus.

182) Nächst der Klugheit aber ist Mut eine für unser Glück sehr wesentliche Eigenschaft.

183) Voltaire 1694-1778, 프랑스의 대표적인 계몽주의 작가

184) Zu dieser Welt wo 《die Würfel eisern fallen》, gehört ein eiserner Sinn, gepanzert gegen das Schicksal und gewaffnet gegen die Menschen. Denn das ganze Leben ist ein Kampf, jeder Schritt wird uns streitig gemacht, und Voltaire sagt mit Recht: On ne réussit dans ce monde, qu'à la pointe de l'épée, et on meurt les armes à la main. Daher ist es eine feige Seele, die, sobald Wolken sich zusammenziehn oder wohl gar nur am Horizont sich zeigen, zusammenschrumpft, verzagen will und jammert. Vielmehr sei unser Wahlspruch: Tu ne cede malis, sed contra audentior ito. Solange der Ausgang einer gefährlichen Sache nur noch zweifelhaft ist, solange nur noch die Möglichkeit, daß er ein glücklicher werde, vorhanden ist, darf an kein Zagen gedacht werden, sondern bloß an Widerstand; wie man am Wetter nicht verzweifeln darf, solange noch ein blauer Fleck am Himmel ist. Das ganze Leben selbst, geschweige seine Güter, sind noch nicht so ein feiges Beben und Einschrumpfen des Herzens wert: Quocirca vivite fortes, Fortiaque adversis opponite pectora rebus. Und doch ist auch hier ein Exzeß möglich: denn der Mut kann

in Verwegenheit ausarten. Sogar ist ein gewisses Maß von Furchtsamkeit zu unserm Bestande in der Welt notwendig: die Feigheit ist bloß das Überschreiten desselben.

185) Dreizehnte Szene

186) Vom Unterschiede der Lebensalter

187) Verwirklicht werden heißt mit dem Wollen ausgefüllt werden, welches Wollen unausweichbare Schmerzen herbeiführt.

188) 욕구 das Wollen, 의지 der Wille, 삶 das Leben, 고통 das Leid, 지루함 die Langeweile

189) Ist sonach der Charakter der ersten Lebenshälfte unbefriedigte Sehnsucht nach Glück; so ist der der zweiten Besorgnis vor Unglück. Denn mit ihr ist, mehr oder weniger deutlich, die Erkenntnis eingetreten, daß alles Glück schimärisch, hingegen das Leiden real sei. Jetzt wird daher, wenigstens von den vernünftigeren Charakteren, mehr bloße Schmerzlosigkeit und ein unangefochtener Zustand, als Genuß angestrebt.

190) Je älter man wird, desto kleiner erscheinen die menschlichen Dinge samt und sonders: das Leben, welches in der Jugend als fest und stabil vor uns stand, zeigt sich uns jetzt als die rasche Flucht ephemerer Erscheinungen: die Nichtigkeit des Ganzen tritt hervor.

191) So wird man sein Alt- und Älterwerden daran inne, daß Leute von immer höhern Jahren einem jung vorkommen. Indem nun also das Leben immer unbewußter wird, je mehr es der gänzlichen Bewußtlosigkeit zueilt, so wird eben dadurch der Lauf der Zeit auch immer schleuniger. Wodurch dann die Tage immer unbedeutender und dadurch kürzer werden: die Stunden des Knaben sind länger, als die Tage des Alten. Demnach hat die Zeit unsers Lebens eine beschleunigte Bewegung, wie die einer herabrollenden Kugel.

192) 쇼펜하우어의 시간의 상대성 개념은 훗날 아인슈타인의 상대성 이론의 발견으로 이어졌다. 아인슈타인(Albert Einstein1879 - 1955), 상대성 이론은 같은 공간 같은 시간에 있는 사람들의 시간은 전부 똑같이 흘러가지 않는다는 것으로 시간과 공간에 대한 물리 이론이다. 특수 상대성 이론 Spezielle Relativitätstheorie, 일반 상대성 이론 Allgemeine Relativitätstheorie이 있다.

193) 쇼펜하우어의 의지 개념은 프로이트의 무의식 개념에도 큰 영향을 미쳤다. 프로이트(Sigmund Freud 1856 - 1939), 정신 분석학의 창시자이며 '무의식' 연구의 선구자

194) 찰스 다윈의 진화론에서 생존 경쟁과 자연 선택은 쇼펜하우어의 의지 개념으로부터 간접적으로 영향을 받았다고 보는 학설이 다수이다. 찰스 다윈(Charles Robert Darwin 1809 - 1882) 영국의 생물학자

195) 니체는 쇼펜하우어 철학을 이어받아 서양식 허무주의를 정립하였다. 니체가 '신은 죽었다'고 한 명언은 형이상학 즉, 경험 대상의 총체를 넘어서는 것, 초감성적인 것에 대한 것으로서, 인간 세계를 벗어난 저 편의 신들의 세상 즉, 절대 진리에 대한 철학을 부정하고 인간이 스스로 자기 극복을 추구하는 위버멘쉬(Übermensch) 사상을 의미하는 것이다. 니체(Friedrich Wilhelm Nietzsche 1844 - 1900)

196) 대표적으로 바그너(Richard Wagner 1813 - 1883)가 쇼펜하우어의 영향을 받아 오페라 〈트리

스탄과 이졸데〉 작품을 완성하게 된다. 그는 〈트리스탄과 이졸데〉 작품이 '쇼펜하우어의 사상에 대한 답변'이라고 말했다고 한다.

197) 문학계는 쇼펜하우어의 영향을 가장 크게 받은 분야라고 할 수 있다. 러시아의 소설가 톨스토이(Leo Tolstoy 1828 - 1910), 도스토옙스키, 프랑스의 작가 에밀 졸라, 오노레 드발자크, 독일의 작가 토마스 만, 헤르만 헤세, 프란츠 카프카, 영미권에서는 토마스 하디, 조지프 콘래드 같은 작가들이 쇼펜하우어의 사상가 철학이 본인들의 창작에 도움이 되었다고 인정한 바 있다.

198) Im männlichen Alter schwindet die Langeweile mehr und mehr: Greisen wird die Zeit stets zu kurz und die Tage fliegen pfeilschnell vorüber. Durch diese Beschleunigung des Laufes der Zeit, fällt also in spätern Jahren meistens die Langeweile weg, und da andrerseits auch die Leidenschaften, mit ihrer Qual, verstummen; so ist, wenn nur die Gesundheit sich erhalten hat, im ganzen genommen, die Last des Lebens wirklich geringer, als in der Jugend: daher nennt man den Zeitraum, welcher dem Eintritt der Schwäche und der Beschwerden des höhern Alters vorhergeht, "die besten Jahre." In Hinsicht auf unser Wohlbehagen mögen sie es wirklich sein: hingegen bleibt den Jugendjahren, als wo alles Eindruck macht und jedes lebhaft ins Bewußtsein tritt, der Vorzug, die befruchtende Zeit für den Geist, der Blüten ansetzende Frühling desselben zu sein.

199) In der Jugend herrscht die Anschauung, im Alter das Denken vor: daher ist jene die Zeit für Poesie; dieses mehr für Philosophie. Auch praktisch läßt man sich in der Jugend durch das Angeschaute und dessen Eindruck, im Alter nur durch das Denken bestimmen.

200) Während in der Jugend unser Wissen stets lückenhaft und fragmentarisch ist. Nur wer alt wird erhält eine vollständige und angemessene Vorstellung vom Leben, indem er es in seiner Ganzheit und seinem natürlichen Verlauf, besonders aber nicht bloß, wie die übrigen, von der Eingangs-, sondern auch von der Ausgangsseite übersieht, wodurch er dann besonders die Nichtigkeit desselben vollkommen erkennt. Aber im Alter ist mehr Urteil, Penetration und Gründlichkeit.

201) Im weitern Sinne kann man auch sagen: die ersten vierzig Jahre unsers Lebens liefern den Text, die folgenden dreißig den Kommentar dazu, der uns den wahren Sinn und Zusammenhang des Textes, nebst der Moral und allen Feinheiten desselben, erst recht verstehn lehrt.

202) Man braucht nur zu erwägen, daß aller Genuß negativer, der Schmerz positiver Natur ist, um zu begreifen, daß die Leidenschaften nicht beglücken können und daß das Alter deshalb, daß manche Genüsse ihm versagt sind, nicht zu beklagen ist. Denn jeder Genuß ist immer nur die Stillung eines Bedürfnisses: daß nun mit diesem auch jener wegfällt, ist so wenig beklagenwert, wie daß einer nach Tische nicht mehr essen kann und nach ausgeschlafener Nacht wach bleiben muß. Viel richtiger schätzt Plato im Eingang zur Republik das Greisenalter glücklich, sofern er den bis dahin uns unablässig beunruhigenden

Geschlechtstrieb endlich los ist. Sogar ließe sich behaupten, daß die mannigfaltigen und endlosen Grillen, welche der Geschlechtstrieb erzeugt, und die aus ihnen entstehenden Affekte, einen beständigen, gelinden Wahnsinn im Menschen unterhalten, solange er unter dem Einfluß jenes Triebes oder jenes Teufels, von dem er stets besessen ist, steht; so daß er erst nach Erlöschen desselben ganz vernünftig würde. Gewiß aber ist, daß, im allgemeinen und abgesehn von allen individuellen Umständen und Zuständen, der Jugend eine gewisse Melancholie und Traurigkeit, dem Alter eine gewisse Heiterkeit eigen ist.

203) Das Alter aber hat die Heiterkeit dessen, der eine lange getragene Fessel los ist und sich nun frei bewegt. - Andrerseite jedoch ließe sich sagen, daß nach erloschenem Geschlechtstrieb der eigentliche Kern des Lebens verzehrt und nur noch die Schale desselben vorhanden sei.

204) Wie dem auch sei, die Jugend ist die Zeit der Unruhe; das Alter die der Ruhe: schon hieraus ließe sich auf ihr beiderseitiges Wohlbehagen schließen. Das Kind streckt seine Hände begehrlich aus, ins Weite, nach allem, was es da so bunt und vielgestaltet vor sich sieht: denn es wird dadurch gereizt; weil sein Sensorium noch so frisch und jung ist. Dasselbe tritt, mit größerer Energie, beim Jüngling ein. Auch er wird gereizt von der bunten Welt und ihren vielfältigen Gestalten: sofort macht seine Phantasie mehr daraus, als die Welt je verleihen kann. Daher ist er voll Begehrlichkeit und Sehnsucht ins Unbestimmte: diese nehmen ihm die Ruhe, ohne welche kein Glück ist. Im Alter hingegen hat sich das alles gelegt; teils weil das Blut kühler und die Reizbarkeit des Sensorium minder geworden ist; teils weil Erfahrung über den Wert der Dinge und den Gehalt der Genüsse aufgeklärt hat, wodurch man die Illusionen, Schimären und Vorurteile, welche früher die freie und reine Ansicht der Dinge verdeckten und entstellten, allmählich los geworden ist; so daß man jetzt alles richtiger und klärer erkennt und es nimmt für das, was es ist, auch, mehr oder weniger, zur Einsicht in die Nichtigkeit aller irdischen Dinge gekommen ist. Dies eben ist es, was fast jedem Alten, selbst dem von sehr gewöhnlichen Fähigkeiten, einen gewissen Anstrich von Weisheit gibt, der ihn vor den Jüngern auszeichnet. Hauptsächlich aber ist durch dies alles Geistesruhe herbeigeführt worden: diese aber ist ein großer Bestandteil des Glücks.

205) Der Grundcharakterzug des höheren Alters ist das Enttäuschtsein: die Illusionen sind verschwunden, welche bis dahin dem Leben seinen Reiz und der Tätigkeit ihren Sporn verliehen; man hat das Nichtige und Leere aller Herrlichkeiten der Welt, zumal des Prunkes, Glanzes und Hoheitsscheins erkannt; man hat erfahren, daß hinter den meisten gewünschten Dingen und ersehnten Genüssen gar wenig steckt, und ist so allmählich zu der Einsicht in die große Armut und Leere unsers ganzen Daseins gelangt. Erst im siebzigsten Jahre versteht man ganz den ersten Vers des Koheleth. Dies ist es aber auch, was dem Alter einen gewissen grämlichen Anstrich gibt.

* 전도서의 첫 구절 "헛되고 헛되며 헛되고 헛되니 모든 것이 헛되도다. 사람이 해 아래에서 수고하는 모든 수고가 자기에게 무엇이 유익한고" (전도서 1:2-3)

206) Armut im Alter ist ein großes Unglück. Ist diese gebannt und die Gesundheit geblieben; so kann das Alter ein sehr erträglicher Teil des Lebens sein. Bequemlichkeit und Sicherheit sind seine Hauptbedürfnisse: daher liebt man im Alter, noch mehr als früher, das Geld. Ein Glück aber ist es, wenn dem Greise noch die Liebe zu seinem Studium, auch zur Musik, zum Schauspiele und überhaupt eine gewisse Empfänglichkeit für das Äußere geblieben ist.

207) Das Schwinden aller Kräfte im zunehmenden Alter, und immer mehr und mehr, ist allerdings sehr traurig: doch ist es notwendig, ja wohltätig: weil sonst der Tod zu schwer werden würde, dem es vorarbeitet. Daher ist der größte Gewinn, den das Erreichen eines sehr hohen Alters bringt, die Euthanasie, das überaus leichte, durch keine Krankheit eingeleitete, von keiner Zuckung begleitete und gar nicht gefühlte Sterben.

208) Der Grundunterschied zwischen Jugend und Alter bleibt immer, daß jene das Leben im Prospekt hat, dieses den Tod; daß also jene eine kurze Vergangenheit und lange Zukunft besitzt; dieses umgekehrt. Allerdings hat man, wann man alt ist, nur noch den Tod vor sich; aber wann man jung ist, hat man das Leben vor sich; und es frägt sich, welches von beiden bedenklicher sei, und ob nicht, im ganzen genommen, das Leben eine Sache sei, die es besser ist hinter sich, als vor sich zu haben: sagt doch schon Koheleth (7, 1): 《Der Tag des Todes ist besser denn der Tag der Geburt.》 Ein sehr langes Leben zu begehren, ist jedenfalls ein verwegener Wunsch.

209) die vier Planetoiden - Ceres, Vesta, Pallas, Juno

210) 목성 Jupiter은 로마 신화에서 최고의 신 즉 신들의 왕 유피테르 Jupiter, 그리스 신화에서는 제우스 Zeus에 해당한다.

211) Im fünfzigsten Jahre aber herrscht Jupiter. Schon hat der Mensch die meisten überlebt, und dem jetzigen Geschlechte fühlt er sich überlegen. Noch im vollen Genuß seiner Kraft, ist er reich an Erfahrung und Kenntnis: er hat [nach Maßgabe seiner Individualität und Lage] Autorität über alle, die ihn umgeben. Er will demnach sich nicht mehr befehlen lassen, sondern selbst befehlen. Zum Lenker und Herrscher, in seiner Sphäre, ist er jetzt am geeignetesten. So kulminiert Jupiter und mit ihm der Fünfzigjährige. - Dann aber folgt, im sechzigsten Jahre, Saturn und mit ihm die Schwere, Langsamkeit und Zähigkeit des Bleies.

212) Zuletzt kommt Uranus: da geht man, wie es heißt, in den Himmel. Also nicht nur der Nehmende, sondern auch der Gebende und der Tod das große Reservoir des Lebens ist. Daher also, daher, aus dem Orkus, kommt alles, und dort ist schon jedes gewesen, das jetzt Leben hat: - wären wir nur fähig, den Taschenspielerstreich zu begreifen, vermöge dessen das geschieht; dann wäre alles klar.

2막: 바그너

1) Zweiter Aufzug
2) Richard Wagner 1813 - 1883
3) Erste Szene
4) 베네치아 Venezia 산마르코 광장 Piazza San Marco
5) 안녕하세요. Buon Giorno. 뭘 주문하시겠습니까? Cosa vuole ordinare? 카푸치노 한 잔 부탁합니다. Vorrei solo un cappuccino, per favore. 나는 친구들을 기다리고 있습니다. Sto aspettando i miei amici. 알겠습니다. Va bene.
6) Basilica di San Marco
7) 동로마 제국(das Byzantinische Reich = Oströmisches Reich)의 콘스탄티노폴리스 Constantinopolis (고전 그리스어, 독일어로는 Konstantinopel, 영어로는 Constantinople)는 현재의 이스탄불이다. 거룩한 사도 교회 Church of the Holy Apostles
8) law and mental health conference
9) Jan Hus 1369? - 1415
10) Kopernikanische Wende
11) neurolaw
12) die Uraufführung
13) Zweite Szene
14) Kindheit, Jugendzeit und Studium in Leipzig 1813 - 1833
15) Carl Maria von Weber 1786 - 1826
16) Konzerthaus
17) Schauspielhaus
18) Kapellmeister
19) Dresden Kreuzschule
20) Nikolaischule
21) Goethe 1749 - 1832
22) William Shakespeare 1564 - 1616
23) der Kreuzzug 1095 - 1291
24) die Aufklärung
25) [십자군 전쟁과 그 이후 상황]
    1174년에 이슬람의 살라딘(Saladin 1137 - 1193)은 이집트의 파티마 왕조를 무너뜨리고 아이유브 왕조를 세운 후, 예루살렘을 되찾기 위해 1187년에 이슬람교의 성스러운 전쟁을 뜻하는 '지하드'를 선언하며, 1096년에 시작되어 1099년까지 진행된 1차 십자군 전쟁에서 십자군에 빼앗겼던 예루살렘을 되찾았다. 1차 십자군을 소집한 교황은 우르바노 Urbanus 2세였다. 1189년 3차 전쟁에서 영국의 리처드 1세, 프랑스의 필리프 2세, 신성 로마 제국의 프리드리히 1세 - 붉은 턱수염 때문에 별명이 바르바로사 Barbarossa, 즉 붉은 수염이라고 불리움 - 가 참전, 리처드 1세와 살라딘의 회담으로 기독교인들의 성지 순례에 합의하였다. 1202년, 4차 십자군을 조직한 교황 인노첸시오 Innocentius 3세는 36세 때 임명되어 교황권이 왕권보다 더 우위에 있음을 확고히 하였다. '교황은 태양, 황제는 달'로 비유된다. 4차 십자군은 이집트를 통해서 들어가기 위해 배가 많은 베네치아와 계약을 맺었고, 경쟁 도시 기독교 국가 - 현재의 크로아티아 - 의 도시 자다르 Zadar를 침공하였다. 1203년, 비잔티움 제국 - 같은 기독교 국가인 동로마 제국의 수도 콘스탄티노폴리스를 침공했고 1204년, 다시 콘스탄티노폴리스 - 현재의 이스탄불 - 을 침공하여 많은 사람들을 학살하고 성전을 모독하여 동서 교회의 분열을 가속화시켰다. 이때 베네치아가 막대한 이득을 보고 지중해 무역에서 압도적인 우위를 점하게 되었고, 동로마 제국은 쇠퇴의 길을 걷게 되었다. 1219년, 5차 전쟁에서는 아시시의 성 프란치스코 San Francesco d'Assisi가 이집트에 가서 술탄과 평화 회담을 시도했던 일화가 있다. 십자군 전쟁 이후 왕권과 상권이 상승하는 결과를 가져왔다. 1309년부터 1377년 기간 동안 프랑스의 필리프 Philippe 4세에 의해 아비뇽 유수 Papsttum in Avignon, Avignon Papacy 라고 하는 교황을 강제로 프랑스 아비뇽에 억류한 사건이었다. 같은 시기에 여러 교황이 생겼는데, 교황의 권위는 추락하고 왕권이 강화됨을 보여 주었다. 그리고 흑사병이 14세기에 창궐하고 1414년부터 1418년까지 열린 콘스탄츠 공의회 Konzil von Konstanz 에서 여러 교황들을 폐위시키고 1417년 11월에 마르티노 Martinus 5세를 교황으로 세웠다. 콘스탄츠 공의회는 독일의 콘스탄츠에서 열린 로마 카톨릭의 공의회로서, 교회의 세속화를 비판한 보헤미아 왕국의 종교개혁자 얀 후스(Jan Hus 1369? - 1415 프라하 대학에서 신학과 문학을 공부하고 프라하 대학의 교수로 일했음)를 이단으로 판결하고 화형에 처하기도 했다. 1471년 식스투스 Sixtus 4세는 교황이 되어 재정을 보충하고 사리사욕을 채우는 데 있어 세속적인 여러 방법을 썼으며 성매매를 허가하였을 뿐만 아니라 직접 운영까지 하였다. 그 후 1484년 교황 인노첸시오 Innocentius 8세는 Firenze의 메디치 Medici 가문의 후원을 받아서 교황이 되어 마녀사냥 등을 자행하였다. 1492년 알렉산더 Alexander 6세는 교황이 되어서 16명의 사생아들을 두었으며 가족 간의 근친상간뿐만 아니라 문란한 성생활을 즐기고 46살이나 어린 유부녀와 부적절한 관계를 가지고 문란한 연회도 즐길 정도로 타락하였다. 1503년에 율리오 Iulius 2세는 성 베드로 대성당의 건축을 명하였고 미켈란젤로에게 시스티나 경당 Sixtinische Kapelle, Sistine Chapel, Cappella Sistina에 천지창조 등 여러 그림을 그리게 하였다. 라파엘로, 브라만테 등도 후원하였다.

26) Ludwig van Beethoven 1770 - 1827

27) Joseph Haydn 1732 - 1809

28) Wolfgang Amadeus Mozart 1756 - 1791

29) Thomasschule zu Leipzig

30) Gewandhaus Leipzig

31) Johann Sebastian Bach 1685 - 1750

32) Thomaskirche

33) Christian Theodor Weinlig 1780 - 1842

34) Napoléon I 세 1769 - 1821, 1799 제1통령, 1804 황제즉위
35) der Wiener Kongress 1814 - 1815
36) Burschenschaft, Bursche 청년
37) Carbonari (Partito)는 carbonaro 석탄 광부라는 뜻이 있다.
38) Charles X 1757 - 1836, 재위 1824 - 1830
39) Eugène Delacroix 1798 - 1863, La Liberté guidant le peuple, Liberty Leading the People
40) Klemens von Metternich 1773 - 1859
41) Charles X 1757 - 1836, 재위 1824 - 1830
42) Deutsches Kaiserreich 1871 - 1918)
43) Umberto Giordano 1867 - 1948의 오페라, Andrea Chenier 1762 - 1794 프랑스 시인
44) Verismo - Realismus 대략 1890 - 1920 사이에 작곡된 사실주의 오페라, vero는 사실, 진실이라는 의미.
45) Dritte Szene
46) 첫 극장 경험, Erste Theatererfahrungen 1833 - 1839
1834년 1월 - 요정 〈Die Feen〉 작곡
1836년 3월 - 연애금지 〈Das Liebesverbot〉 초연
47) 바이로이트 캐논은 바그너가 완성한 13개 오페라 중 마지막 10개다. 처음 세 작품 〈요정〉, 〈연애금지〉, 〈리엔치〉는 바그너가 견습 작품이라고 바이로이트 캐논에 넣기를 거부했다. 바이로이트 캐논이라는 용어는 종종 작곡가의 성숙한 오페라를 의미하기도 한다.
48) Therese Ringelmann
49) Carlo Gozzi 1720 - 1806
50) La donna serpente
51) Wilhelmine Schröder-Devrient 1804 - 1860
52) Vincenzo Bellini 1801 - 1835
53) Gaetano Donizetti 1797 - 1848
54) Heinrich Bethmann 1774 - 1857
55) Die Bethmannsche Truppe
56) Bad Lauchstädt
57) Wolfgang Amadeus Mozart 1756 - 1791
58) Minna Planer 1809 - 1866
59) Ich irrte einst, und möcht& es nun verbüßen; Wie mach` ich Jugendsünde frei?
60) Schauspielerin
61) Königsberg 쾨니히스베르크는 현재의 칼리닌그라드
62) Immanuel Kant 1724 - 1804
63) Herzogtum Preußen

64) Königreich Preußen
65) Musikdirektor
66) Kapellmeisterstelle
67) Theaterdirektor
68) Karl von Holtei 1798 - 1880
69) Edward Bulwer-Lytton 1803 - 1873 소설가, 극작가, 정치인
70) der Text, das Libretto
71) Wilhelm Hauff 1802 - 1827 독일 시인
72) das Gespensterschiff
73) das Märchen
74) Vierte Szene
75) 1839 - 1842 Jahre in Paris 1839 - 1842
1840년 - 리엔치 Rienzi 작곡
76) Pillau - 발티스크 Baltijsk, 1945년까지 독일의 도시였음.
77) Leiterwagen
78) Thetis - 바다의 여신, 그리스 신화
79) Kattegat
80) Skagerrak
81) Borøya
82) Sandvik
83) die Granitwand
84) Boulogne-sur-Mer
85) Giacomo Meyerbeer 1791 - 1864
86) 프랑스어로는 Robert le diable, 독일어로는 Robert der Teufel
87) Die Hugenotten
88) Heinrich Laube 1806 - 1884 작가, 연극연출가
89) Heinrich Heine 1797 - 1856, 작가
90) Gaspare Spontini 1774 - 1851
91) Fromental Halévy 1799 - 1861
92) 오페라 Der fliegende Holländer에 나오는 인물 - 네덜란드인에 대한 독일어
93) Pierre-Louis Dietsch 1808 - 1865
94) The Memoirs of Mister von Schnabelewopski 1834
95) Tannhäuser - 1200년경 독일의 연애 시인, 베누스 Venus - 미와 사랑의 여신
96) 영어로는 Minnesinger, 독일어로는 Minnesänger - die Minne 사랑, 연애 Sänger 가수라는 뜻. 표준국어대사전에 따라서 '미네젱거'라고 표기함.
97) Martin Luther 1483 - 1546

98) 마틴 루터는 1517년 10월 31일 비텐베르크 Wittenberg에서 95개조 반박문(95 Thesen)을 내걸어, 1521년 4월 보름스 회의 Reichstag zu Worms - 신성로마제국 황제 카를 Karl 5세가 보름스에서 제국의회를 소집하고 마틴 루터를 소환해서 루터의 견해를 심의한 사건 - 후에 바르트부르크 성 Wartburg에 숨어 지내며 라틴어 성경을 독일어로 번역하여 1522년 9월에 라이프치히 Leipzig에서 초판을 출간하였다.

99) Fünfte Szene

100) 1842 - 1849 Dresdner Jahre 1842 - 1849
1842년 10월 〈Rienzi〉 드레스덴에서 die Uraufführung 초연
1843년 1월 〈Der fliegende Holländer〉 드레스덴에서 초연
1845년 10월 〈Tannhäuser〉 드레스덴에서 초연
1848년 4월 〈Lohengrin〉 작곡

101) 베를린 연극과 오페라의 총극장장 Generalintendant이었던 레데른 백작 Graf Friedrich Wilhelm von Redern 1802 - 1883

102) Karl Theodor von Küstner 1784

103) Friedrich Wilhelm IV 1795 -1861, 재위 1840 - 1861

104) Giacomo Meyerbeer 1791 - 1864, Felix Mendelssohn 1809 - 1847 둘 다 유대인.

105) Friedrich Nietzsche 1844 - 1900, 바그너의 숭배자 Verehrer였다가 경멸자 Verächter로 변했다고 함.

106) Voltaire 1694 - 1778: On ne réussit dans ce monde, qu'à la pointe de l'épée, et on meurt les armes à la main.

107) Teplice

108) 소프라노 빌헬미네 슈뢰더-데브린트 Wilhelmine Schröder-Devrient, 헬덴 Helden (영웅) 테너 Tenor 요젭 티샤첵 Joseph Tischatschek

109) Königliches Hoftheater Dresden

110) 1815년 빈 협정 der Wiener Kongress

111) 방탄복 das Kettenhemd, 체인 메일 chain-mail, 로마갑옷 macula

112) Hofkapellmeister

113) Friedrich August 2세 1797 - 1854

114) der Flügel

115) Carl Maria von Weber 1786 - 1826

116) Marienbad

117) Wolfram von Eschenbach 1170년경- 1220년경 중세 시대 작가의 서사시에서 파르지팔 Parzival과 로엔그린 Lohengrin 작곡

118) Robert Schumann 1810 - 1856

119) 라이트모티브 또는 라이트모티프, 독일어로 leitmotiv, 영어 표기는 leitmotif. 특정한 등장인물, 장소, 아이디어와 관련된 짧고 반복되는 음악적인 프레이즈를 가리키는 음악 용어이다. 원뜻을

그대로 번역하여 우리말로는 유도동기, 주도동기 등으로 불린다. 특정 부분에서 중요성을 부가하고 싶을 때 반복적인 음악적 아이디어를 재현하거나 특징적인 멜로디 라인을 등장시켜 기억되게 할 수 있으며, 음악의 사운드가 캐릭터적인 성격으로 작용하게 된다. 그래서 라이트모티브를 음악 구조에서 주체의 정체성을 내포한 가장 단위라고 칭한다.

120) 피르나 Pirna의 그라우파 Graupa

121) 아이스킬로스의 오레스테이아 (3부작 - 아가멤논, 코이포로이, 에우메니데스), 야콥 그림 Jacob Grimm 1785 - 1863의 독일 신화 Deutsche Sagen

122) Sechste Szene

123) 1849 - 1858 취리히 Zürcher Jahre

1850년 8월 - 〈Lohengrin〉 초연 die Uraufführung 바이마르 Weimar

1854년 9월 - 〈Das Rheingold〉 작곡

1856년 3월 - 〈Die Walküre〉 작곡

124) Friedrich Wilhelm IV 1795 - 1861,재위 1840

125) August Röckel 1814 - 1876 작곡가, 지휘자

126) Mikhail Bakunin 1814 - 1876 혁명가, 철학자

127) Franz Liszt 1811 - 1886

128) Karl Ritter

129) Jessie Laussot

130) 기원전 15세기 이집트를 탈출하고 B.C. 722년경 북왕국 이스라엘은 앗시리아에 의해서 멸망, 남왕국 유다는 바빌론의 느부갓네살 왕에 의해서 약 B.C. 597년경 멸망 후 60년 간의 포로 생활 후에 B.C. 538년경 페르시아의 왕 키루스 2세에 의해 해방되었다.

131) Ghetto Nuovo

132) Paul, Paulus, Paolo IV

133) 게토 das Ghetto 뜻: getto 주조, die Gießerei 주물 공장, 주조소

134) Hegel 1770 - 1831

135) Karl Marx 1818 - 1883

136) 헤겔은 '어딘가에서, 모든 세계사적 사건들과 사람들은 두 번 발생한다고 칼 마르크스는 기술했다'라고 언급했다. 이에 대해서 마르크스는 다음과 같이 기술했다: 헤겔은 다음과 같은 말을 덧붙이는 것을 잊었다: 한 번은 비극으로, 다른 한 번은 희극으로. 〈Hegel, schreibt Karl Marx, habe &irgendwo& bemerkt, dass sich alle großen weltgeschichtlichen Tatsachen und Personen zweimal ereigneten. Worauf Marx sich die Bemerkung erlaubt: Er hat vergessen hinzuzufügen: das eine Mal als Tragödie, das andere Mal als Farce.〉

137) Princess Royal Victoria, 1840 - 1901

138) 프로이센의 프리드리히 3세 왕세자 Friedrich III, 1831 - 1888

139) Ludwig II 1845 - 1886, 재위 1864년 3월 10일 - 1886년 6월 8일, 40세에 사망

140) 노이슈반슈타인 성 Schloss Neuschwanstein ; 독일어어로 neu 새로운, der Schwan 백조,

der Stein 돌, 암석이라는 뜻임.

141) 성 das Schloss 건설에 대한 열정, 노이슈반슈타인 성 Schloss Neuschwanstein, 린더호프 성 Schloss Linderhof, 노이에스 헤렌킴제 성 Neues Schloss Herrenchiemsee

142) Décadence 퇴폐, 타락 - 사회가 쇠퇴하기 전에 문화가 먼저 쇠퇴하는 증상을 보이는데, 그 현상이 바로 데카당스식 예술임. 니체는 데카당스를 암울한 현실을 외면한 채, 이상적인 조형 그 자체를 탐닉하는 예술이라 함. 어원은 라틴어 cadere이며 뜻은 떨어지다, 가라앉다 fallen, sinken로 der Niedergang 몰락을 의미함.

143) Otto Wesendonck 1815 - 1896

144) Mathilde Wesendonck 1828 - 1902

145) Georg Herwegh 1817 - 1875, 시인

146) die platonische Beziehung

147) Giuseppe Verdi 1813 - 1901

148) Don Carlos 초연 - 1867년에 파리, 1884 밀라노

149) Filippo secondo, Felipe II 1527 - 1598

150) 카를 Karl 5세 (Carlos V, Carlo V 1500 - 1558): 신성 로마 제국 황제 1519, 이탈리아, 스페인, 부르고뉴, 오스트리아의 왕 - 합스부르크가의 최고 전성기. 펠리페 Felipe 2 (Filippo II 1527 - 1598): 스페인, 포르투갈, 잉글랜드, 아일랜드의 왕. 아들 카를로스 Carlos (1545 - 1568) 엘리자베트 1545 - 1568 는 펠리페 2세와 정략결혼함. 펠리페 Felipe 3세 (1578 - 1621): 스페인, 포르투갈의 왕.

151) Karl 5세는 1521년에 교황 Leo X로부터 파문당한 Martin Luther를 Worms 회의에 소환했던 합스부르크가의 최전성기 때의 왕

152) 플랑드르 - Flandre 프랑스어, Fiandre 이탈리아어, Flandern 독일어, Vlaanderen 네델란드어

153) Johann Christoph Friedrich von Schiller 1759 - 1805는 괴테 Goethe 1749 - 1832 와 함께 독일 고전주의를 이끌었음. 실러는 베토벤의 9번 합창 교향곡의 가사인 극적인 시 Dramatisches Gedicht를 씀.

154) Eugénie de Montijo 1826 - 1920 나폴레옹 3세 황후, Napolon 3세 1808 - 1873

155) Victoria 1819 - 1901, 대영제국의 최전성기, 제국주의를 대표하는 군주, 1837 재위

156) Johann 작센 왕 1801 - 1873, 재위 1854

157) Befreiung, nirvana

158) Reinkarnation, samsara의 불교 der Buddhismus

159) Verächter 경멸자, Verehrer 숭배자

160) Breitkopf & Härtel, 악보 출판사 der Musikverlag

161) 반음계기법 die Chromatik, Chromaticism과 과감하고 혁신적인 화음 der Akkord. 독특한 오케스트레이션 die Orchestrierung, Orchestration 시도로 현대 음악의 방향을 제시.

162) Hans von Bülow 1830 - 1894

163) Wesendonck - Lieder

164) Giuseppe Verdi 1813 - 1901
165) Siebte Szene
166) Wanderjahre 1859 - 1865
1859년 8월 - 〈Tristan und Isolde〉 작곡
1865년 6월 - 〈Tristan und Isolde〉 초연 die Uraufführung 뮌헨
167) Theatre - Italien
168) Pauline von Metternich 1836 -1921
169) Marie von Kalergis
170) 독일어로 비너스의 산을 의미하며, 〈탄호이저에서 비너스가 지배하는 지하 세계를 상징한다. 화려하고 관능적인 분위기로 가득하여 탄호이저가 유혹에 빠져 머무는 곳이다.
171) Bacchanal 고대 로마의 술과 풍요의 신 바쿠스(Bacchus - Dionysos)를 기리는 축제를 의미한다.
172) Großherzogtum Baden
173) 베네치아의 르네상스를 이끈 화가 - 티치아노 베첼리오 Tiziano Vecellio 1488의 작품 「성모의 승천」 Assumption of the Virgin 1518, 산타마리아 글로리오사 데이 프라리 대성당 Basilica di Santa Maria Gloriosa dei Frari 중앙 제단에 걸려 있는 작품. 티치아노의 「성모의 승천」 작품은 성모 마리아가 죽은 후 그녀의 영혼뿐 아니라 육체도 함께 승천하는 모습을 장엄하게 묘사한 그림으로서 티치아노에게 거장이라는 명성을 가져다 주었다.
174) 출판업자 der Musikverleger 프란츠 쇼트 Franz Schott
175) Hohenschwangau의 성 das Schloss, 아버지 막시밀리안 2세는 호엔슈방가우 성 Schloss Hohenschwangau의 벽면을 [백조의 기사] 그림으로 장식
176) Starnberger See
177) Cosima von Bülow (1837 출생), 두 딸 Daniela(1860 출생)와 Blandine(1863 출생) 남편은 한스 폰 뷜로 Hans von Bülow(1830 출생)
178) Starnberg
179) die konstitutionelle Monarchie
180) der Huldigungsmarsch
181) Gottfried Semper 1803 - 1879
182) Ludwig von der Pfordten 1811 - 1880 정치인
183) Ludwig Schnorr von Carolsfeld 1836 - 1865 트리스탄 초연 테너, Malvina Schnorr von Carolsfeld 1825 - 1904 이졸데 초연 소프라노
184) Isolde는 Tristan의 칼 das Schwert에 날이 빠진 곳 die Scharte에 Morold의 머리 das Haupt에 꽂혀 있던 파편 조각 der Splitter을 능숙한 솜씨로 mit kundiger Hand 찾아냈다 sie fand.
185) Gesandte
186) Volksbote

187) Neueste Nachrichten

188) Achte Szene

189) 1866 - 1871 Asyl in Tribschen, Luzern
1867년 10월 - 〈Die Meistersinger von Nürnberg〉 작곡
1868년 6월 - 〈Die Meistersinger von Nürnberg〉 초연 die Uraufführung 뮌헨
1869년 6월 - 〈Siegfried〉 작곡
1869년 9월 - 〈Das Rheingold〉 초연 die Uraufführung 뮌헨
1870년 6월 - 〈Die Walküre〉 초연 die Uraufführung 뮌헨

190) Otto von Bismarck 1815 - 1898 프로이센 총리 1862, 북독일 연방수상 1867, 독일 제국 수상 1871 독일을 통일

191) Bismarck - Hohenzollern 왕가로 통일 구상 - 오스트리아와 전쟁 〈프로이센 - 오스트리아 전쟁 1866〉

192) August Röckel 1814 - 1876 작곡가

193) Franz Seraph von Pfistermeister 1820 - 1912 정치인 Hofsekretär und Staatsrat, 1864년 4월 말 바그너를 찾아온 루드비히 2세 왕의 사절. 나의 아들 mein Junge 라고 말한 것을 고자질한 자.

194) Ludwig von der Pfordten 1811 - 1880 Politiker 정치인

195) Habt Acht! Uns dräuen üble Streich: zerfällt erst deutsches Volk und Reich, in falscher wälscher Majestät kein Fürst bald mehr sein Volk versteht, und wälschen Dunst mit wälschem Tand sie pflanzen uns in deutsches Land; was deutsch und echt, wüsst' Keiner mehr, lebt's nicht in deutscher Meister Ehr'. Drum sag' ich euch: ehrt eure deutschen Meister! Dann bannt ihr gute Geister; und gebt ihr ihrem Wirken Gunst, zerging' in Dunst das heil'ge römische Reich, uns bliebe gleich die heil'ge deutsche Kunst!

196) Napoléon 1세 1769 - 1821, 제1통령 1799, 황제즉위 1805

197) 독일 제국 Deutsches Kaiserreich 1871 - 1918

198) Adolf Hitler 1889 - 1945, 수상 1933

199) Winifred Wagner 1897 - 1980, 바그너의 아들 지크프리트 Siegfried의 영국인 아내, 고아가 된 위니프레드 Winifred Williams는 10살 때 베를린으로 입양.

200) World War I 1914 - 1918, 세계 대공황 Great Depression 1929 - 1939

201) Heinrich Laube 1806 - 1884 작가, 극작가, 극장장

202) 비스마르크의 소독일주의 통일 Kleindeutsche Lösung, 오스트리아 중심의 대독일주의 통일 Großdeutsche Lösung

203) Friedrich Nietzsche 1844 - 1900

204) klassische Philologie

205) 〈비극의 탄생〉 Die Geburt der Tragödie 1872

206) das Nebel 안개, das Heim 집이라는 의미

207) der Sieg 승리, der Mund 입, die Linde 보리수, die Not 위기

208) Sieglinde: War Wälse dein Vater, und bist du ein Wälsung, stieß er für dich sein Schwert in den Stamm_so laß mich dich heißen, wie ich dich liebe: Siegmund_ so nenn ich dich! Bist du Siegmund, den ich hier sehe, Sieglinde bin ich, die dich ersehnt: 지클린데: 당신의 아버지는 벨제였고, 당신은 벨중족, 그는 당신을 위해서 그의 칼을 나무줄기에 꽂아 놓았죠_내가 당신을 사랑하는 것처럼 당신을 부르게 하세요, 지크문트_이렇게 나는 당신을 부릅니다! 내가 여기서 보고 있는 당신은 지크문트, 나는 당신을 그리워하는 지클린데,

209) 나폴레옹 3세 Louis-Napoleon Bonaparte 1808 - 1873, 나폴레옹 1세의 조카, 초대 대통령 1848, 황제즉위 1852

210) Siegfried Idyll

211) 빌헬름 1세 〈Wilhelm I 1797 - 1888, 즉위 1861, 황제즉위 1871〉의 독일 제국 Deutsches Kaiserreich의 황제 즉위를 위해서 〈황제 행진곡〉 Kaisermarsch을 헌정

212) Markgräfliches Opernhaus

213) Bühnenfestspielhaus

214) Neunte Szene

215) Die Bayreuther Jahre 1872 - 1881
1874년 11월 - 〈Die Götterdämmerung〉 작곡
1876 년 8월 - 〈Siegfried〉 초연 die Uraufführung 바이로이트
1876 년 8월 - 〈Die Götterdämmerung〉 초연 바이로이트

216) 헤센 Hessen 에 있는 에쉬베게 Eschwege 옆에 작은 마을 이름이 반프리트 Wanfried

217) der Grundstein

218) 독일 제국 Deutsches Kaiserreich 이 1871년 통화를 마르크 die Mark, Goldmark

219) orchestra pit, der Orchestergraben

220) die Vorstellung - 공연, 상상, 소개, 표상

221) 황제 빌헬름 1세 Deutscher Kaiser Wilhelm I, 1797 - 1888

222) dress rehearsal & general rehearsal(die Generalprobe)

223) 〈Sie sind ein Gottmensch, der wahre Künstler von Gottes Gnaden, der das heilige Feuer vom Himmel auf die Erde brachte, um sie zu läutern, zu beseligen, zu erlösen. Der Gottmensch, der in Wahrheit nicht fehlen und irren kann!〉

224) 깊은 숲속의 동굴 Felsenhöhle im Wald, 알베리히 Alberich의 동생인 미메 Mime는 지클린데 Sieglinde가 낳은 지크프리트 Siegfried를 키우며 살고 있음. 칼 das Schwert, 노퉁 Nothung

225) 깊은 숲 Tiefer Wald. 파프너 Fafner의 동굴 die Höhle, 반지 der Ring

226) der Felsenberg 바위산

227) Worms, 기비흉족의 기비흉 궁전의 홀 Die Halle der Gibichungen am Rhein

228) Gerhard Schröder 1944, 재임기간 1998 - 2005, SPD 사민당

229) Angela Merkel 1954, 재임기간 2005 - 2021, CDU 기민당

230) Neville Chamberlain 1869 - 1940, 영국 Prime Minister 재임기간 1937 - 1940 영국수상
231) 〈A British Prime Minister has returned from Germany bringing Peace with honour. I believe it is peace for our time. We thank you from the bottom of our hearts. Go home and get a nice quiet sleep.〉
232) 'Was die Erfahrung aber und die Geschichte lehren, ist dieses, daß Völker und Regierungen niemals etwas aus der Geschichte gelernt und nach Lehren, die aus derselben zu ziehen gewesen wären, gehandelt haben.'
233) Victoria 여왕 1819 - 1901, 재위기간 1837 - 1901
234) 바이로이트 바그너 페스티벌 die Wagner Festspiele in Bayreuth
235) 시에나의 대성당 Duomo di Siena - 파르지팔 Parsifal 초연 공연의 3막 성배 der heilige Gral 무대배경
236) 1880.11.12. Ludwig II 왕 앞에서 개인연주 die Privataufführung로 파르지팔 Parsifal 서곡 das Vorspiel 연주 - 마지막 만남.
237) Zehnte Szene
238) Kur in Sizilien 1881 und Tod in Venedig 1883
1882년 7월 - 〈Parsifal〉 초연 die Uraufführung 바이로이트 Bayreuth
239) 1880년 월간지 die Bayreuther Blätter, 회복의 글 Regenerationsschrift
240) 〈Man könnte sagen, dass da, wo die Religion künstlich wird, der Kunst es vorbehalten sei, den Kern der Religion zu retten, indem sie die mythischen Symbole, welche sie im eigentlichen Sinne als wahr geglaubt wissen will, ihrem sinnbildlichen Werte nach erfasst, um durch ideale Darstellung derselben die in ihnen verborgene tiefe Wahrheit erkennen zu lassen.〉
241) Hermann Levi 1839 - 1900, ein deutscher Orchesterdirigent und Komponist
242) 〈파르지팔〉과 〈로엔그린〉은 에셴 바흐 Wolfram von Eschenbach의 서사시(1170 - 1220 년경)를 바탕으로 작곡되었다
243) der Heilige Gral 성배-예수와 12제자들이 최후의 만찬과 십자가에서 피를 받은 잔. 〈heiliger Speer 성창-십자가에 매달린 예수의 죽음을 확인하기 위해서 찔렀던 성스러운창=die Heilige Lanze=Longinuslanze 롱기누스의 창=Holy Lance, Lance of Longinus〉 Monsalvat 중세 스페인의 몬살바트 〈바르셀로나 근처 Montserrat 몬세라트의 중세 명칭〉, die Gralsburg Munsalvaesche 〈성배가 보존되어 있는 성배의 성〉
244) 니체는 바그너가 다시 기독교로 돌아갔다고 비난하는 경멸자 Verächter가 되었다. Parsifal은 der Buddhismus의 해탈(解脫) - die Befreiung, 모크샤moksha + 열반(涅槃) - 니르바나 nirvana + 체념, 단념 die Resignation, die Entsagung 이 포함된다.
245) Über das Weibliche im Menschlichen 〈Gleichwohl geht der Prozeß der Emanzipation des Weibes nur unter ekstatischen Zuckungen vor sich. Liebe - Tragik.〉
246) Lob der Tränen von Franz Schubert 1797

부록2: 의지와 표상으로서의 세계

1) 임마누엘 칸트 Immanuel Kant 1724 - 1804
2) 경험주의 der Empirismus - Bacon 1561, Locke 1632, Hume 1711
3) 합리주의 der Rationalismus - Descartes 1596 Cogito ergo sum, Spinoza 1632, Leibniz 1646
4) 관념론 der Idealismus - Hegel 1770
5) Schopenhauer 1788, Nietzsche 1844
6) 실존주의 철학 der Existenzialismus
7) Platon의 이데아 Idee, 칸트의 물자체 Ding an sich, 쇼펜하우어의 의지 Wille와 플라톤의 모사 Abbild, 칸트의 현상 Erscheinung, 쇼펜하우어 표상 Vorstellung
8) 이원론 der Dualismus
9) 플라톤 Platon은 영원히 변하지 않는 본질의 세계를 이데아 die Idee 로 보았으며, 우리가 살고 있는 세계를 이데아의 모사 das Abbild, die Nachahmung 로 보았다.
10) 칸트 Kant는 본질의 세계를 물자체 das Ding an sich 로만 인식하였다. 이 세계를 그것이 나타나는 현상 die Erscheinung, 현상세계 die Erscheinungswelt 로 보았다.
11) 충족근거율, 충족이유율 der Satz vom zureichenden Grunde
12) 박사 논문 〈Über die vierfache Wurzel des Satzes vom zureichenden Grunde〉으로 Jena Universität 에서 25세 때 박사학위를 받았다.
13) 1. 생성근거율 Grund des Werdens - die Kausalität (die Ursache und Wirkung), 인과율 das Gesetz der Kausalität
    2. 존재근거율 Grund des Seyns - 시간과 공간 die Zeit und der Raum (Seyn = Sein)
    3. 인식근거율 Grund des Erkennes
    4. 행위근거율 Grund des Handelns
14) 개별화의 원리 principium individuationis = der Egoismus, die Selbstsucht 이기심.
15) 스콜라철학에서 빌려온 표현으로 mit einem aus der alten eigentlichen Scholastik entlehnten Ausdruck 시간과 공간 Zeit und Raum을 개별화의 원리라고 부른다 das principium individuationis nennen.
16) 다수 die Vielheit 는 시간과 공간에 의해 durch Zeit und Raum 제약되며 bedingt 개별화의 원리라고 부른다 das principium individuationis nennen.
17) 시, 공간 Zeit und Raum을 충족근거율의 형태로 인식하며 als Gestaltungen des Satzes vom Grunde erkannt 물자체의 특성은 아니다 nicht Eigenschaft des Dinges an sich ist.
18) Erstes Buch. Der Welt als Vorstellung erste Betrachtung = Erste Betrachtung der Welt als Vorstellung 충족근거율의 지배하에 있는 표상 Die Vorstellung unterworfen dem Satz

vom Grunde: 경험과 학문의 대상. das Objekt der Erfahrung und Wissenschaft.

19) 세계는 나의 표상이다. Die Welt ist meine Vorstellung. 이 모든 세계는 표상이다. Die ganze Welt ist Vorstellung. 세상은 한편으론 표상이지만 다른 한편으론 의지이다. Diese ist, wie einerseits Vorstellung, so andererseits Wille.

20) 칸트 Kant 1724는 내가 어떻게 사물을 인식하는가의 주관, 주체 das Subjekt를 연구하는 사고의 대변혁, 코페르니쿠스적 전환 〈Kopernikanische Wende〉, 객관(대상) das Objekt.

21) 주관 das Subjekt, 모든 것을 인식 Alles erkennt, 어떤 것으로도 인식되지 않는 것 von Keinem erkannt wird. 객관은 단지 주관과 관련되어 존재하는 것 nur Objekt in Beziehung auf das Subjekt ist. 직관하는 자의 직관 Anschauung des Anschauenden 한마디로, 표상 mit Einem Wort, Vorstellung. 주관은 선험적인 것 a priori, 객관은 후험적인 것 a posteriori.

22) 육체 der Leib - 객관 das Objekt. 육체는 모든 인식의 틀인 시간과 공간 안에 놓여 있으며 Der Leib liegt in den Formen alles Erkennens in Zeit und Raum, 그것들을 통해서 다수가 있는 것이다 durch welche die Vielheit ist. 개별화의 원리 principium individuationis를 설명.

23) 결핍 die Entbehrung은 갖고 싶으나 갖고 있지 않음 aus dem Haben-wollen und doch nicht haben. 여기에서 고통이 생겨난다 den Schmerz erzeugt. 우리 스스로의 mit uns selbst 의지로부터 aus dem Willen 내면의 만족이나 불만족이 나온다. innere Zufriedenheit oder Unzufriedenheit hervorgehe.

24) Zweites Buch. 의지로서의 세계에 대한 제1고찰: Der Welt als Wille erste Betrachtung: 의지의 객관화 Die Objektivation des Willens.

25) 객관 das Objekt & 표상 die Vorstellung - Eines, 동일한 것 Selbst. 주관 das Subjekt - 선험적 a priori, 객관 das Objekt - 후험적 a posteriori. 육체 der Leib - 표상 die Vorstellung & 의지가 객관화된 것 der objektivierte zur Vorstellung gewordene Wille .- 표상으로된 의지 (der objektivierte gewordene Wille)

26) 인간은 자신의 의지 der Wille가 표상 die Vorstellung이 되지 못하는 불일치 die Diskrepanz에서 고통이 온다. 고통 der Schmerz - 의지에 거슬리는 것 dem Willen zuwider. 유쾌 das Wohlbehagen와 쾌락 die Wollust - 의지에 맞는 것 dem Willen gemäß. 의지의 현상 Die Erscheinung des Willens은 충족근거(이유)율의 지배하에 있고 ist dem Satz vom Grunde unterworfen, 의지자체 der Wille selbst는 지배하에 있지 않다 ist nicht.

27) 육체 der Leib - 가시적 나의 의지 sichtbar gewordener Wille. 육체 자체 der Leib selbst - 의지의 현상 die Erscheinung des Willens, 가시적으로 된 것 die Sichtbarwerdung, 의지의 객관화 die Objektität des Willens.

28) 치아 Zähne (der Zahn의 복수형), 목구멍 der Schlund, 장 der Darmkanal - 객관화된 굶주림 sind der objektivirte Hunger. 생식기 die Genitalien - 객관화된 성욕 der objektivirte Geschlechtstrieb. 모든 표상 alle Vorstellung - 모든 객관 alles Objekt이며 현상 die Erscheinung. 물자체 das Ding an sich만이 홀로 allein 의지 der Wille. 모든 객관 alles Objekt - 현상 die Erscheinung. 의지 der Wille로부터 모든 표상 alle Vorstellung과 모

든 객관 alles Objekt과 현상 die Erscheinung과 보여지는것 die Sichtbarkeit과 객관화 die Objektität가 있는 것이다

29) 의지 der Wille는 모든 사물의 존재 자체 das Seyn an sich jedes Dinges in der Welt이며 모든 현상의 유일한 핵심 der alleinige Kern jeder Erscheinung이다. 표상 die Vorstellung은 현상 속에서 in der Erscheinung, 객관 속에서 im Objekt, 시간, 공간, 인과성의 제약하에 durch Zeit, Raum, Kausalität bedingt 있다. 즉 nämlich, 표상은 다수 die Vielheit와 인과 법칙에 따라서 durch das Gesetz der Kausalität, 표상의 틀 안에 in die Form der Vorstellung 있으며 본질 자신은 아닌 것이다 wesentlich nicht eigen.

30) 물자체 Ding an sich는 시간, 공간, 인과관계에 의한 제약 없이 nicht durch Zeit, Raum, Kausalität bedingt, 직접적으로 unmittelbar 현상하는 것 das Erscheinende이다.

31) 의지의 객관화 die Objektität des Willens = 의지의 거울 der Spiegel des Willens.

32) 세계는 나의 표상이다. Die Welt ist meine Vorstellung. - 우주 das Universum

33) 자연의 힘 die Naturkraft과 플라톤의 이데아 Platons Idee와 쇼펜하우어의 의지 der Wille가 표상 die Vorstellung - 우주 das Universum

34) 아이작 뉴턴 Isaac Newton 1642 - 1727 은 1687년에 그의 논문 〈자연철학의 수학적 원리〉 Philosophiae Naturalis Principia Mathematica, 줄여서 〈프린키피아〉 Principia에서 만유인력의 법칙을 발표

35) 중력 die Schwere, Schwerkraft, Gravitation을 설명하면서 중력 die Schwere은 무한한 공간에서 in den unendlichen Raum 휴식도 목표도 없이 ohne Rast und Ziel 끝없이 움직이게 하는 die Bewegung 만유인력에 의해 계속 앞으로 움직이게 Streben vorwärts 한다 라고 설명한다.

36) 의지의 객관화 die Objektivation des Willens

37) 객관화의 가장 낮은 단계 - 자연의 힘 die Naturkraft과 플라톤의 이데아 Platons Idee

38) Objektität라는 단어는 독일어 사전상에 없는 단어이다. 원서의 많은 부분에서 쇼펜하우어는 객관화를 서술할 때 Objektität라고 썼는데 Objektivität와 동일한 뜻을 가진 것으로 보인다. Objektivation도 혼용되어 사용되었다.

39) 단계 die Stufe로 설명. die Stufe der Objektivation des Willens 의지의 객관화의 가장 근원에 의지가 있으며 그 의지가 보여지게, 나타나게, 객관화가 되는데 그것들 의지의 객관화의 단계 die Stufe der Objektität des Willens를 거쳐서 표상 die Vorstellung이 됨.

40) 의지의 객관화의 여러 단계 diese Stufen der Objektivation des Willens 는 플라톤의 이데아와 다르지 않다 nichts Anderes als Platons Ideen sind.

41) 자연의 힘 die Naturkraft 그중 대표적으로 중력 die Schwere을 설명하고 있으며 그 위의 단계들, 확실하게 객관화가 된 표상 die Vorstellung이 된 것들 - 광물 (행성), 식물, 동물들이 나타나며 〈의지가 객관화〉가 되는 데에 있어서 최고의 등급은 인간 der Mensch, die Menschen. 이것들은 피라미드 eine Pyramide 형성, 피라미드의 최정점 die Spitze에 인간 der Mensch이 있다고 쇼펜하우어는 설명

42) Platons Idee - 영원 불변하는 본질의 세계. 그 본질의 세계를 흉내 낸 모사 das Abbild, die

Nachahmung가 이 세계. 플라톤의 의미에서 in Platons Sinn 이데아 die Idee라는 것은 영원한 이데아 eine ewige Idee라는 것.

43) 모사 das Abbild, die Nachahmung

44) 의지의 객관화의 가장 낮은 단계 die niedrigste Stufe der Objektivation des Willens - 자연의 힘 die Naturkraft

45) 의지의 객관화의 가장 높은 단계 die höchste Stufe der Objektität des Willens - 인간 der Mensch, die Menschen

46) 단계들 가운데 서로 간의 투쟁 der Kampf이 있고, 동물세계에서의 일반적인 투쟁 dieser allgemeine Kampf in der Thierwelt으로 세계를 설명.

47) 동물 das Thier, die Thiere (Tier, Tiere)들은 직관적 표상인 존재 anschauliche Vorstellungen이고 개념 keine Begriffe이나 반성 keine Reflexion은 없는 직관적 표상인 존재 anschauliche Vorstellungen라고 설명.

48) 인간 der Mensch, die Menschen을 의지가 가장 높은 정도 der Grad에 도달한 존재로 설명. wo der Wille zum höchsten Grade seiner Objektivation gelangt ist.

49) 인간은 직관적 인식에 있어서 동물보다 더 높은 능력 eine höhere Potenz der anschaulichen Erkenntniß (Erkenntnis)을 갖고 있으며 반성 eine Reflexion과 추상적 개념 abstrakter Begriffe도 갖고 있다.

50) 직관 die Anschauung, die Intuition

51) 의지의 객관화의 여러 단계 diese Stufe der Objektivation des Willens들은 플라톤의 이데아와 다르지 않다 nichts Anderes als Platons Ideen sind.

52) 모든 일반적이고 근본적인 자연의 힘은 Jede allgemeine ursprüngliche Naturkraft 그의 내적 본질에서 ist also in ihrem innern Wesen 의지의 객관화의 als die Objektivation des Willens 낮은 단계 auf einer niedrigen Stufe이다.

53) 플라톤의 의미에서 in Platons Sinn 우리는 wir 각각의 이같은 단계 eine jede solche Stufe를 영원한 이데아라 eine ewige Idee라고 부른다 nennen.

54) 의지의 객관화로서 무엇보다도 가장 낮은 단계 als die Objektität des Willens auf der alleruntersten Stufe에는 압력 der Drang과 저항 der Widerstand도 있다.

55) 이 세계 diese Welt는 완전히 durch und durch 의지 Wille이고 물자체 Ding an sich이며 의지 안에서 im Willen 세계의 내적 존재가 있고 das innere Wesen der Welt besteht 동시에 zugleich 완전히 표상 durch und durch Vorstellung이다.

56) 표상 die Vorstellung은 객관 das Objekt과 주관 das Subjekt이라는 형식 eine Form을 전제한다 voraussetzt.

57) 대우주 der Makrokosmos, 우주 das Universum, 소우주 der Mikrokosmos이며 nichts bleibt weiter übrig. 인도철학의 우파니샤드 die Upanischad.

58) wenn noch etwas zu wünschen und zu streben übrig blieb, glücklich genug. vom Wunsch zur Befriedigung, zum neuen Wunsch - rascher Gang - 행복 das Glück,

langsamer Gang - 고통 das Leid.

59) 근원적 자연의 힘 자체 während die ursprünglichen Naturkräfte selbst 는 의지의 직접적 객관화로서 als unmittelbare Objektivationen des Willens 그것은 물자체로서 der als Ding an sich 충족근거율의 지배를 받지 않는다 dem Satz vom Grunde nicht unterworfen ist.

60) der Wille = das innere Wesen, 세계 자체 das An-sich dieser Welt. 즉, 의지의 현상으로서의 모든 물체 jeder Körper als Erscheinung eines Willens..

61) 천체 der Weltkörper, 구형 die Kugel, 별들은 가만히 있을 수 없고 nicht Ruhe sein, 인력의 앞 방향으로 Streben vorwärts ,무한한 공간 속에서 in den unendlichen Raum, 휴식과 목표 없이 ohne Rast und Ziel 움직임 die Bewegung.

62) 물리학 die Physik, 화학 die Chemie - Kräfte aufzusuchen & ihre Gesetze kennen zu lernen. 표상으로서의 세계 die Welt als Vorstellung는 모든 그들의 형태로 mit allen ihren Formen, 객관 das Objekt, 주관 das Subjekt, 시간 die Zeit, 공간 der Raum, 다수 die Vielheit 그리고 인과관계 die Kausalität에 의해서 나타난다. 의지 der Wille는 물자체 das Ding an sich이고, 플라톤의 이데아 Platons Idee는 의지 der Wille이고, 객관 das Objekt은 현상 die Erscheinung이다.

63) 이 세계 diese Welt - 완전히 의지 durch und durch Wille이다. 물자체 Ding an sich는 의지 안에서 세계의 내적 본질 im Willen das innere Wesen der Welt & diese Welt - 완전히 표상 durch und durch Vorstellung이다. 표상 die Vorstellung은 객관 das Objekt과 주관 das Subjekt의 형식 eine Form으로 나타난다.

64) 누구나 jeder 스스로 전 세계 die ganze Welt selbst이며, 소우주 der Mikrokosmos이다. 전 세계의 본질 das Wesen der ganzen Welt과 대우주의 본질 das Wesen des Makrokosmos은 완전히 의지 durch und durch Wille이고 완전히 표상 durch und durch Vorstellung이며 결국에는 어떤 것도 남지 않는다 nichts bleibt weiter übrig.

65) 바라고 노력할 것이 있다는 것은 행복한 것이고 Glücklich zu wünschen und zu streben übrig 소원으로부터 충족이 되고 vom Wunsch zur Befriedigung 새로운 소원의 빠른 진행 zum neuen Wunsch, dessen rascher Gang은 행복 das Glück이고, 느린 진행 langsamer Gang은 고통 das Leiden이다.

66) Drittes Buch. 표상으로서의 세계에 대한 제2고찰: Der Welt als Vorstellung zweite Betrachtung: 충족근거율에 근거하지 않는 표상: Die Vorstellung, unabhängig vom Satze des Grundes: 플라톤의 이데아: die Platonische Idee: 예술의 대상 das Objekt der Kunst.

67) 칸트와 플라톤 사이 zwischen Kant und Platon 목적의 동일성에서 der Identität des Zieles 세계관에 관해서 die Weltanschauung 모든 내적으로 일치하는 면이 있지만 bei aller innern Übereinstimmung, 이데아와 물자체는 dennoch Idee und Ding an sich 완전히 하나도 아니고 같은 것도 아니다 nicht schlechthin Eines und dasselbe.

68) 플라톤의 이데아 Die Platonische Idee는 물자체의 직접적 적절한 객관화 unmittelbare, adäquate Objektität des Dinges an sich이고 객관 das Objekt이고 인식된 것 ein

Erkanntes이며 표상 eine Vorstellung이다.

69) 물자체 Ding an sich는 의지가 아직 객관화되지 않은 것 sofern der Wille noch nicht objektivirt (objektiviert), 아직 표상이 되지 않은 것 noch nicht Vorstellung geworden ist.

70) 이데아 die Idee는 모든 관계로부터 독립적으로 존재하는 것 unabhängig von aller Relation bestehende 홀로 세계의 참된 본질적인 것 allein eigentlich Wesentliche der Welt, 현상의 진정한 내용 den wahren Gehalt ihrer Erscheinungen, 변하지 않는 것 das keinem Wechsel Unterworfene, 모든 시간에 동일한 것 und daher für alle Zeit mit gleicher Wahrheit Erkannte 한마디로 말해 mit Einem Wort, 이데아 die Ideen이다.

71) 천재는 이데아 자체를 인식한다. Der Genius erkennt die Ideen derselben.

72) 음악은 Die Musik ist 세계 그 자체인 것처럼 wie die Welt selbst 그리고 이데아인 것처럼 wie die Ideen 직접적 객관화 eine unmittelbare Objektivation이고 완전한 의지의 모사 und Abbild des ganzen Willens. 다른 예술 die Kunst들은 단지 그림자에 대해 얘기하지만 diese (Künste) reden nur vom Schatten, 음악은 본질에 대해 얘기한다 sie (die Musik) aber vom Wesen.

73) 충족의 부재는 Das Ausbleiben der Befriedigung 고통 das Leiden이고, 새로운 소원의 부재는 공허한 동경이고 das des neuen Wunsches leeres Sehnen (das Ausbleiben des neuen Wunsches ist leeres Sehnen), 무기력함 languor, 지루함 die Langweile ist.

74) 음악은 Die Musik spricht 내면의 본질 das innere Wesen과 모든 현상 자체 das Ansich aller Erscheinung와 의지 자체를 den Willen selbst 표현한다 aus. (aussprechen). 음악은 Die Musik ist 직접적 의지 자체의 모사 unmittelbar Abbild des Willens selbst이다.

75) Viertes Buch. 의지로서의 세계에 대한 제2고찰: Der Welt als Wille zweite Betrachtung: 자기인식에 다다른 경우에 있어 Bei erreichter Selbsterkenntniß 삶에 대한 의지의 긍정과 부정 Bejahung und Verneinung des Willens zum Leben.

76) 의지 der Wille는 자유롭고 frei, 전능하며 allmächtig, 그의 행위를 나타내고 so erscheint sein Handeln, 그의 세계를 나타낸다 so erscheint seine Welt. 의지는 참으로 자율적인 것이다 nur so ist er wahrhaft autonomisch.

77) 의지 der Wille는 표상의 세계 die Welt der Vorstellung이고, 이 세계 diese Welt는 삶 das Leben이고, 보이는 세계 die erscheinende Welt이고, 의지의 거울 der Spiegel des Willens이며, 의지의 객관화 die Objektität des Willens이다.

78) 의지 der Wille는 물자체 das Ding an sich이고, 내적 내용 der innere Gehalt이며, 세계의 본질 das Wesentliche der Welt이다. 의지의 거울 der Spiegel des Willens은 삶 das Leben이고, 보여지는 세계 die sichtbare Welt이며, 현상 die Erscheinung이다.

79) 죽음의 공포 die Todesfurcht는 착각 die Täuschung이다.

80) 지금 있는 그대로의 삶에 만족하는 사람은 Wen daher das Leben, wie es ist, befriedigt, 삶을 어떤 방식으로든 긍정하는 사람이고 wer es auf alle Weise bejaht, 그는 확신을 갖고 삶을 끝이 없는 것으로 볼 수 있으며 der kann es mit Zuversicht als endlos betrachten 죽음의 공포를 속임수로 여겨서 쫓아낼 수 있다 und die Todesfurcht als Täuschung bannen.

81) 자살 Der Selbstmord은 우리에게 헛된 것 als eine vergebliche, 어리석은 행동 thörichte Handlung으로 보여 준다 erscheint.

82) 결핍 die Entbehrung은 현재 die Gegenwart에 관한 것이고, 포기 die Entsagung는 미래 die Zukunft와 관련된 것이다.

83) 한계의 앎 die Kenntnis der Grenzen은 만족에 도달 die Befriedigung erreichen 하고 의지의 억제 die Hemmung des Willens는 고통 das Leiden이다.

84) 성취 das Erreichen는 행복 das Glück이고, 삶 das Leben이란 고통과 지루함 사이의 시계추 Pendel zwischen dem Schmerz und der Langenweile이다.

85) 삶 das Leben은 의욕과 성취 사이 zwischen Wollen und Erreichen이다. 인간 der Mensch이란 존재는 의욕 das Wollen과 욕망 das Bedürfen이다.

86) 죽음의 공포 때문에 Wegen der Todesfurcht dauert 인간 der Mensch은 고통스러운 투쟁을 den mühsame Kampf aus 견딘다. (ausdauern)

87) 가장 행복한 삶의 순환은 der glücklichste Lebenslauf ist 적당한 간격에서 in angemessenen Abständen 소망과 충족이 die Wünsche und die Befriedigung 채워지는 것이다 zu erfüllen.

88) 삶 전체 Leben im Ganzen는 비극 das Trauerspiel, 하나하나 im Einzelnen는 희극 das Lustspiel이다.

89) 남의 괴로움 Die Plage anderer Menschen은 나의 만족 die Befriedigung이고, 허영 die Eitelkeit이며 공 die Leerheit이고 무 die Nichtigkeit이다.

90) 괴롭히는 자 Der Quäler와 und 괴롭힘을 당하는 자 der Gequälte는 하나이다 sind Eines: 둘 다 같은 의지에서 나오는 고통을 겪는다 Beide leiden unter dem selben Willen. 복수는 나의 것이다 Die Rache ist mein, 내가 보복하리라 Ich will vergelten, 주가 말씀하시니라 spricht der Herr.". 로마서 12:19 Röm. 12:19.

91) 의지의 부정 die Verneinung des Willens 과 무의지성 die Willenlosigkeit에서 만족 die Zufriedenheit과 세계의 구원 die Welterlösung 이 나온다. 악인 der Böse은 자신의 의지의 긍정 die Bejahung des Willens이고 다른 개인들의 의지의 부정이고 die Verneinung des Willens anderer Individuen, 고도의 이기심 ein hoher Grad des Egoismus이다.

92) 의지의 긍정 die Bejahung des Willens은 악 der Böse.

93) 니체(Friedrich Nietzsche 1844 - 1900) 니체의 영원 회귀 die ewige Wiederkehr (Wiederkunft)와 삶의 긍정 Bejahung des Lebes. 니체는 무한한 시간 시간 속에서 모든 것이 반복된다는 영원 회귀 사상을 제시하였다. 쇼펜하우어가 삶을 고통으로 보고 의지를 부정적으로 해석하여 삶의 허무함을 이야기 하는 반면, 니체는 삶의 고통을 긍정하면서도 의지를 힘으로의 의지로 재해석하여 적극적인 삶의 태도를 강조하였다.

94) 강렬하고 heftiges, 많은 의욕 vieles Wollen은 강렬하고 heftiges, 많은 고통 vieles Leiden이다.

95) 진정한 사랑 die reine Liebe은 함께 아파하는 것, 즉 동정심(연민)이다 ist Mitleid. 삶 das Leben은 고통 das Leid이다. 만족 die Befriedigung은 고통이 없는 것 ohne Schmerz. (고통: das Leid, das Leiden 동사의 명사화, der Schmerz, die Qual, die Pein)

96) 다른 사람들의 고통의 인식 die Erkenntnis des fremden Leidens - 선행과 자선사업 zu guten Taten und Werken der Liebe

97) 동정이 아닌 사랑은 jede Liebe, die nicht Mitleid, 이기심이다 Selbstsucht. 이기심 Selbstsucht은 에로스이다 ist der Eros. 동정은 아가페이다 Mitleid ist die Agape.

98) 진정한 우정은 Die echte Freundschaft ist 이기심과 동정심의 혼합이다 Mischung von Selbstsucht und Mitleid, 이탈리아에서 im Italiänischen 동정과 진정한 사랑은 Mitleid und reine Liebe ist 피에타 pietà이다.

99) 물자체 본질의 인식 die Erkenntnis des Wesen der Ding an sich은 우리에게 의욕의 진정제 das Quietiv des Wollens 역할. 단념 die Entsagung, 체념 die Resignation, 평정 die Gelassenheit, 무의지 die Willenlosigkeit를 하게 한다. 복음서에서 in den Evangelien 자기부정 das Verleugnen selbst은 십자가를 짊어짐 Auf sich nehmen des Kreuzes이며, 이것에서 수도원 제도 das Mönchthum가 나왔으나 위선 die Heuchelei과 추행 die Abscheulichkeit이 벌어진다.

100) 악인 der Böse은 의욕의 격렬 die Heftigkeit des Wollens이고 내적고통 innere Qual이 심하고 자기 의지의 갈증 der Durst des Eigenwillens이 심하고, 다른 사람의 고통을 보는 것을 즐긴다 am Anblick fremder Pein.

101) 의지의 부정 die Verneinung des Willens은 내적 기쁨 innere Freudigkeit, 천국의 평안 wahre Himmelsruhe, 체념 die Resignation, 신성함 die Heiligkeit을 가져온다. 의지가 격렬할수록 Je heftiger der Wille, 고통은 더 크다 desto größer das Leiden. 고통 das Leid 과 불행 das Unglück은 신성한 힘 heiligende Kraft이고 경외감 die Ehrfurcht이다.

102) 자살 der Selbstmord은 의지의 강한 긍정 starke Bejahung des Willens이고, 고통을 거부 die Verweisung des Leides하는 것이다. 고통 das Leid은 의지의 진정제 das Quietiv des Willens이며 구원 die Erlösung이다.

103) 아담 Adam - 의지의 긍정 die Bejahung des Willens, 의지의 부정 die Verneinung des Willens - 예수 그리스도 안에서 구원이다 die Erlösung in Jesum Christum.

104) 표상의 세계 die Welt der Vorstellung는 의지의 객관화 die Objektität des Willens이고, 의지의 거울 der Spiegel des Willens. 의지 der Wille와 세계 die Welt는 우리 자신이다 wir selbst.

105) 우리의 매우 현실의 이 세계는 Diese unsere so sehr reale Welt 모든 그들의 태양들과 은하계들과 함께 mit allen ihren Sonnen und Milchstraßen - 무이다 Nichts.

저자 소개

엄주희

헌법학자

건국대학교 법학(헌법) 교수로 재직 중으로 헌법, 인공지능과 인권, 영미문학과 법, 인권정책과 법 등의 공법과 융합 과목을 가르치고 있다. 연세대학교에서 헌법 전공으로 박사 학위를 받았고 현재 한국헌법학회 부회장, 한국공법학회 상임이사, 한국의료법학회 학술이사, 한국부패방지법학회 연구이사 등 학계의 중심축으로 활동하며 한국헌법학회 산하에 '헌법과 융합법 연구회'를 창설하였다. 헌법학의 지평을 넓히고 다양한 분야 학자들과의 교류와 학문 간의 융합을 도모하며 법학의 발전을 선도하고 있다. 이 책을 계기로 문화 예술계와의 교류가 더 활발해지고 융합의 범위와 깊이가 심화될 것으로 기대된다. 대표 저서로『헌법과 생명』(2021),『인공지능 시대, 헌법의 확장』(2025),『뇌신경법학』(2024),『스마트 치료의 법·사회·윤리 시리즈 Ⅰ, Ⅱ』(공저, 2024-2025) 등이 있다.

전영천

재독 성악가

연세대학교 음악대학 성악과를 졸업하고, 독일 베를린 한스 아이슬러 국립 음악대학에서 석사학위를 취득하였으며, 독일 코트부스 국립 오페라 극장에서 합창단원으로 활동하고 있다. 성악가로서의 활동은 물론 다년간 마스터클래스를 운영하였으며, 2025년 12월 국립 오페라단에서 한국 무대 초연인 바그너의 오페라 〈트리스탄과 이졸데〉의 조연출로 참여한다.

쇼펜하우어도 치킨을 좋아할까?
-쇼펜하우어와 바그너 "그리고" 트리스탄과 이졸데를 위하여

초판발행 2025년 10월 31일

지은이 엄주희 · 전영천
펴낸이 안종만 · 안상준

편 집 김용순
기획/마케팅 장규식
표지디자인 BEN STORY
제 작 고철민 · 김원표

펴낸곳 (주) 박영사
서울특별시 금천구 가산디지털2로 53, 210호(가산동, 한라시그마밸리)
등록 1959. 3. 11. 제300-1959-1호(倫)
전 화 02)733-6771
f a x 02)736-4818
e-mail pys@pybook.co.kr
homepage www.pybook.co.kr
ISBN 979-11-303-2354-1 03180

copyright©엄주희 · 전영천, 2025, Printed in Korea

* 파본은 구입하신 곳에서 교환해 드립니다. 본서의 무단복제행위를 금합니다.

정 가 22,000원

이 저서는 2022년 대한민국 교육부와 한국연구재단의 일반공동연구지원사업의 지원을 받아 수행된 연구임
(NRF-2022S1A5A2A03055583)